Kurt Tepperwein

Leben im Hier und Jetzt

Kurt Tepperwein

Leben im Hier und Jetzt

So lassen Sie seelischen Ballast los

mvgverlag

Bibliografische Information der Deutschen Nationalbibliothek
Die Deutsche Nationalbibliothek verzeichnet diese Publikation in der Deutschen Nationalbibliografie. Detaillierte bibliografische Daten sind im Internet über http://dnb.d-nb.de abrufbar.

Redaktionelle Mitarbeit: Klaus-Jürgen Becker

Umschlaggestaltung: Vierthaler & Braun Grafikdesign, München
Umschlagabbildung: © photodisc
Satz: Redline GmbH, J. Echter
Druck- und Bindearbeiten: Ebner & Spiegel, Ulm
Printed in Germany
ISBN 978-3-636-07192-7

Inhaltsverzeichnis

Willkommen im Club der Losgelösten

Das Leben ist zu schade, um es einfach abzusitzen.
FRANZ A. KOCH

Loslassen bietet viele Vorteile

Loslassen ist der natürlichste Vorgang der Welt: Wir nehmen Nahrung auf, verarbeiten sie und lassen sie los. Die Natur erblüht in schönster Farbenpracht und lässt sie im Winter wieder los.

Die Chinesen wissen schon seit Tausenden von Jahren, dass Loslassen mehr Stärke erfordert als Festhalten. So gilt in der Traditionellen Chinesischen Medizin das „losgelöst fließende Wasser" als das stärkste und das harte Metall als das schwächste aller Zeichen. Auch in der Biologie zeigen sich Härte und Starre als Zeichen des Todes, denken wir nur an den Altersstarrsinn und die „Verkalkung". Das Weiche, Losgelöste und Flexible gilt dagegen als das Zeichen des Lebens. Beispielsweise lehrt das Hatha-Yoga, die Jugendlichkeit des Menschen sei proportional zur Flexibilität seiner Wirbelsäule.

Alles, was wir festhalten, hält uns auch fest. Es gibt schöne Beispiele, die dies verdeutlichen:

- In Afrika werden Affen mit folgendem Trick gefangen: Man legt eine Kokosnuss in einen Behälter mit einer relativ engen Öffnung. Der Affe möchte die Nuss herausholen, bekommt aber die geschlossene

Hand nicht mehr aus dem Behälter heraus. Die Nuss loszulassen ist er nicht bereit, also ist er gefangen.

- In Pompeji fand man Skelette in der Nähe des Vulkans, die Goldmünzen in der Hand hielten. Sie waren so versessen darauf, ihre Schätze zu sichern, dass sie nicht rechtzeitig fortliefen – lieber starben sie, als ihre Reichtümer loszulassen.
- Muhammad Ali, einer der größten Boxer aller Zeiten, konnte seinen Titel nicht loslassen, bevor es zu spät war. Er absolvierte noch in einem viel zu hohen Alter einen Kampf nach dem anderen, statt abzudanken. Für den Rest seines Lebens leidet er bedauerlicherweise unter den Schlägen, die er in seinen letzten Kämpfen einstecken musste.

Wenn wir festhalten, ...

- fühlen wir uns emotional und seelisch belastet.
- hängen wir an der Vergangenheit.
- leben wir nicht mehr zeitgemäß.
- machen wir die Vergangenheit verantwortlich für unsere Zukunft.
- nehmen wir uns selbst aus dem Leben.
- nehmen wir unserem Leben die Lebendigkeit.
- rechtfertigen wir den „Käse“ von gestern.
- sind wir von gestern.
- vergraulen wir unseren Partner (er kann sich nicht frei bewegen).
- verhalten wir uns wie unreife Kinder.
- verkrampfen wir uns.
- müllen wir uns innerlich und äußerlich zu.

- versuchen wir alten Wein in neue Schläuche zu gießen.
- züchten wir Angst vor Veränderung.

In Bayern sagt man „Tritt fest auf, mach's Maul auf, hör bald auf“, und meint damit: Erkennen Sie, wann die Zeit für einen Wechsel gekommen ist. Durch Loslassen schaffen wir Raum für Neues. Wann immer wir etwas Neues haben wollen, müssen wir zuerst etwas Altes, das diesen Platz im Außen oder in unserer Psyche besetzt hält, loslassen. Wenn wir loslassen, ...

- aktivieren wir unsere Lebendigkeit.
- entlassen wir andere aus unseren Projektionen.
- erlauben wir uns, vom Leben berührbar zu sein.
- fördern wir unsere Kreativität.
- geben wir der Vergangenheit losgelöst die Ehre.
- leben wir im Hier und Jetzt.
- sind wir frei von den Projektionen anderer.
- sind wir offen für das Neue.
- vitalisieren wir uns.
- entdecken wir unsere Unschuld wieder.

Loslassen im Sinne dieses Buches ist in erster Linie ein inneres Loslassen. Aber Sie können damit auch im Außen beginnen. Denn alles, was Sie im Außen festhalten, symbolisiert eine Sache, die Sie im Innen festhalten. Wenn Ihre Wohnung voller Gerümpel ist, kann das darauf hinweisen, dass Sie viel Gedankenmüll mit sich herumschleppen. Wenn Sie sich durch überholte Beziehungen schleppen, zeigt dies, dass Ihre Beziehung zu Ihnen selbst einer Erneuerung bedarf: Entweder Sie recyceln Ihre äußeren Beziehungen durch Liebe, Aufmerksamkeit und aufrichtiges Bemühen (Blumen wirken manchmal Wunder) oder Sie lassen sie los. Da es in diesem Buch vor allem um *seelisches* Loslassen geht, als Tipp eine nette Lesehilfe zum äußeren Loslassen – mein Buch „Loslassen, was nicht glücklich macht!".

Unsere Zeit hat eine noch nie da gewesene Schnelllebigkeit entwickelt. Statistiken besagen, dass der Bereich, der gerade am schnellsten wächst, nicht der der Computerisierung, sondern der der menschlichen Psyche ist. Auch wenn sie dabei ewigen Gesetzmäßigkeiten gehorcht, so erleben wir doch an einem einzigen Tag mehr als unsere Vorfahren in einem ganzen Leben. Unzählige Sinneseindrücke stürzen auf uns ein. Unser eigenes Leben ist wesentlich abwechslungsreicher und bunter geworden. Und wenn wir nicht aufpassen, werden wir dabei an allen Ecken und Enden mit Müll vollgestopft, innerlich wie äußerlich. Vielleicht kommt unsere Psyche deshalb mit der Verarbeitung dessen, was wir erfahren haben, oft nicht nach.

Eine neue Sucht wird immer stärker, das Ansammeln all dessen, was man in die Finger bekommt („Messie-Syndrom"). Betroffene, die sogenannten Messies, sind den Statuten der „anonymen Messies zufolge Menschen, die an einem Vermüllungssyndrom leiden, auf Deutsch gesagt: Sie können nichts mehr loslassen. Schlimmer aber noch als das physische Messie-Syndrom ist das seelische, denn dieser Mensch hängt an längst vergangenen Erlebnissen, Traumata etc. und verpasst dadurch das Wunder des Augenblicks. Dieses Buch soll Ihnen helfen, alten Seelenmüll loszulassen, sodass Sie frei werden für das Jetzt! Dafür werden Sie nach und nach mittels zahlreicher Techniken und Hilfsmittel zu neuen Qualitäten geführt, die Ihnen ein von Seelenmüll losgelöstes Leben erlauben: zu Urvertrauen, der Energie der Unschuld und der Gabe, das Leben und seine Weisheit als den größten aller Lehrer anzunehmen und mit ihm zu kooperieren.

Übung 1: Welche Vorteile würde es Ihnen bringen, wenn Sie ... loslassen könnten?

Übung 2: Woran halten Sie noch fest und welche Nachteile nehmen Sie dafür in Kauf?

Übung 3: Notieren Sie, was Sie im Außen loslassen möchten. Versteigern Sie unnötige Wertgegenstände zum Beispiel bei Ebay, bringen Sie Sperrmüll auf den Wertstoffhof und recyceln Sie Ihre Beziehungen usw.

Raum für die Fülle schaffen

Loslassen führt zu ökologischer und ökonomischer Zielerreichung und hat nichts mit Gleichgültigkeit und Desinteresse zu tun. Loslassen ist die grundlegende Haltung des Vertrauens.

PETER BEUTLER, NEW THINK GROUP

Das Buch „Momo" erzählt eine Geschichte von Zeitdieben, die als graue Herren dafür sorgen, dass die Menschen so sehr beschäftigt sind, dass sie keine Zeit mehr füreinander haben. Doch wer sind diese geheimnisvollen grauen Herren, die uns die Zeit und die Lebensenergie stehlen? Es sind unsere veralteten Gedanken und Gedankenmuster, schließlich gilt Grau seit alters als Farbe der Gedanken („graue Zellen"). Momo lehrt uns nicht, das Denken loszulassen, sondern das unbewusste Festhalten an alten Gedanken, Gedankenmustern, Anhaftungen, die uns nicht mehr gerecht werden, sondern uns einfach nur das Wertvollste stehlen, das wir neben der Gesundheit haben: die Zeit für uns selbst, die Zeit für das Jetzt!

Eigentlich ist ja Zeit das gerechteste Prinzip der Welt: Jeder bekommt jeden Tag 24 Stunden. Viele Menschen verfügen sogar über das, was sie „Freizeit" nennen, das heißt Zeit, die sie selbst nutzen könnten, wären da nicht jene grauen Herren, die auch mit verantwortlich sind für den ganzen Freizeitstress – denn im Hier und Jetzt gibt es keinen Stress. Kaum einer verfügt über „Gedankenfreizeit", also Zeit, in der er seine Gedanken und Einstellungen frei wählen kann, in der er seine eigene Ursprünglichkeit im Hier und Jetzt leben und erleben kann.

Wir erkennen dies spätestens dann, wenn es darum geht, jemand anderem aufmerksam zuzuhören. Wir haben zwar die Zeit, stundenlang fernzusehen oder im Internet zu surfen, aber wir haben kaum noch Zeit füreinander. Und wenn wir miteinander reden, dann reden wir meistens aneinander vorbei, da jeder in seinem Gedankenfilm gefangen ist, den er dem anderen vor die Füße wirft. Wirkliche Begegnung kann aber nur im Hier und Jetzt stattfinden, nicht indem man einander mit Meinungen, Rechthabereien, Vorurteilen, Erwartungen, Projektionen und gedanklichen „Trips" zumüllt, sondern indem man einander Zeit und Raum schenkt. Eigentlich ist das so einfach und bringt so viel Liebe, Nähe, Freundschaft in unsere

Beziehungen – wären wir nicht so sehr eingemüllt mit uns selbst, dass wir uns eigentlich vor jeder Begegnung erst einmal entsorgen müssten, um dem anderen ein Geschenk – und keine Zumutung zu sein.

Da Zeit und Raum gemäß Einstein einander entsprechen, können wir auch sagen: Wir haben kaum noch Raum füreinander. Nicht nur der Lebensraum auf diesem Planeten wird immer enger, sondern auch unser seelischer Innenraum wird immer mehr vollgestopft. Es ist deshalb ein richtiger Segen, einmal einem Menschen begegnen zu können, der Raum für uns hat, dem wir beispielsweise sagen können, was wir auf dem Herzen haben, ohne dass wir innerhalb weniger Minuten unterbrochen oder für das Gesagte verurteilt werden.

Untersuchungen weisen darauf hin, dass hinter vielen Einzelpersonen oder Völkergruppen, die gewalttätig wurden, Menschen stehen, die nie richtig gehört, das heißt angenommen wurden.[1] Damit soll nicht internationaler Terrorismus gebilligt, sehr wohl aber ein Lösungsweg angedeutet werden: Wenn wir lernen einander zuzuhören und Raum zu geben für unsere tiefsten Bedürfnisse, wenn wir den Terror in uns loslassen und unserem Selbst zu lauschen beginnen, bewegen wir uns individuell und kollektiv immer mehr in ein Klima hinein, in dem wir innerem und äußerem Terror in uns immer weniger Resonanzraum bieten.

„Ein Freund“, so sagte einmal jemand nachdenklich, „ist jemand, bei dem man reden kann, ohne zu denken, und der einen danach noch ebenso liebt wie zuvor“. Doch diesen Raum geben wir einander fast nie. So viele Beziehungsprobleme könnten gelöst und in Liebe überführt werden, würden die Partner Raum füreinander schaffen, einander zuhören, den inneren Raum für den anderen öffnen. Wenn Menschen beispielsweise fremdgehen, liegt dies oftmals gar nicht so sehr am äußeren Reiz, sondern an dem Bedürfnis, gehört und verstanden zu werden, zu erleben, dass jemand seinen inneren Raum für uns öffnet.

Thadäus Golas schreibt in seinem Buch „Der Erleuchtung ist es egal, wie du sie erreichst": „Liebe bedeutet die Fähigkeit, mit einer andersartigen Energie im gleichen Raum zu sein!" Damit wir den anderen mit seinen Eigenarten und dem, was er anschleppt, ertragen, ja vielleicht sogar genießen können, benötigen wir Leere, Urteilsfreiheit, Losgelöstheit, letztendlich auch die „Energie der Unschuld" – eben all die guten Eigenschaften, die uns das Loslassen bringen kann.

Wer voll ist von sich selbst, hat diesen Raum nicht und ist letztendlich damit auch nicht beziehungsfähig, selbst wenn er sich noch so viel Mühe geben mag, einen anderen Menschen bei der Stange zu halten. Er versucht das, was er an Bildern und Idealen in sich trägt, der Beziehung überzustülpen, etwa als Idee, wie der Partner sein, welche Kleidung und welchen Haarschnitt er tragen sollte, wie der Tag gestaltet werden sollte, wann der Partner nach Hause kommen sollte und so weiter. Besonders kritisch wird es, wenn es um den Bereich der Überzeugungen und Gefühle geht.

Dem Partner macht es Angst, sich mit dem anderen und seinen Vorstellungen zu konfrontieren. Er verstummt dann in „innerer Kündigung" und „Weitblick nach draußen".

„Innere Kündigung" stellt sich als Reaktion ein, wenn man darin resigniert hat, sich dem Partner verständlich machen zu wollen, wenn man durch die Vorstellungen, den Seelenmüll, den der andere in sich trägt, nicht hindurchkommt.

Wer weiß, dass es Ärger geben wird, wenn er in der Beziehung das sagt, was er fühlt und denkt, ballt lieber die Faust in der Tasche, kündigt aber innerlich die Beziehung. Er macht gewissermaßen Dienst nach Vorschrift, vor allem dann, wenn er sich aus bestimmten Gründen (gemeinsamer Besitz, Ehe, Kinder, Angst vor Einsamkeit usw.) nicht traut, die Beziehung aufzukündigen. Aber der Blick geht sehnsüchtig in die Ferne, man sehnt sich nach einem anderen Leben, einem anderen Partner.

Beispiel – Papstbesuch: Partner A ist dogmatisch katholisch erzogen worden. Vielleicht hat er von seinen Eltern gehört, er sei ein armer Sünder, müsse permanent zur Beichte gehen usw. Daher hat er eine Aversion gegen die katholische Kirche und findet sein Heil in einer freigeistigen Lebensanschauung. Partner B ist da ganz anders: Er ist tief berührt vom neuen Papst und möchte gern anlässlich des Papstbesuches zur Messe nach München gehen. Partner A macht ihm deswegen eine Szene, beschimpft ihn als konservativen Biedermann und droht, die Beziehung zerbrechen zu lassen, wenn der andere zum Papstbesuch geht. Partner B tut das nun heimlich, ist nach wie vor stark berührt, geht sonntags heimlich in die Kirche und sehnt sich nach einem Partner, der seine Glaubensrichtung toleriert (Weitblick nach draußen). Hätte Partner A seinen Seelenmüll entsorgt, würde er prima damit leben können, dass Partner B den Papst toll findet und er nicht – beide könnten sich offen ihre unterschiedlichen innerseelischen Regungen mitteilen.

Beispiel – Kleiderwahl: Partner A ist sehr stark schamorientiert. Er achtet darauf, stets die beste Kleidung zu tragen, frisch gewaschen und möglichst Designerware, weil er auf keinen Fall riskieren möchte, dass über ihn gespottet wird. Partner B ist eher ein lässiger Typ. Er hat in der Kindheit gute Kleidung, besonders Krawatte und Anzug, im Zusammenhang mit strenger Erziehung, Steifheit und Rigidität erlebt und kleidet sich jetzt deshalb gern lässig. Solange beide Partner ihren Seelenmüll nicht entsorgt haben, werden sie einander den andersartigen Kleidungsstil vorwerfen. Partner A wird sagen, dass er sich an der Seite des schlampig gekleideten anderen schämt. Partner B wird erklären, dass er sich an der Seite von A steif vorkommt. Erst wenn beide ihre Hintergrundthemen (also den Seelenmüll), aufgrund derer sie ihre Überzeugungen so heftig verteidigen, gelöst haben, können sie sich entspannen. Auf einer freiwilligen Basis können sich jetzt beide Partner im Kleidungsstil einander annähern und bekunden, dass sie den anderen so sehr lieben, dass diese Unterschiede nahezu bedeutungslos sind.

Wer seinen Seelenmüll nicht entsorgt hat, ist so mit sich selbst belastet, dass er gar nicht in der Lage ist, Anteil zu nehmen an dem, was seinen Nächsten bewegt, und es erst recht nicht verarbeiten kann. Das Leiden, das ein anderer ihm mitteilen möchte, klickt dabei so stark eigene Themen, Erlebnisse, Traumata an, dass er den anderen ganz schnell abwehren muss, weil alles ihn an eigenes Verdrängtes erinnert. Doch dadurch bleibt man einander auch irgendwo fremd. Viele Menschen verspüren in sich eine starke Sehnsucht nach Verbundenheit und wären auch bereit, einiges dafür zu tun. Doch diese Verbundenheit, nach der wir uns sehnen, können wir weder kaufen noch erschmeicheln, indem wir dem anderen Komplimente machen. Verbundenheit erfahren wir nur, wenn wir dem anderen den Raum geben, sich zu zeigen, sich zu offenbaren, wie er ist, wenn wir unsere eigenen Abwehrstrategien ein wenig zur Seite schieben können, sodass der andere spürt, dass er sich in unserer Nähe offenbaren darf, ohne dafür bewertet oder gar gemaßregelt zu werden. Aus diesem Grund ist das Entsorgen des eigenen Seelenmülls der beste Beitrag, den wir zu einer Beziehung leisten können.

Wie schön ist es, jemandem zu begegnen, der über einen weiten inneren Raum verfügt, dessen Geist nicht mit eckigem, kantigem oder manchmal gar stacheligem Sperrmüll vollgestellt ist und durch dessen Psyche die „Winde des Himmels" tanzen. Mit so jemandem zusammen zu sein kann wahrlich entlasten.

Victor Hugo schrieb einmal: „Mir ist auf der Straße ein sehr armer junger Mann begegnet, der verliebt war. Sein Hut war alt, sein Mantel abgetragen, Wasser rann durch seine Schuhe. Aber Sterne zogen durch seine Seele." Begegnet uns so ein Mensch im Beruf, wirkt er vertrauenswürdig (des Vertrauens würdig). Wir sind bereit, von ihm zu kaufen oder mit ihm Geschäfte zu machen. Begegnet uns so jemand im Privatleben, sind wir geneigt, uns in ihn zu verlieben, zumindest aber seine Freundschaft zu suchen. In der Gegenwart eines Losgelösten, der über inneren Raum verfügt, fühlen wir: „Hier bin ich Mensch, hier kann ich's sein!"

Die ZEN-Meister sagen: „In eine volle Tasse kann man nichts hineingießen!" Und so ist in der ZEN-

Tradition die Fülle in der Leere zu finden, in der Losgelöstheit, in einem weiten inneren Raum, frei von seelischem und äußerem Müll.

Auch Sie können so jemand sein, der über innere Weite verfügt. Es ist genau dieser weite innere Raum, der die Fülle verursacht, die Sie suchen, so wie der weite Sternenhimmel Millionen von leuchtenden Sternen in sich birgt.

Für unseren äußeren Abfall haben wir mittlerweile ausgeklügelte Entsorgungssysteme entwickelt. Dieses Buch mit seinen Übungen und Erkenntnissen bietet Ihnen nun ein ausgeklügeltes seelisches Entsorgungssystem an und einen „inneren Wertstoffhof“, den Sie zur Entsorgung Ihres Seelenmülls nutzen können. Damit schaffen Sie sich eine gute Grundlage für die Fülle an Raum, die Sie sich und anderen bieten können. Dabei wünsche ich Ihnen viel Freude

Ihr Kurt Tepperwein

Übung: Betrachten Sie sich einmal losgelöst von Ihrer jetzigen Situation. Stellen Sie sich vor, Sie könnten sich und Ihre Lebensumstände völlig neu erfinden.

1. Wie würde Fülle in Ihrem Leben aussehen?
2. Welche Art von Beziehungen würden Sie führen und welchen Lebensstil hätten Sie?

Werd ich zum Augenblicke sagen,
Verweile doch! Du bist so schön!
Dann magst du mich in Fesseln schlagen,
dann will ich gern zu Grunde gehen!
JOHANN WOLFGANG VON GOETHE, FAUST I

Leben ist Wandel und Loslassen

Freiheit und Glück bestehen im Loslassen,
nicht im Sammeln und Bewahren.
WOLFGANG JOOP, MODEDESIGNER

Leben ist Wandel. Gelebt zu haben bedeutet, sich gewandelt zu haben. Alles verändert sich – und dies ist gut so, denn sonst würde es langweilig werden. Die Veränderungen des Lebens haben ihre eigene Zeit. Dem, der im Krankenhaus liegt, vergeht die Zeit viel zu langsam. Er würde gern seinen Krankenhausaufenthalt „loslassen", doch die Zeit scheint stillzustehen, die Minuten schleichen nur dahin. Und je mehr der Betreffende sich wünscht, dass die „schlechte Zeit" vorübergeht, umso zäher klebt der Augenblick an ihm. Wir kennen dies auch von ungeliebter Arbeit:

1. Der Verkäufer im Geschäft langweilt sich, weil keine Kunden kommen, und wünscht sich den Feierabend herbei, doch die Minuten schleichen.
2. Der Verliebte, der auf seine Geliebte wartet, sehnt den Augenblick herbei, an dem sie endlich da ist. Jedes Mal, wenn er auf die Uhr schaut, haben sich die Zeiger offenbar nur geringfügig weiterbewegt.

Wie anders ergeht es hingegen dem Liebespärchen, das eine Woche Urlaub auf Ibiza gebucht hat. Kaum ist es angekommen, steht auch schon die Abreise bevor, auch wenn es am liebsten ewig im „Honeymoon" verweilen möchte.

Der Grund, warum die Zeit des Leidens und des Zuwartens uns länger vorkommt als die Zeit der

Freude, liegt in unserem Widerstand: Je mehr wir vor einer Situation flüchten wollen, umso mehr klebt sie an uns. Erst wenn wir bereit sind, in dem, *was ist,* voll aufzugehen, kommen wir innerlich wieder in Fluss. Wir lassen los und die Zeit verliert ihre Klebrigkeit – sie beginnt wieder zu fließen, lässt uns los.

Sobald wir gegen das, *was ist,* keinen Widerstand mehr leisten, erleben wir das Wunder der Wandlung. Hier ist das Leben gut für Überraschungen. Der Verstand meint zwar ganz klar zu wissen, was passiert, wenn er loslässt – seine Meinung bezieht er aus gespeicherten Bildern der Vergangenheit –, doch nur wenn wir uns hingeben und innerlich und äußerlich loslassen, erfahren wir, was *wirklich* geschieht.

In unserem Kulturkreis können wir das große Geschenk, das Loslassen, in der Natur Jahr für Jahr beobachten. Vivaldi hat diesen Wandel in seinen „Vier Jahreszeiten" in eine musikalische Form gebracht, die uns stets aufs Neue berühren kann. Ein Baum treibt aus und entwickelt Knospen. Daraus werden Blüten, später Früchte. Sie fallen zu Boden, „lassen los", um mit ihrem Samen die Saat für das nächste Frühjahr zu legen. Würden die Früchte nicht loslassen, gäbe es auch keine neuen Bäume.

Sie können die Zeit nicht festhalten, aber Sie können mit ihr kooperieren. Indem Sie loslassen, sind Sie eingebunden in den Lauf der Schöpfung, in das Leben mit seinem großen Loslassen und seinen Neuanfängen. Loslassen bedeutet, am Ganzen teilzunehmen und sich selbst als Verwalter Ihrer Besitztümer, Ihres Umfeldes, Ihrer Position zu erleben, wissend, dass nichts von alldem, was Sie Ihr Eigen nennen, letztendlich Ihnen gehört.

Loslassen müssen Sie am Ende alles, sogar Ihr Leben. Sie kommen nackt auf die Welt und müssen nackt wieder gehen. Wenn ein Besitz zu Ihnen (Ihrem Selbst) gehören würde, dürften Sie ihn in den Tod mitnehmen, doch das ist nicht der Fall.

In alten Gräbern entdeckte man die Schätze des Königs oder Pharaos, die mit ihm beerdigt wurden. Wir erkennen heute die Sinnlosigkeit dessen. Aber noch immer setzen wir den Körper eines Menschen mit seinem Selbst gleich. Wir glauben, dass sich im Grab das Wesen des Menschen befindet, den wir einmal geliebt haben. Niemand käme auf die Idee, seinen alten Wintermantel zu begraben und einen Stein daraufzulegen, auf dem steht „Hier ruht mein alter Wintermantel". Damit will ich nicht der Grabpflege den Sinn absprechen. Sehr wohl können wir am Grab eines Menschen mit seiner Seele *geistig* Kontakt aufnehmen. Doch es gilt zu erkennen: Sie sind nicht der Körper, den Sie tragen.

Wenn Sie in einen Spiegel schauen, sehen Sie zwar einen Körper, mit dem Sie sich identifizieren. Doch der Körper kann nicht sprechen, sondern da ist jemand, der diesen Körper besitzt. Dies zeigt sich auch ganz richtig in der Aussage: „Das ist *mein* Körper!" Also ist da ein Besitzer. Spätestens mit dem Tod müssen Sie auch Ihren Körper loslassen.

Das Einzige, was Sie mitnehmen können, sind Ihre Erkenntnisse, Fähigkeiten, insbesondere Ihre Weisheit und Liebe. Wenn Sie am Ende des Lebens sagen können: „Ich habe geliebt", ist dies der Passierschein für alle Himmelstüren. Jesus sagt in dem Zusammenhang: „Sammelt nicht Schätze auf Erden, wo Motten und Rost sie zunichte machen und wo Diebe einbrechen und stehlen. Sammelt vielmehr Schätze im Himmel, wo weder Motten noch Rost sie zunichte machen und wo Diebe nicht einbrechen und stehlen. Denn da, wo dein Schatz ist, wird auch dein Herz sein." (Matth. 6, 19-21).

Das Leben ist wie eine Reise in einem Zug: So wie scheinbar die Landschaften an dem Zug vorüberziehen, so zieht auch Ihr Leben vorüber. Ob Sie die Fahrt im Zug genießen oder nicht, steht Ihnen frei.

Vom Papagei zum Adler

In den Traditionen der Urvölker gilt der Adler nicht nur als der Vogel der Lüfte, sondern auch als das Krafttier, das dem Menschen hilft, sich über Niederlagen hinwegzuheben und sich erneut auf die Erfolgspur zu begeben. Der Papagei hingegen gehört zu den Vögeln, die zwar viel reden, vielleicht auch bunte Federn tragen, aber sich nicht in große Höhen aufzuschwingen vermögen. Er erinnert eher an den Papageno in Mozarts „Zauberflöte".

Matt Galan Abend hat den Vorgang des Loslassens sehr schön mit den folgenden Worten beschrieben: „Die wahre Natur des Menschen ist die eines Adlers, ohne Grenzen zwischen Himmel und Erde, schwebend, die Fülle der Schöpfung zu seinen Füßen. Aber die meisten Menschen sind zu Papageien geworden. Sie sitzen flugunfähig in ihren Käfigen und plappern nach, was man sie gelehrt hat, damit sie gemocht und gefüttert werden. Das Problem besteht darin, den Papageien bewusst zu machen, dass sie Adler sind und ihren Käfig verlassen können. Selbst wenn wir den Käfig öffnen, werden sie darin verharren. Sie wissen es nicht anders. Sie sind so konditioniert. Sie bleiben in der Umgebung, in der sie ihr Auskommen haben, und scheuen die unbekannte Außenwelt. Wenn sie sich trotzdem erheben und fliegen wollen, sehen wir, dass ein langer Schwanz von Müll und Gerümpel aller Art an ihnen hängt, der sie sofort wieder herunterzieht. Solange sie dieses Gerümpel nicht loswerden, werden sie nicht fliegen können. Auch wenn sie tausendmal zuschauen, wie andere fliegen, und versuchen, es ihnen nachzumachen."[2]

Übung: Begeben Sie sich auf Ihren Lieblingsplatz und stellen Sie sicher, dass Sie in den nächsten fünfzehn Minuten nicht gestört werden. Stellen Sie sich vor, Sie seien ein Papagei. Sie haben ein farbiges Gefieder, plappern das eine oder andere und leben in Ihrer Welt. Auf einmal bemerken Sie, dass dort, wo vorher *nichts war*, wie aus dem Nebel Stäbe auftauchen. Sie fragen sich, was dies wohl für Stäbe sein mögen, bis Sie erkennen, dass dies die Begrenzungen Ihrer bisherigen Welt waren, Ihres Gedankenkäfigs, in dem Sie bisher gelebt haben. Irgendwo nehmen Sie eine Tür wahr. Sie fragen sich, ob diese Türe offen sein mag – sie ist offen. Sie erkennen allerdings, dass Sie durch diese Tür nicht gehen können, Sie müssen hindurch fliegen. Sie spüren in sich hinein, und während Sie in sich gehen, fühlen Sie, wie Sie sich verändern: Sie *lassen* Ihre bisherigen farbigen Federn *los*. Und Sie erkennen plötzlich, dass Ihnen Adlerfedern wachsen. Ihre Schwingen werden immer weiter, immer mächtiger. Nehmen Sie einmal bewusst wahr: Wie weit sind Ihre Schwingen? Und welche Farbe haben sie? Fühlen Sie Ihr Gefieder. Erleben Sie mit allen Sinnen, wie Sie zum Adler werden. Und dann, wenn Sie sich ganz als Adler erfahren, erheben Sie sich und fliegen nach oben. Betrachten Sie mit den klugen und scharfen Augen des Adlers aus der Vogelperspektive sich selbst und Ihre gesamten Lebensumstände. Welcher Lebensbereich interessiert Sie besonders? Und wo schauen Sie nicht so gern hin? Sehen Sie sich auch diese Bereiche genauer an. Was können Sie alles wahrnehmen? Und zu welchen Erkenntnissen kommen Sie aus der Sicht des Adlers? Erleben Sie, wie die Dinge sich vor den wissenden Augen des Adlers entfalten. Und nun betrachten Sie einmal eine Lebenssituation, in der die Dinge nicht so glücklich gelaufen sind. Schauen Sie sich selbst annehmend und voller Mitgefühl an. Erkennen Sie, was Sie aus dieser Situation lernen können. Gewinnen Sie Abstand zu dieser Erfahrung und erkennen Sie, dass auch sie zum Leben dazugehört. Akzeptieren Sie, was Sie erlebt haben, *und lassen Sie es los*. Und dann richten Sie Ihr Augenmerk auf eine neue Chance, die Sie von oben sehen können. Erkennen Sie, wie Sie sie gewinnbringend nutzen können. Genießen Sie es noch ein wenig, sich von der Luft tragen zu lassen, bis Sie sich voller Kraft fühlen. Es ist schön, vom Leben getragen zu werden. Lassen Sie sich Zeit. Genießen Sie die Winde und die Sonne. Und dann, wann immer Sie bereit sind, kommen Sie wieder zurück an Ihren Platz. Nehmen Sie drei tiefe Atemzüge und mit dem dritten Ausatmen öffnen Sie Ihre Augen und kehren wieder zurück ins Hier und Jetzt. Wenn Sie mögen, notieren Sie Ihre Erfahrungen, Erkenntnisse und Schlussfolgerungen.[3]

Dieses Buch soll Sie darin unterstützen, vom Papagei zum Adler zu werden, indem es Ihnen hilft, Neuland zu entdecken und die alten Küsten hinter sich zu lassen.

Was sollten Sie konkret loslassen?

Abhängigkeit

Hier müssen wir unterscheiden, zwischen *interdependency* (engl.; „aufeinander angewiesen sein") und *codependency* (engl.: „in einem ganz bestimmten gegenseitigen Abhängigkeitsverhältnis stehend").

Wir alle sind irgendwo abhängig von dem Umfeld, in dem wir leben, beispielsweise von gesunder Luft und Nahrung, davon, dass wir unsere Natur erhalten usw. Diese Art von Abhängigkeit nennen wir *interdependency* – sie ist natürlich und gesund. Thich Nhat Hanh hat die *interdependency* sehr schön mit folgendem Beispiel erklärt: „Wenn Sie die Seite dieses Blattes anschauen, dann erkennen Sie darin auch die Wolke. Denn ohne die Wolke kein Regen und ohne Regen kein Baum und ohne Baum kein Papier. Aber das Blatt Papier enthält auch den Sonnenschein, denn ohne Sonnenschein würde nichts wachsen, auch der Baum nicht, der das Papier hervorgebracht hat. In dem Papier ist jedoch auch der Holzfäller enthalten und auch der Weizen, der den Holzfäller ernährt, denn hätte der Holzfäller nichts zu essen, könnte er auch nicht arbeiten. So ist in dieser Seite, die Sie vorliegen haben, alles enthalten, auch Sie, denn Sie lesen diese Seite und verbinden damit Ihr Bewusstsein mit dem Geschriebenen."[4] Natürlich sind wir alle aufeinander angewiesen, da wir Menschen sind, die atmen, essen, trinken, Wärme und Behausung brauchen. Wir benötigen, um in menschlicher Form zu existieren, die Sonne, die Natur, menschliche Wärme usw. Der Mensch ist keine Insel. Da wir alle miteinander verwoben sind, brauchen wir alle einander. Und selbst der Eremit, der keinem Menschen begegnet, braucht zumindest die Luft, die Temperatur usw. Wir sind Bestandteil einer gewaltigen Ökologie. Alles bedingt einander. Das ist völlig normal und führt auch nicht zu einem Abhängigkeitsgefühl, insbesondere wenn wir die *Eine* Kraft, die Existenz, die Natur als den Geber der Gaben betrachten.

Sobald wir uns aber die Erfüllung unserer Bedürfnisse von einer ganz bestimmten Person und in einer ganz bestimmten Form erhoffen, begeben wir uns in Einzelabhängigkeit (*codependency*). Sie ist ein Zeichen von Unreife, von Infantilismus. Als wir noch klein waren, war sie natürlich. Jeder von uns war früher einmal abhängig von einer ganz bestimmten Person, seiner Mutter. Damals war die Mutter, und nur sie, der Garant für das eigene Überleben. Ohne Mutterbrust kein Überleben. Aus der damaligen Zeit heraus hat sich bei vielen Menschen die Überzeugung gebildet: „Ich kann ohne einen ganz bestimmten Menschen nicht überleben". Wenn wir dann später immer noch erwarten, dass *ein ganz bestimmter Mensch* oder ein *ganz bestimmter Stoff* unser Überleben auf eine *ganz bestimmte Weise* sicherstellt, entstehen daraus *Fixierungen* – mit unguten Folgen. Nicht umsonst spricht der Drogensüchtige von „fixen", wenn er sich Suchtstoff einspritzt. Wenn wir „fixen", egal wo unsere Abhängigkeit liegt, begeben wir uns in einen Käfig.

Indem wir in dem Menschen oder dem Stoff, von dem wir uns als abhängig erleben, wieder nur eine von vielen Ausdrucksformen der *Einen* Kraft sehen, erkennen und erleben wir, dass diese Kraft uns auf vielerlei Weise speisen kann. Dies macht uns unabhängig, selbst wenn wir in einem Gefängnis oder mit einem besitzergreifenden Chef oder Partner leben. Um wirklich loslassen und uns der *Einen* Kraft hingeben zu können, benötigen wir Unschuld, Urvertrauen, Kontakt zur Quelle, Selbstliebe, die Bereitschaft, für uns selbst einzustehen, und die Erkenntnis dessen, wer wir *wirklich* sind.

Übung: Von wem oder was sind Sie noch abhängig? Davon, dass Sie jemand lobt? Davon, dass Sie niemand ausschimpft? Von Zuwendung, Güte, Harmonie? Finden Sie heraus, was Sie brauchen. Und beginnen Sie damit, genau das sich selbst zu geben, es selbst in Ihrem Leben auszudrücken und zu erkennen, dass diese Qualitäten nicht von etwas *ganz Bestimmtem* abhängen. Lassen Sie Ihre Abhängigkeiten los.

Ändernwollen anderer

Warum sollte der andere sich ändern? Natürlich hängt dieser Wunsch mit eigenen Bequemlichkeiten zusammen! Eine Eiche käme nie auf die Idee, der Tanne zu sagen, sie sollte Eichenlaub produzieren. Doch wir Menschen tun das. Wir wollen den anderen zurechtbiegen, damit er uns besser in den Kram passt, damit *wir* weniger Schwierigkeiten mit dem anderen haben. Dabei stülpen wir dem anderen unsere eigenen Neurosen über. Oft bringen die scheinbaren Unarten unseres

Nächsten nur unsere eigenen Verdrängungen zum Ausdruck.

Wenn wir beispielsweise unsere Schüchternheit verdrängen, indem wir uns gekonnt in Szene setzen, schämen wir uns, dass unser Partner, den wir stolz präsentieren wollen, unauffällig angezogen abseits herumsteht. Statt dass wir uns selbst prüfen, was uns unser Partner durch sein Verhalten spiegelt, kritisieren wir an ihm herum. Das ist genauso unsinnig, als würden wir morgens am Badezimmerspiegel herummalen, nur weil uns unser eigenes Spiegelbild nicht gefällt. Ob wir es wahr haben wollen oder nicht: Unser Partner, eigentlich die ganze Welt, ist unser Spiegel. (Wir werden anlässlich des Spiegelgesetzes noch näher darauf eingehen – siehe S. 315ff.).

Wir schämen uns dafür, dass der Partner uns *unseren* Schatten präsentiert. Doch hätte dieser Schatten nichts mit uns zu tun, würden wir uns gar nicht für das Verhalten des anderen schämen. Und wir lieben unseren Partner dafür, dass er uns gute Seiten zeigt, die wir in uns selbst (noch) nicht finden können. Doch wären diese guten Seiten nicht auch in uns vorhanden, würden wir sie beim Partner nicht sehen können.

Wär nicht das Auge sonnenhaft,
Wie könnten wir das Licht erblicken?
Lebt nicht in uns des Gottes eigne Kraft,
Wie könnt uns Göttliches entzücken?
JOHANN WOLFGANG VON GOETHE, FARBENLEHRE

Empfehlenswerter als den Partner zu ändern ist es, ihn zu bewundern. Selbst wenn Ihr Partner muffelig ist, können Sie ihn bewundern – eben dafür, wie gekonnt er muffelig ist. Haben Sie jedoch ganz und gar das Empfinden, dass Ihr Partner von sich selbst weit weg ist und sein eigenes Potenzial vergessen hat, dann können Sie versuchen, ihn an sich selbst zu erinnern – falls er dazu bereit ist, sich erinnern zu lassen. Ihre Chance liegt dann darin, ihn daran zu erinnern, was für ein toller Mensch er ist.

Gleichnis: Eine kluge Frau, deren Mann zu wenig Zeit für sie hatte und dessen Augen blind schienen für ihre Schönheit, wusste sich zu helfen. Eines Abends begab sie sich zu ihrem Mann, der über seinen Büchern brütete. Sie begann: „Sind meine Haare nicht wie Gold?“ Der Mann schaute nicht einmal von seinen Büchern auf und sagte: „Ja, du hast recht.“ Die Frau fuhr fort: „Sind meine Zähne nicht wie die Perlen einer Kette?“ „O ja“, war die Antwort. „Sind meine Hände nicht zart wie der Duft des Morgens?“ „Doch, doch.“ „Sind meine Füße nicht zierlich wie eine Schnitzerei aus Elfenbein?“ „Gewiss, gewiss!“ „Ist mein Leib nicht weiß wie Marmor?“ „O ja! Du sagst die Wahrheit“, antwortete der Mann, der sich nicht mehr so recht auf seine Arbeit konzentrieren konnte und immer öfter zu seiner Frau hinschaute. Diese fuhr fort: „Bin ich nicht gewachsen wie eine Zeder?“ „Doch in der Tat, du bist es.“ Die Frau drehte sich leicht und sagte: „Gleichen nicht die Formen meines Pos denen einer chinesischen Vase?“ „O ja.“ „Ist nicht mein Busen so fest, so groß, so frisch und zart wie herrliche Pfirsiche?“ „Er ist es“, sagte der Ehemann. Seine Frau fiel ihm um den Hals: „Was bist du für ein wunderbarer Mann! Welch wunderschöne Worte sagst du zu mir!"[5] Wenn Sie jemanden an sich selbst erinnern, dann erheben Sie ihn. Um ihn erinnern zu können, müssen Sie jedoch den Gedanken loslassen, er sollte anders sein, als er gerade ist, es aufgeben, ihn ändern oder gar verbiegen zu wollen. Es bedeutet auch, darauf zu verzichten, dass der andere es Ihnen bequem macht. Im Erinnern liegt keinerlei selbstsüchtiges Eigeninteresse. Ihr einziges Interesse liegt darin, dem anderen den Raum zu geben, so zu sein, wie er in Wahrheit ist. Dies tun Sie, indem Sie Ihr Ego zurücknehmen und Ihr urteilsfreies Selbst durch sich wirken lassen. Dann sprechen Sie im anderen automatisch sein Selbst – und nicht seine Macken und Abwehrmechanismen – an.

Diese Form von Akzeptanz und Erinnerung wirkt dann auf den anderen wie eine sanfte Einladung. Sie halten die Erinnerung dem anderen hin wie einen Mantel, in den er hineinschlüpfen kann, statt ihm Ihre Meinungen und Verurteilungen wie einen nassen Lappen um die Ohren zu schlagen.

Einladen dürfen Sie, auch Vorschläge machen, aber ohne Ego-Druck. Vielleicht sagen Sie zu Ihrem Partner: „Schau mal, Schatz, ich hätte da so eine Idee wegen deiner Kleidung – magst du sie hören?" – Falls er ablehnt, ist das in Ordnung. Falls er interessiert ist, fahren Sie fort: „Bist du auch mit mir der Meinung, dass dir diese Kleidung hier besser steht als die, die du gerade trägst – oder siehst du das anders?" Selbst wenn der andere die Sache anders sieht als Sie, verdient er doch Ihre volle Liebe. Letztendlich hat jeder Mensch das Recht zu sein, wie er ist, und dann aufzuwachen, wann er dazu bereit ist – und niemand hat das Recht, dem vorzugreifen.

Ein praktisches Beispiel soll dies erläutern. Stellen Sie sich einmal eine Raupe vor, die sich einspinnt. Mit wissendem Auge sehen Sie natürlich, dass dieses Tier gefangen ist, haben Mitleid mit der armen Raupe und schneiden den Kokon auf. Doch Sie werden in dem Fall erleben, dass Sie der Raupe nicht geholfen haben, sondern die Puppe stirbt, weil sie durch Ihr vorschnelles Eingreifen nicht die Chance hatte, sich in *ihrer* Zeit zu entwickeln, also auszuwickeln, was in ihr steckt. Deshalb rate ich zu strenger Vorsicht, was jede Form von „Zwangsbeglückung" anderer anbetrifft.

Stellen Sie sich beispielsweise einmal vor, Ihr Partner würde an *Ihnen* herummeckern – wäre da nicht die Gefahr groß, dass Sie zumachen und ihm Ihr Innerstes von nun an verweigern, und zwar selbst dann, wenn er recht hätte? Liebe ist eine einsame Berghütte: Man findet nur vor, was man selbst mitgebracht hat! Und mitbringen sollten Sie Liebe, Akzeptanz und Losgelöstheit. Lassen Sie die Idee los, den anderen ändern zu wollen.

Armut und Angst vor Armut

Es ist schon einige Zeit her, dass mich ein Klient eines Tages mit den Worten anrief: „Herr Tepperwein, heute bin ich wieder mal arm!" Ich verstand erst nicht, was dieser Mann meinte, denn er hatte weder sein Geld noch seinen Job verloren. Im Laufe des nachfolgenden Gesprächs aber kamen wir darauf, dass dieser Mann sich gerade wie ein armer Hund *fühlte*. Andere würden diesen Zustand vielleicht als Moralischen, Midlife-

Crisis oder schlicht und einfach als handfeste Depression bezeichnen.

Wie kommt es, dass man sich „arm fühlt"? Wenn Sie es dem Klienten nachmachen wollen, gibt es eine einfache Technik dafür: Denken Sie einfach einmal einige Minuten lang an all das, was Ihrer Meinung nach anders sein sollte, was in Ihrem Leben Ihrer Meinung nach *nicht* stimmt, in welchen Bereichen Sie den falschen Partner, Beruf, Lebensumstand usw. haben – und schon werden Sie erleben, wie Sie sich binnen weniger Minuten elend fühlen. Auf der anderen Seite, wenn Sie sich reich fühlen wollen, machen Sie es doch einmal genau umgekehrt: Denken Sie an das, was in Ihrem Leben in Ordnung ist, und seien Sie dafür dankbar.

Mir gefällt dieses Beispiel deshalb so gut, weil Reichtum ein subjektives Empfinden ist. Ein Hilfsarbeiter, der sich am Wochenende hundert Euro durch Überstunden verdient hat, mag sich reich *fühlen* und der Millionär, der bei einer Börsenspekulation zwanzig Prozent seines Vermögens verloren hat, fühlt sich möglicherweise arm. Sie erkennen an diesem Beispiel, dass Armut oder Reichtum keine Sache von absoluten Zahlenwerten ist. Solange Sie in der Gewissheit leben, dass Sie innerhalb der nächsten 24 Stunden satt zu essen haben, warme Kleidung und ein Dach über dem Kopf, können Sie sich durchaus reich fühlen – es kostet Sie nicht mehr, als wenn Sie sich in gleicher Situation arm fühlen.

Natürlich gibt es Grundbedürfnisse: Essen, Schlafen, Gesundheit, Behaglichkeit usw. Wenn sie gefährdet sind, ist es höchste Zeit, etwas zur Befriedigung

Ihrer Bedürfnisse zu tun. Aber auch das bewerkstelligen Sie am besten, indem Sie auf Armutsbewusstsein verzichten. Vielleicht haben Sie gerade wenig Geld – dann sind Sie möglicherweise reich an Erfahrung. Sie haben keine Arbeit – dann sind Sie reich an Freizeit. Ihnen fehlt ein Partner an Ihrer Seite – dann liegt Ihr Reichtum darin, tun und lassen zu können, wonach Ihnen gerade ist, ohne dass Ihnen am Ende des Tages Vorhaltungen gemacht werden. Sogar ein „Reichtum an Mangel" kann ein Geschenk sein, lernen Sie dabei doch möglicherweise viel Disziplin, Sparsamkeit, Wertschätzung dessen, was Sie haben.

Übrigens sind weder Reichtum noch Armut eine Garantie für Erwachen, Erleuchtung oder spirituelle Bewusstheit. Diese Dinge haben nichts miteinander zu tun. Die Geschichte kennt sowohl reiche als auch arme Heilige, denken wir beispielsweise an den weisen, wohlhabenden König Salomo oder auch an den genügsamen Diogenes. Das „Armutsgelübde", wie es in vielen Traditionen gefordert wird, hat kulturelle Hintergründe und soll lediglich dafür sorgen, dass der Betreffende sein Herz nicht an seine materiellen Güter hängt.

Missverstanden wurde in dem Zusammenhang häufig das Jesuswort „Eher geht ein Kamel durch ein Nadelöhr, als dass ein Reicher in den Himmel kommt." (Mt 19,24; Mk 10,25; Lk 18,25). Eigentlich müsste es in dem Fall heißen: Eher geht ein *Seil* durch ein Nadelöhr (das griechische *kamilos* = Seil wurde hier mit dem Wort *kamelos* = Kamel verwechselt). Unabhängig davon soll dieses Gleichnis nicht zum Hungern auffordern, sondern zur „Enthaltsamkeit im Geiste", von der Jesus auch in der Bergpredigt in Mt 5,3 spricht. Derjenige, der reich an Zweifeln ist, reich an Unglauben, reich an verworrenen Gedanken, wird nicht durch die „enge Pforte“ gehen können. Doch derjenige, der sich an seiner materiellen Armut festhält, ebenso wenig, denn er ist reich an Armutsgedanken.

Das Festhalten an der Idee „ich bin arm“ steht der Losgelöstheit, die wir suchen, im Wege. Wer an seinem Mangel festhält wie an einer Tugend, ist nicht befreit vom Anhaften am Reichtum, er haftet nur am Gegenteil fest, der Armut.

Beispiel: Eine meiner Klientinnen bekam jedes Mal lange Ohren und empfand aufrichtiges Mitgefühl, wenn einer ihrer Freunde ihr sein Leid klagte. Doch wenn jemand anrief, um ihr zu sagen, wie gut es ihm ginge, brach sie das Gespräch bald ab. Als sie mir dies erzählte, fragte ich sie, wie es um ihre Lebensfreude bestellt sei. Die Klientin erzählte mir, dass sie einen Weg des Dienens an der Menschheit ginge und ihr Leben folglich nichts mit „Jux und Dollerei“ zu tun habe. Ich entgegnete ihr, dass es wohl kaum ein größeres Geschenk gäbe, als mit anderen Menschen die Lebensfreude zu teilen und das Leben zu feiern, und dass dies alles andere als „Jux und Dollerei“ sei, schließlich hätte sogar Jesus permanent Festgelage gegeben.

Einige Wochen später rief mich die Klientin an. Bereits ihre fröhliche Stimme ließ vermuten, dass sich in ihrem Leben etwas verändert hatte. Tatsächlich teilte sie mir mit, dass sie jahrelang einem Armutsbewusstsein aufgesessen sei. Als Kind hatte sie gelernt, Sympathie zu gewinnen, wenn sie sich die Sorgen anderer Menschen anhörte, doch wenn es allen gut ging, wollte damals niemand etwas von ihr wissen. So hatte sie schon frühzeitig gelernt, Sympathie für Leidende zu gewinnen, sicherlich ein feiner Zug. Erst in diesen Tagen wurde ihr bewusst, wie wichtig Lebensfreude als zweiter Flügel für ihren inneren Zugvogel war. Frei sein von Reichtum und von Armut bezieht sich also nicht nur auf die materiellen Besitztümer, sondern auch auf unsere Anteilnahme an den Schicksalen unserer Mitmenschen.

Manche fürchten die Armut, weil sie dann ihre Bequemlichkeit aufgeben müssten. Andere fürchten den Reichtum, weil sie mit ihm gesellschaftliche Verpflichtungen verbinden. Wenn es uns jedoch gelingt, uns losgelöst von Reichtum *und* Armut der Fülle des Lebens und seiner Schönheit bewusst zu sein, dann sind wir innerlich reich, unabhängig davon, ob wir Lumpen oder Juwelen tragen, Kuchen oder Hirse essen.

Fatal wäre es, im Falle der Armut sich selbst oder andere zu beschuldigen, zu bestrafen oder zu misshandeln (bei sich selbst wäre das Selbstzerstörung). Sie sollten finanzielle Armut wie finanziellen Reichtum mit Würde tragen und sich ohne Geld nicht weniger reich fühlen als mit. Im Idealfall sehen Sie sich als weisen Verwalter, nicht als Eigentümer Ihrer Besitztümer. Gehen Sie mit dem, was Sie haben, so weise und liebevoll um wie möglich. Wir können uns mit unserem Besitz so reich oder arm fühlen, wie wir wollen. Entscheidend ist nicht, wie viel wir haben, sondern wie sehr wir es wertschätzen und wie bewusst wir damit umgehen.

Wer angesichts finanzieller Knappheit Selbstverrat betreibt und sich ablehnt, fühlt sich arm und festgefahren. Doch sobald Sie den Zustand, in dem Sie sich befinden – egal Sie ob arm oder ob reich sind –, innerlich angenommen haben, leben Sie losgelöst. Es öffnet sich das Tor für den nächsten Schritt. Dann erkennen Sie, dass innerer Reichtum und Reichtumsempfinden vom Kontakt zu Ihrem wahren Selbst abhängen.

Unabhängig von Ihrem äußeren Reichtum oder Mangel gibt es vor allem einen seelischen Reichtum, den Ihnen niemand nehmen kann. Halten Sie den Kontakt zu diesem Selbst – egal in welcher Situation – und kein Reichtum wird Sie überheblich machen und keine Armut wird Sie erschrecken. Lassen Sie deshalb sowohl die Armut(sgedanken) wie auch die Angst vor (äußerer) Armut los.

Übung: Beobachten Sie einmal, wo Sie mit Gedanken, Worten, Taten überschwänglich und überheblich sind und wo Sie sich kleiner machen und am Mangel festhängen. Finden Sie zu Ihren momentanen Verhältnissen eine losgelöste und angemessene Einstellung, die es Ihnen ermöglicht, sich in jeder Lebenslage reich im Sinne von „reich an Kontakt mit sich selbst" zu fühlen.

Begrenzungen

Obwohl alles eins ist, sind wir doch zugleich auch getrennt. Obwohl wir über ein Bewusstsein der Einheit verfügen, erleben wir uns doch in unserem Körper und mit unseren Eigenarten als anders als der Rest der

Welt. Andersartigkeit ist nicht schlecht. Wir vollziehen damit den uralten Traum Gottes, durch uns mit sich selbst in Kontakt treten zu können. Gäbe es kein Anderssein, gäbe es niemanden, mit dem wir interagieren könnten – wir würden als der Eine allein im Weltall schweben – und selbst jenes würde nicht existieren.

Das trennende Prinzip „Ich *versus* Nicht-Ich" zeigt sich auch in unseren Begrenzungen. Die Mauern eines Hauses trennen die Innenräume von Regen, Wind und Wetter und schützen die Bewohner dadurch. Die Haut unseres Körpers begrenzt ihn auf seine Körpermaße und schützt ihn ebenfalls.

Wie wichtig Grenzen sind, sehen wir am Beispiel eines Flusses: Ein Fluss ist durch seine Ufer begrenzt und hat dadurch die Möglichkeit, zum Meer zu fließen. Gäbe es die begrenzenden Ufer nicht, so würde der Fluss im wahrsten Sinne des Wortes ausufern. Das Land würde versumpfen und kein Tropfen würde das Meer erreichen.

Ähnlich wie das Bett eines Flusses sind auch wir eingebettet – in unser eigenes Schicksal. Natürlich gestalten wir es und prägen es mit. Aber wenn wir ausschließlich auf der Grenzenlosigkeit bestünden, würden wir vieles verpassen, was wir nur in der Begrenzung erfahren können: Emotionen, menschliche Erfahrungen und Erkenntnisse.

Zu den vier edlen Wahrheiten, die Buddha lehrt, gehört vor allem die Kostbarkeit der menschlichen Geburt. Nur inmitten der Begrenzung des Menschseins können wir unser Bewusstsein erweitern und die *Eine* Kraft durch uns verwirklichen. Wir wirken als grenzenloses Bewusstsein in einem begrenzten Körper, als potenziell vollkommene Wesen in einer scheinbar unvollkommenen Welt. So paradox es klingt: Die Erfahrung der Grenzenlosigkeit des Seins ist letztendlich nur in der Begrenzung möglich.

Das Akzeptieren von Begrenzungen ist immer der erste Schritt, um über sie hinauszugehen. Der Weg führt stets durch das Nadelöhr der Begrenzung hindurch, nicht an ihm vorbei. Das bedeutet, Begrenzungen, die gegeben sind, erst einmal anzunehmen und aus ihnen das Beste zu machen. Was Sie loslassen sollten, ist der begrenzte Umgang mit Begrenzungen. Sie sollten Begrenzungen mit einem weiten Bewusstsein begegnen und sie dadurch, soweit es geht, zum Vorteil nutzen.

Beispiel: Sie sind im Büro und machen Überstunden. Die Putzfrau hat Sie versehentlich eingeschlossen. Die Telefonanlage ist ausgeschaltet. Sie wissen, dass in drei Stunden der Nachtportier kommt und aufschließt. Sie sind also auf Ihr Arbeitszimmer begrenzt. Wie werden Sie die Zeit nutzen? Werden Sie herumschreien, jammern, sich den Kopf zerbrechen oder Depressionen bekommen? Oder werden Sie die Zeit nutzen, um Lebenspläne aufzustellen, Ihre Umsatzsteuervoranmeldung auszufüllen oder Restanten aufzuarbeiten? Es liegt bei Ihnen, ob Sie diese Begrenzung zum Vorteil oder zum Nachteil nutzen.

Ebenso ist es mit einer Krankheit, die ja ebenfalls eine Begrenzung darstellt. Nutzen Sie sie zum Wachsen und Reifen oder verzweifeln Sie an ihr? – Es liegt an Ihnen.

Wie ist es mit den Zeiten der Armut und der Erfolglosigkeit? Nutzen Sie sie zur inneren Sammlung und Wertschätzung dessen, was Sie haben, wird sich durch Ihren liebevollen Umgang mit der Begrenzung automatisch eine neue Tür öffnen.

Bei Begrenzungen ist auch zu unterscheiden, ob sie momentan zu Ihnen gehören – dann sollten Sie sie annehmen und das Beste daraus machen – oder ob sie nur in Ihrem Kopf existieren, dann sollten Sie sie daraus entlassen. Es gibt sinnvolle Begrenzungen und solche, die nur darauf warten, dass Sie sie loslassen, sobald die Zeit dafür reif ist.

Beispielsweise gibt es Träume, die Sie nur verwirklichen können, wenn Sie nicht an die Grenzen glauben, die andere Ihnen vormachen.

Beispiel: Edison hatte bereits eine Menge Versuche hinter sich, als seine letzten Getreuen aufgeben wollten. Sie konnten nicht mehr glauben, dass es möglich sei, das elektrische Licht zu erfinden. Edison glaubte aber nicht an diese Begrenzung, sondern experimentierte weiter. Und tatsächlich, die Geschichte lehrt uns, dass Edison kurze Zeit darauf ein Versuch glückte. Seitdem ist die Welt erleuchtet, zumindest äußerlich.

Von Arthur Lassen stammt die nachfolgende Analogie, die Sie ermuntern soll, über unsere selbst geschaffenen Grenzen nachzudenken.

Gleichnis – die Hummel: Die Hummel hat eine Flügelspannweite von 0,7 cm bei 1,2 g Gewicht. Nach den bekannten Gesetzen der Aerodynamik ist es unmöglich, bei diesen Verhältnissen zu fliegen. Die Hummel aber weiß das nicht. Sie fliegt einfach.

Auch die Geschichte von der „Möwe Jonathan" von Richard Bach ermuntert dazu, über Selbstverständlichkeiten nachzudenken und über Grenzen, die Sie sich mit Ihrem Denken immer wieder selbst setzen.[6]

Oftmals sagen wir „Ich kann nicht" und meinen in Wirklichkeit damit „Ich will nicht". Wenn Sie beispielsweise glauben, dass es in der heutigen Zeit unmöglich ist, eine gute Arbeit zu finden, dann ist dies eine sinnlose Begrenzung, die Sie schleunigst loslassen sollten. Sie würden sich dadurch nur unnötig belasten. Außerdem ist dieser Gedanke unzutreffend: Woher wissen Sie, dass man in dieser Zeit keine gute Arbeit finden kann? Tausende von Menschen leben ihre Berufung durch eine gute und sinnvolle Tätigkeit, warum nicht auch Sie?

Grenzenloses Sein ist Ihre wahre Natur. In diese Wahrheit wachsen Sie jedoch nicht durch Weltflucht, sondern dadurch, dass Sie die Begrenzungen, die die Welt Ihnen gibt, umarmen, ihnen mit einem möglichst weiten Bewusstsein begegnen und sie, wo immer dies angebracht ist, übersteigen.

Übung: Fragen Sie sich: „Wodurch begrenze ich mich?" Listen Sie alles auf, was Ihnen einfällt. Und dann unterscheiden Sie die einzelnen Punkte nach sinnvollen Grenzen und solchen, die es zu überwinden gilt.

Bewertungen

Liebe deinen Nächsten wie dich selbst.
Liebe deinen Nächsten als dein Selbst!

Im Laufe der Zeit hat unser Körper ganz bestimmte Reaktionen gelernt. Er hat gelernt, sich zu fürchten und sich zu freuen. Er hat Lust und Schmerz gelernt. Dieses Lernen begann vor Tausenden von Jahren mit unserer Evolution, das heißt eigentlich noch früher – mit dem Beginn des Lebens auf unserem Planeten. Nicht nur das Tier, sondern auch die Pflanze kennt Freude und Schmerz, was mittlerweile durch zahlreiche Versuche nachgewiesen wurde.

Was den Menschen von allen anderen Lebewesen unterscheidet, ist, dass er nicht nur Freude und Schmerz empfinden, sondern auch ein Bewusstsein von einem Ich entwickeln und darüber reflektieren kann. In unserer Kindheit erleben wir dieses Ich-Bewusstsein erstmals mit Beginn der Trotzphase, in der wir uns von den Eltern abzunabeln beginnen. Doch es treibt seine Weisheitsblüten erst dort aus, wo wir beginnen, über uns nachzudenken, zu reflektieren und an uns zu arbeiten.

Wir Menschen können – im Gegensatz zum Tier – in der Selbstreflexion Handlungen und Ereignisse werten und bewerten. Darum kennt der Mensch auch im Gegensatz zum Tier Bewertungen und die moralischen Begriffe von Gut und Böse.

Diese Begriffe sind von ihrer Sprachwurzel her gar nicht so moralisch, wie sie heutzutage verwendet werden: Das Wort „gut" ist ethymologisch verwandt mit „Gatte", „Gatter", „Gitter", „gefügig und bezeichnet das „Passende", das „Stimmige". Das Wort „böse" stammt vom althochdeutschen „bösi" ab und bedeutet „aufgeblasen, geschwollen" als Ausdruck von Hochmut und Arroganz. In dem Sinne sind die

Begriffe gut und böse eher als richtungweisend für Stimmigkeit und Unstimmigkeit gemeint, also als Richtschnur für den einzelnen Menschen.

In vielen etablierten Religionen wird die Welt auch heute noch als Schauplatz des (ewigen) Kampfes zwischen Gut und Böse betrachtet. Die guten Götter/Engel bekämpfen die bösen Götter/Dämonen.

In Religionen wie in der Rechtsstaatlichkeit wird kollektiv bewertet, was gut und was böse ist. Man setzt voraus, dass der Mensch das Recht hat, sich entweder für das Gute oder für das Böse zu entscheiden, und die entsprechenden Folgen dafür tragen muss: Gefängnis bzw. Fegefeuer für das Böse oder gesellschaftliche Achtung bzw. das Paradies für das Gute.

Weise der Antike gehen jedoch bereits über die Idee, das Böse zu bekämpfen, hinaus. So wird davor gewarnt, „den Teufel mit dem Beelzebub auszutreiben". Jesus prophezeit in dem Zusammenhang: „Wer mit dem Schwert kämpft, wird durch das Schwert umkommen" (Mt 26,52). Auch Augustinus sieht im Bösen lediglich einen Mangel an Gutem. Aus Sicht vieler Heiliger ist das Böse nur ein Des-Guten-beraubt-Sein (Sündenfall), vergleichbar mit einem Blinden, der nichts anderes ist als ein normaler Mensch, der seiner Sehfähigkeit beraubt wurde. Eine andere Analogie vergleicht das Gute mit der Helligkeit und das Böse mit der Dunkelheit. Hier zeigt sich die Dunkelheit als Abwesenheit von Licht. Eine einzige Kerze kann einen ganzen Raum erhellen, aber kein Gegenstand der Welt kann einen Raum, in dem Licht brennt „eindunkeln".

Die absolute Bewertung von Gut und Böse ist trotz verschiedener Weisheitslehren auch in der Moderne noch vorhanden und findet ihren Ausdruck beispielsweise in politischen oder religiös-fanatischen Reden vom „Reich des Bösen“, das je nach Tradition jedoch völlig unterschiedlich projiziert wird, vergleichen wir beispielsweise die Reden iranischer und amerikanischer Spitzenpolitiker miteinander. So verbergen sich hinter den Wertungen gut und böse oftmals Machtinteressen, die in absoluter Form fragwürdig sind. Allerdings ist die Bewertung, was gut und was böse ist, nicht nur bei Einzelpersonen unterschiedlich, sondern auch je nach Tradition und Kulturkreis.

Beispiel: Im Islam ist es böse, Abbildungen von Gott zu machen oder auch nur zu dulden. In der russisch- bzw. griechisch-orthodoxen Kirche wäre es allerdings böse, ein solches Bild, etwa eine Ikone, zu vernichten.

Die moderne Psychologie warnt vor leichtfertigen Bewertungen. Aus Sicht der Psychosomatik wird gerade das Verdrängen unangenehmer oder negativer Gefühle als krank machend, also als böse angesehen. Ein Psychologe ging sogar so weit zu behaupten, man müsse sich entscheiden, ob man ein „guter“ oder ein „heiler“ Mensch sein wolle.

Religiöse Gesetze und Bewertungen waren immer einem Wandel unterworfen, je nach Religion. Gab es zur Zeit des Moses noch ausschließlich die Zehn Gebote voller „Du sollst nicht“, gab uns Jesus in seiner Bergpredigt das Gebot „Liebe deinen Nächsten wie dich selbst!“. Und zur Selbstliebe gehört auch die Selbstannahme, das heißt die Annahme und liebevolle Begleitung aller Stärken und Schwächen, die wir haben, auch des sogenannten Negativen, auf dass wir darin das verkleidete Gute erkennen mögen.

Die Frage der Bewertungen führt uns letztendlich zur Forderung nach eigener Stimmigkeit. Hier müssen wir irgendwann die kollektiven Normen und unsere Erziehung einer Überprüfung unterziehen. Das kollektive Gesetz, das uns erst einmal als Richtschnur gedient hat, muss dabei einem individuellen Gesetz und individuellen Gewissen weichen, dem Gesetz, nach dem wir angetreten:

- Robin Hood, der reiche Unterdrücker ausplündert und davon den Armen gibt, ist nach gesellschaftlichem Kontext bzw. den Gesetzen des Landes böse, von anderen wird er als gut angesehen. Ebenso vielleicht ein General Stauffenberg, der ein Attentat auf Adolf Hitler verübte.
- Martin Luther, der sich gegen den Dogmatismus des damaligen Katholizismus stellte, galt als Ketzer. Vor ihm wurden Mystiker wie Giordano Bruno geächtet. Sie wandten sich gegen die religiöse Doktrin ihrer Zeit und verantworteten ihre religiöse Haltung auch vor sich selbst. Heute gelten solche Menschen als Vorbilder.
- Auf der anderen Seite gibt es immer wieder Terrorbanden, die Menschen als Selbstmordattentäter anwerben. Ihnen wird ein „Ehrenplatz im Himmel" angeboten, wenn sie sich und andere unschuldige Menschen in ihrer Umgebung in die Luft sprengen. Hier steht das individuelle Gewissen gegen das, was ihnen eingeredet wird.

Nicht jeder Mensch ist schon an dem Punkt angelangt, wo er in seiner eigenen Stimmigkeit die Antwort für seine Lebensgestaltung findet. Und so braucht der eine oder andere noch die kollektive Bewertung als Halt, um individuellen und kollektiven Schaden zu vermeiden. Deshalb sollten wir auch nicht urteilen, wenn andere Menschen – indoktrinär gefärbt – uns und andere bewerten. Statt uns in Bewertungen zu ergehen, sollten wir Unterscheidungskraft gewinnen, die für uns selbst gilt, und uns losgelöst von äußeren Bewertungen stets einer Überprüfung durch das eigene Gewissen unterziehen.

Der eigentliche Sinn dieser Unterscheidungskraft liegt nicht im Moralismus, sondern darin, Hilfreiches von Zerstörerischem zu unterscheiden, und zwar für Körper, Seele und Geist, und so über zwanghafte Bewertungen hinauszuwachsen. „Wer weise ist, urteilt und bewertet nicht, wer urteilt und bewertet, ist nicht weise!" (Laotse, Tao Te King).

Auch wenn aus guten Taten gute Früchte erwachsen und aus negativen Gedanken schmerzhafte Konsequenzen, muss jeder Mensch seinem eigenen Pfad folgen und aus eigener Lebenserfahrung heraus sich seine Anpassung maßschneidern. Dies soll ihn aber nicht daran hindern, gut gemeinten Rat anzunehmen, wenn es für ihn so stimmt.

Beispiel: So manch ein Vater erhofft sich, dass sein Sohn die Jugendtorheiten unterlässt, die er selbst begangen hat, und mäkelt an ihm herum. Doch in vielen Fällen lernt der Sohn gerade aus seinen Fehlern mehr als aus den Dingen, die er richtig macht. Würde jetzt dieser Sohn so tun als ob und sich stets an die

Anweisungen seines Vaters halten, so würde er seelisch nicht wachsen. Lippenbekenntnisse ohne innere Läuterung sind wie Antibiotika für die Seele – man pflegt eine schöne Schale, doch im Inneren wächst kein Keim heran. Damit die Seele keimen kann, muss sich der Sohn dem Leben hingeben, nur dem inneren Gewissen folgend. Nur wenn er aus dem Haus gegangen ist und seine Erfahrungen gemacht hat, kann er als „verlorener Sohn" wiederkommen. Er hat die Läuterungen, aber auch die Lebensgeheimnisse erfahren, die er für sein Wachstum gebraucht hat.

Wer sind wir denn, dass wir glauben, bewerten zu müssen, was für den anderen gut und was böse für ihn ist. Was für den einen gut ist, kann für den anderen böse sein, was für den einen richtig, kann für den anderen falsch sein. Es hängt vom Kontext ab, in dem wir uns bewegen, und vor allem von uns selbst und der Lebenslage, in der wir uns befinden:

- Für einen Geschäftsmann kann es in einer gewissen Lebensphase richtig sein, Haus und Hof zu verlassen und sich auf die Suche nach dem Sinn des Lebens zu machen, sich der Suche nach Gott oder karitativen Projekten zu widmen.
- Für einen Mönch oder Asketen kann es, nachdem er Jahre in einem Kloster verbracht hat, richtig sein, sich erneut der Welt zuzuwenden, Geld zu verdienen und Familienvater zu werden. Ein sehr schönes Sinnbild hierfür liefert das Buch „Siddharta" von Hermann Hesse.

- Für einen Lebemann kann es richtig sein, Wein, Weib und Gesang zu entsagen, um sich für geistige Werte zu öffnen.

Wir erkennen oft gar nicht, wie leicht wir uns durch Bewertungen in Illusionen verstricken. Denn durch Bewertungen setzen wir Filter vor die Wirklichkeit. Viele Dinge werden uns gar nicht bewusst, bis wir bewusst wahrnehmen, was wir tun. Werner Erhard, der Begründer des EST-Trainings, sagte einmal: „Bis du nicht weißt, was du tust, hast du keine andere Wahl, als damit fortzufahren!" Seien wir also vorsichtig mit Bewertungen.

Auf Bewertungen zu verzichten bedeutet natürlich nicht, dass wir unseren Kindern Drogen erlauben oder sie nicht mehr erziehen sollten. Aber es bedeutet, dass wir sie nicht mehr bewerten sollten für das, was sie tun, sondern die angemessenen Mittel und Maßnahmen ergreifen. Sobald Sie aufhören zu bewerten, können Sie beginnen wahrzunehmen, nicht vorher. Das Einnehmen einer bewertungsfreien Haltung wird in allen Bewusstseinsschulen als Grundvoraussetzung für höheres Wissen gelehrt, so auch zum Beispiel bei der CQM (Chinesische Quantum-Methode), die davon ausgeht, dass wir augenblicklich Wunder vollbringen könnten, würden wir uns nur einer Bewertung enthalten.[7]

Übung: Gehen Sie spazieren und bewerten Sie alles um sich herum einmal wahllos. Also sagen Sie: „Dies ist ein böser Baum, hier ist ein guter Strauch, dieser Mensch ist dumm, jener Mensch ist weise." Auf dem Rückweg gehen Sie an denselben Lebewesen und

Dingen vorbei und benennen Sie ohne Wertung. Also sagen Sie zu denen: „Stein, Baum, Mensch, Hund."

Wenn Sie diese Übung gewissenhaft durchgeführt haben, werden Sie möglicherweise auf dem Hinweg eine völlig andere Wahrnehmung gehabt haben als auf dem Rückweg und dem Mechanismus des Bewertens ein wenig mehr auf die Spur gekommen sein.

Übung: Denken Sie „böser Peter" (oder wie immer Ihr Partner heißt), während Sie Ihren Partner anschauen. Sie werden erleben, wie es sich anfühlt, über den anderen negativ zu denken. Dann denken Sie „guter Peter", während Sie ihn anschauen. Als Letztes denken Sie einfach nur „Peter", während Sie Ihren Partner betrachten, und nehmen ihn wahr, wie er ist, ohne ihn näher zu bewerten. Danach fragen Sie Ihren Partner, wie er sich fühlt, und wechseln die Rollen.

Letztendlich werden Sie erkennen, dass Sie beide sich am freiesten fühlen, wenn Sie einander lieben und akzeptieren, wie Sie sind, ohne die Bewertungen von Gut und Böse.

Selbst wenn Sie auf Ihren Partner das Beste projizieren, kann das für ihn ein Gefängnis sein, wenn er sich dadurch nicht mehr traut, er selbst zu sein. Man nennt diese Manipulation „jemanden in die liebe Ecke stellen". Der andere versucht dann alles für einen zu tun, um lieb zu sein, damit er ja nicht als böse bewertet wird.

Etwas anderes ist wahre Liebe: Wahre Liebe versucht den anderen nicht auf Liebsein zurechtzutrimmen, sondern liebt den anderen, „wie er ist". Wahre Liebe bewertet nicht – sondern liebt einfach. Sie ist vergleichbar mit der Sonne, die auch nicht bewertet und sagt: „Du warst gestern böse, auf dich scheine ich weniger, sie scheint einfach, auf den Mörder wie auf den Heiligen."

Demütigungen

Große Völker vergessen Leiden, nicht aber Demütigungen.
WINSTON CHURCHILL

Demütigung ist die erzwungene Erniedrigung eines Menschen oder einer Gruppe. Sie führt zu Aggression oder Depression, häufig zu Rachegelüsten, die – wie viele ethnische Konflikte in der Welt zeigen – auch ausgelebt werden. Wie gefährlich die Auswirkungen von Demütigung sein können, dokumentieren viele Beispiele der Geschichte: Menschen, die nur an die Macht kommen konnten, weil ihre Wähler sich von ihnen eine Antwort auf erlittene oder vermeintliche Demütigungen erwarteten. Doch auch viele später zerrüttete Ehen entstanden als Folge von erlittener Demütigung. Wir sollten aus diesem Grund niemanden demütigen und uns nicht demütigen lassen.

Die Antwort auf Demütigung hängt offenbar sehr stark mit der menschlichen Reife des Betroffenen zusammen. Seelisch reife Menschen, besonders solche, die eine starke Anbindung an eine höhere Kraft haben, leiden weniger unter Demütigung und erkennen auch, dass Rache auf lange Sicht nie etwas Gutes bringen kann.

Sie überwinden erlittene Demütigung wie auch den eigenen Drang dazu, indem Sie die menschliche Würde in jedem, der Ihnen begegnet, sehen und achten und erkennen, dass wir alle einer großen Familie angehören, der Familie des Menschseins – auch wenn der andere dies noch nicht erkennen kann.

Wann immer Sie sich gedemütigt fühlen, fragen Sie sich einmal: „Wer ist es denn hier überhaupt, der sich gedemütigt fühlt?“ Letztendlich ist es immer nur das Ego, das den Wunsch hat, jemand anderen zu demütigen, oder das unter erlittener Demütigung leidet. Sobald Sie die Dinge mit Abstand betrachten, erkennen Sie, dass der Demütigende ein Problem hat, nicht der Gedemütigte. Wer wirklich demütig, das heißt in irgendeiner Form mit Höherem verbunden ist, den kann nichts demütigen. Ein Vorbild in dieser Richtung ist Nelson Mandela. Er hat trotz seiner 27 Jahre anhaltenden Haft sein Selbstwertgefühl bewahrt und durch sein Beispiel die ganze Welt positiv verändert.

Übung: Denken Sie einmal zurück an eine Situation, in der Sie Demütigung erfahren haben. Nehmen Sie noch einmal den Schmerz und die Beschämung von damals wahr. Und dann sagen Sie sich: „Obwohl ich das erlebt habe, akzeptiere ich mich voll und ganz! Spüren Sie, wie Sie sich mit allen Stärken und Schwächen, mit allem Erfolg und allem Misserfolg annehmen. Und dann gehen Sie mit dieser Energie der Selbstakzeptanz ganz in dieses Bild von damals hinein. Und, falls Sie es können, sagen Sie gedanklich zu der Person, die Sie damals gedemütigt hat: „Und auch dich akzeptiere ich so, wie du bist. Du konntest und wusstest es damals offenbar nicht besser. Es hat weh getan. Ich verzeihe dir. Und ich lasse jetzt die Sache los.“

Film- und Fernsehkonsum, der unnötig ist

Kultivieren Sie innere Bilder und Filme, statt geisttötende äußere Bilder und Filme zu konsumieren.

Wir wissen ja bereits, dass die Energie der Aufmerksamkeit folgt. Jeder Gedanke, der Ihr Denken passiert, hat das Bestreben, sich zu verwirklichen. Woran Sie denken, davon bekommen Sie mehr. Dieses Gesetz wird durch die Kraft der Imagination um ein Vielfaches gesteigert. Je bildhafter die Vorstellung, je plastischer ihre Darstellung, je stärker Ihre Identifikation mit dem Bild, umso stärker die Energie, die dorthin fließt. Hierbei ist es bedeutungslos, ob Sie diese Bilder unbewusst ablaufen lassen oder bewusst steuern. Leider sind die meisten Menschen durch die Medien dermaßen außenprogrammiert, dass sie kaum noch in der Lage sind, selbstständig zu denken und Gedankenbilder zu erzeugen. Stattdessen lassen sie „mentale Schallplatten" abspielen.

Wenn Sie sich beispielsweise abends im Fernsehen regelmäßig den Krimi anschauen, dann mag es eine spannungslösende Wirkung haben, dass der Mörder letztendlich doch entdeckt wird. Doch gleichzeitig lernt Ihr Unterbewusstsein Hunderte von Wegen kennen, wie man andere Menschen umbringen, betrügen, bestehlen kann. Nun bin ich kein Freund von Verdrängung. Wenn Sie das Bedürfnis haben, sich einen Krimi, Thriller oder Boxkampf anzuschauen, dann sollten Sie dies tun. Nur sollten Sie dieses bewusst tun und sich beim Anschauen fragen: „Warum ist das interessant für mich? Was macht es mit meinem Körper, mit meinem Bewusstsein, mit meiner Energie, wenn ich mir dies anschaue?“ In vielen Fällen öffnen derartige Filme abgekapselte Blockaden in uns und sorgen dafür, dass der Körper mit Verdrängtem geflutet wird und die Energien ins Fließen kommen. Das mag besser sein, als die Dinge zu verdrängen und einzusperren. Doch erst dann, wenn Sie Ihren Filmkonsum mit Bewusstsein verbinden, kommen Sie den Geheimnissen Ihrer Vorlieben auf die Spur. Ansonsten erleben Sie mit jedem Thriller eine Re-Traumatisierung durch alte Ängste und keine Befreiung.

Wann immer Sie sich einen Film im Fernsehen, Kino oder Internet anschauen, sollten Sie sich der Tatsache bewusst sein, dass dieser Film Ihr Unterbewusstsein stark beeinflussen wird. Deshalb sollte er, unabhängig davon, ob es sich um eine Romanze oder einen Action-Thriller handelt, für Sie und Ihre Entwicklung einen starken Nährwert haben. Wenn Sie von Ihrer Neigung noch immer nicht lassen können, fragen Sie sich doch einmal: „Welches Gefühl will ich durch das Ansehen eines solchen Filmes vermeiden?“ So manch einer schaut sich einen erregenden Film nur an, um einer handfesten Depression aus dem Weg zu gehen. Hier könnte es hilfreicher sein, einen Spaziergang in der freien Natur zu machen, Sport zu treiben, zu meditieren oder Hilfsbedürftigen zu helfen und so durch die Depression hindurchzugehen, statt sie zu betäuben.

Fernsehsucht jedoch einfach nur zu verdrängen kostet unnötig Energie und ist auch nicht empfehlenswert. Die Kraft bleibt an die verdrängten Bilder gebunden und fehlt bei der Gestaltung eines selbstbestimmten Lebens. Die Lösung liegt in der erlösenden

Bewusstheit, mit der Sie völlig entspannt mit der Neutralität eines objektiven Zeugen Ihre Reaktionen beobachten, während Sie gezielt hinschauen. Jede Vorliebe beinhaltet eine Botschaft für Sie, und indem Sie sich ihr bewusst öffnen, kommen Sie dem auf die Spur, was dahintersteckt. In der Essenz jeder verdrängten Sache steckt ein Juwel. Haben Sie das Juwel erkannt, sollten Sie sich gezielt in Abstinenz üben, also Ihres Suchtmittels enthalten, um das Erkannte nachwirken zu lassen. Schon bald werden Sie neue Ressourcen in sich aufspüren. Nachfolgend einige Fragen und praktische Hilfen, mit denen Sie sich den Hintergrund Ihres Fernsehkonsums bewusst machen und anschließend neue Lösungen finden können:

- **Krimi:** Wo gehen Sie Anspannungen aus dem Weg? Statt Krimis zu sehen, suchen Sie besser gezielt einen Weg, um den Mechanismus anspannen – entspannen körperlich zu erleben (autogenes Training, progressive Muskelentspannung). Auf welcher Ebene findet bei Ihnen eine innere Auseinandersetzung zwischen Gut und Böse statt? Etwa zwischen Ihrem „inneren Polizisten“, der einen korrekten und moralischen Lebenswandel anstrebt, und dem Anteil in Ihnen, der sich lieber ausleben möchte, wie dies beispielsweise bei dem Jeckyll&Hyde-Syndrom der Fall ist? Fragen Sie sich, welche Teile in sich Sie als böse bewerten, und entdecken Sie sie als Maskierungen von „nicht geehrtem“ Guten. Fragen Sie sich: Was ist das nicht geehrte Grundbedürfnis der Anteile in mir, die ich als böse einstufe? Versöhnen Sie die eben angesprochenen Anteile von Gut und

Böse miteinander und Ihre Sucht nach Krimis wird vergehen.

- **Pornos:** In der Pornographie finden wir Ersatzhandlungen für nicht gelebte Sexualität. Die Art des bevorzugten Pornos gibt dabei Auskunft über die Art der Verdrängung. Immer ist der erste Schritt zur Erlösung das Annehmen und der zweite, die verborgene Botschaft zu erkennen.
- **Boxkämpfe/Catchen/Kung Fu:** Interessanterweise sind viele Fans von Kampfsportarten unterdrückte Menschen. Der Star im Film kämpft symbolisch für die eigenen unterdrückten Interessen. Kampfsportfilme laden dazu ein, das Adrenalin für die eigene Durchsetzung zu verwenden. Wenn ich ein Fan solcher Filme bin, sollte ich mich fragen: „Wie fühle ich mich, während ich den Film anschaue?“, „Wer ist mein Gegner in meinem Leben?“, „Wen will ich *wirklich* besiegen?“ Möglicherweise kommt Ihnen als Antwort: „Den Klassenkameraden, der mich damals verhauen hat. Den übermächtigen Vater. Den brutalen Chef, der mich tyrannisiert!“ Wenn Sie tiefer gehen, erkennen Sie, dass es stets um den Sieg über sich selbst geht, den Sieg des Bewusstseins und seiner Kraft über das Ungelöste in Ihnen. Unabhängig davon weist eine Vorliebe für Kampfsportfilme auf den Glaubenssatz hin: „Das Leben ist brutal!“ Dieser Glaubenssatz lässt sich ändern – nicht immer und in allen Fällen muss das Leben brutal sein. Positiv gesehen steckt hinter der Vorliebe für Kampfsport die Fähigkeit zu siegen und möchte möglicherweise eine neue Form finden.

Je weniger Sie von konsumierten Bildern beeinflusst werden, umso mehr Raum ist in Ihnen für erwünschte Bilder, für Bilder, die Ihnen bei der Manifestation Ihres Zieles helfen, für Bilder, die mit Ihrem Leben (und nicht mit dem von Krimidarstellern) zu tun haben. Statt sich Filme anzuschauen, lernen Sie besser die Kunst des Sichenthaltens – durch meditatives Schweigen und die Kraft der Imagination. Sich den Fernsehkonsum generell abzugewöhnen oder auf ganz gezielte Sendungen zu reduzieren gibt Ihr Bewusstsein frei für Bilder aus den Tiefen Ihrer Seele, mit denen Sie viel mehr anfangen können als mit „vorgekochter" Augenkost. Trinken Sie Ihre inneren Bilder und lassen Sie Film- und Fernsehkonsum weitgehend los.

Hoffnungen und Hoffnungslosigkeit

Wer da glaubt, er spiele eine Rolle,
der spielt noch keine Rolle!

Das Wort „Hoffnung" stammt vom mittelniederdeutschen „hopen", das gleichbedeutend ist mit „hüpfen". Mit der Hoffnung ist das so eine Sache. Es gibt Menschen, die das Prinzip Hoffnung ablehnen, weil Hoffnung natürlich keine Gewissheit ist. Und andere wiederum sind dankbar, dass ihnen wenigstens die Hoffnung noch geblieben ist. So sagt man auch: „Die Hoffnung stirbt zuletzt." Die schöne Seite an ihr ist die positive Ausrichtung auf eine mögliche Zukunft.

Es hängt vom Bewusstseinszustand und der Verfassung des Einzelnen ab, ob die Hoffnung ihm dient oder ihn auf seinem Entwicklungsweg behindert. Loslassen sollten Sie ganz konkrete Hoffnungen, konkrete Erwartungen, was wann geschehen sollte. Das *Prinzip* Hoffnung hingegen kann Ihnen ein Lichtfunke in der Dunkelheit sein. Sobald das Licht jedoch glüht, sollten Sie von der Hoffnung zu den konkreten Tatsachen übergehen, um nicht der Weltverträumtheit zu verfallen. Im Idealfall hat die Hoffnung brückenbildende Funktion zwischen Ihrer heutigen Situation und einer erträumten Zukunft. Doch dorthin bewegen müssen Sie sich selbst.

Beispiel 1: Herr A ist verliebt in Frau B. Er *hofft*, dass es etwas wird. Das mag sein Gemüt beflügeln und ihm den Mut geben, sich Frau B zu nähern. Doch sobald er mit ihr in Kontakt tritt, sollte er seine Hoffnungen loslassen und sich unbelastet von all dem, was er sich ausmalt oder vorstellt, mit dem auseinandersetzen, was die Begegnung hergibt, und daraus das Beste machen.

Beispiel 2: Herr Meier ist selbstständiger Vermögensberater und hat erhebliche Schulden. Er *hofft*, dass er mit einem großen Auftrag seine Schulden abbezahlen kann. Die Hoffnung mag ihn antreiben, weitreichende Geschäftskontakte zu suchen, doch gleichzeitig muss er sich auch um seine kleinen Aufträge kümmern, den „Spatz in der Hand“ pflegen, damit er die nächste Miete bezahlen kann, sparsam leben usw. Sich nur auf den großen Wurf zu verlassen hieße, einer *trügerischen Hoffnung* zu folgen und damit zu scheitern. Besser als sich von falschen Hoffnungen an der Nase herumführen zu lassen ist es, sein Bestes zu geben und die Gegenwart optimal zu nutzen, also zu tun, was zu tun ist.

Von Einzelhoffnungen zu unterscheiden ist das bereits erwähnte *Prinzip* Hoffnung. Wir können hier ganz klar differenzieren: Hoffnungen (mit all ihren falschen Erwartungen) entspringen dem Verstand, die Hoffnung als *Prinzip* steigt in der Seele auf – oder auch nicht. Sie überkommt einen, unabhängig vom Bangen, Wollen oder Fürchten. Wie viel Kraft das Prinzip Hoffnung birgt, mag Folgendes verdeutlichen:

Beispiel: Ein Klient berichtete, er habe in seiner Jugend seine Großmutter im Krankenhaus besucht, wo sie mit einer schweren Lungenentzündung lag. Die Ärzte hatten sie bereits aufgegeben und es war seine Aufgabe, Nachtwache zu halten. In der Nacht weinte der Klient und betete zu Gott, der möge doch seine Großmutter retten, wenn es sein dürfe, er habe Hoffnung, dass sie gesund werden könnte. In dem Augenblick erwachte die Großmutter und schaute ihn lange an und sah, dass ihr Enkel Hoffnung hatte und für sie betete. Von dem Tag an genas sie und lebte noch weitere 15 glückliche Jahre.

Eine nette Geschichte soll das Thema der Hoffnung abrunden:

Gleichnis der vier Kerzen: In einem dunklen Raum stehen vier Kerzen. Ein Kind betritt den Raum, zündet sie der Reihe nach an und erfreut sich an ihrem Glanz. Die vier Kerzen brennen eine Weile, da fängt die erste an zu flackern und spricht: „Mein Name ist Ehre, die Menschen haben all ihre Ehre verloren“ und erlischt. Nach kurzer Zeit fängt die zweite Kerze an zu flackern und sagt: „Ich heiße Glaube, die Menschen haben keinen Glauben mehr“, und auch sie verliert ihr Licht. Nun beginnt auch die dritte zu flackern und spricht:

„Mein Name ist Frieden. Frieden gibt es heute nicht mehr“, und geht aus. Das kleine Kind fängt zu weinen an und ruft: „Aber ihr seid doch Kerzen und ihr sollt doch brennen! Da spricht aus der Stille des Raumes die vierte Kerze: „Ich heiße Hoffnung, solange ich noch brenne, kannst du mit meinem Licht die anderen Kerzen wieder anzünden.“ Und mit der vierten Kerze zündet das Kind die drei anderen wieder an. (Verfasser unbekannt)

Identifikationen

Es beugt der Mensch, der Tor
Sich seinem Schicksal statt ihm vor.

Wir lieben unsere Identifikationen, weil sie uns ein Gefühl von Wert vermitteln. In jedem von uns, ob wir uns dessen bewusst sind oder nicht, schlummert die Angst, nichts wert zu sein, ein Niemand zu sein. Deshalb heften wir uns Orden an und geben uns Identifikationen. Doch sie machen uns angreifbar.

Beispiel 1: Wenn wir Vaterstolz besitzen und unser Sohn entwickelt sich anders, als wir es uns vorgestellt haben, fühlen wir uns in unserem Vaterstolz gekränkt.

Beispiel 2: Wenn wir uns damit identifizieren, ein toller Geschäftsmann, ein Yuppie oder was auch immer zu sein, und wir machen Bankrott, fühlen wir uns so sehr belastet, dass wir depressiv werden, verzweifeln oder gar an Selbstmord denken.

Manche von der materiellen Welt oder dem Liebesleben Gedemütigten suchen dann die Spiritualität als Flucht aus einer alten Identifikation und schaffen so eine neue: Statt „tolle Hechte“ sind sie nun Erleuchtungssuchende. Oft entwickelt sich das vorher gedemütigte Ego dabei zu einem Superego und rennt so schon in die nächste Identifikationsfalle: „Ich bin zu etwas ganz Besonderem geboren. Ich werde dazu beitragen, die Welt zu retten. An meinem Wesen soll die Welt genesen!“ Und natürlich hat das Leben keine andere Wahl, als auch dieses Superego zu zerstören.

Dann geben solche Menschen sich die Identifikation „Ich bin ein Versager“. Sie ist die gefährlichste aller Identifikationen, weil Sie aus ihr kaum noch herauskommen. Damit, dass man sich ans Versagersein klammert, will man weitere Demütigungen und Schmerzen vermeiden – und verpasst dabei das Leben, seine Schönheit und all die Geschenke, die es einem machen könnte, würde man sich dem nur nicht verweigern.

Sie selbst sind weder Erfolgsmensch noch Versager. Beides sind Illusionen. Keine dieser Identifikationen hält der Realität stand. Sie sind nicht dies und nicht das. Sie sind etwas anderes. Um das zu erkennen, müssen Sie all Ihre Illusionen loslassen, auch die Idee, ein Weltenerlöser oder ein Versager zu sein. Der Weise Ramana Maharshi spricht in dem Zusammenhang vom „Wahn des Ich“, den er als Wurzel aller Krankheit sieht.

Loslassen wird immer dann besonders schwierig, wenn Sie sich mit etwas identifiziert haben, wenn Sie behaupten, dass dieses Etwas zu Ihnen gehört. Der Sinn des Lebens liegt nicht in dem, was Sie *haben* – Geld, Partner, Kind, Beruf –, sondern in dem, was Sie *sind*. Solange Sie Ihr Ich in Umständen und Befindlichkeiten „parken“, entsteht Leid. Jede Ich-Identifizierung führt zwangsläufig zu Leid, da sich die Dinge laufend ändern. Sobald Sie sich als Verwalter der Besitztümer und Manager der Umstände sehen, wird es leichter. Und in dem Augenblick, da Sie Ihre Ich-Verhaftung zur Gänze erkennen und loslassen können, gibt es kein Problem, mit dem Sie nicht *sein* könnten. Ihr wahres Sein existiert unabhängig von all Ihren Identifikationen. Erkennen Sie: Sie sind nicht der Klaus, Peter oder Fritz, die Anna, Elfriede oder die Ilse, die all diese Probleme hat. Lassen Sie deshalb alle Identifikationen, die Ihnen nicht dienlich sind, los.

Übung – Babuschka*:* Stellen Sie sich eine Babuschka-Puppe vor; das sind diese Puppen aus Russland, bei denen viele jeweils kleinere in einer großen Puppe stecken. Stellen Sie in Gedanken diese Puppe vor sich hin und fragen Sie sich: „Womit identifiziere ich mich gerade?“ Wählen Sie die Identität, die Sie momentan belastet, wie zum Beispiel „Versager“, „Wrack“, „der Ausgediente“ oder was auch immer. Spüren Sie noch einmal ganz bewusst, wie es ist, diese Identität zu haben. Lassen Sie sie sich ausdehnen, soweit es möglich ist. Und dann spüren Sie in Ihre Mitte hinein. Sie werden erleben, dass die Identität sich löst, dass da auf einmal ein neutraler Raum ist. Sie werden erkennen, dass Sie mit dieser Vorstellung, die Sie so belastet hat, gar nicht identisch sind. Dann nehmen Sie gedanklich die äußerste Babuschka-Puppe weg und betrachten in Ihrer Imagination die nächstinnere. Spüren Sie in sich hinein und fühlen Sie eine Schicht tiefer, welche Identifikation jetzt nach oben drängt. Erleben Sie auch diese voll, lassen Sie sie los und als Zeichen der

Veränderung entfernen Sie auch die zweite Babuschka. Verfahren Sie so weiter, bis Sie die innerste Puppe erreicht haben. Dann nehmen Sie auch diese auseinander und spüren, dass da nichts ist, innerer Raum, Leere und dass Sie nur über die Wahrnehmung dieses inneren Raumes in diese Fülle kommen, die *alles* ist.

Übung – Altersregression: Verwenden Sie die oben beschriebenen Babuschkas zur Altersregression. Betrachten Sie dafür die äußerste Puppe. Spüren Sie in Ihrem jetzigen Lebensalter der Rolle/den Rollen nach, die Sie gerade spielen. Dehnen Sie sich aus, bis es nicht mehr weitergeht, spüren Sie in Ihre Mitte hinein, bis das Wahrnehmungsfeld sich verändert und sich Ihr „innerer Raum" öffnet. Die nächstinnere Puppe bezieht sich auf Sie als jungen Erwachsenen mit all seinen Stürmen und Träumen. Spüren Sie auch in diese Rolle hinein und lassen Sie sie ebenfalls los. Dann geht es weiter nach innen zur Rolle des Jugendlichen, des Kindes, des Kleinkindes, des Babys und des Embryos. Lassen Sie im Zusammenhang mit diesen Identifikationen auch die Prägungen los, die Sie nicht mehr brauchen.

Übung – innere Personen: Entscheiden Sie selbst, welche Babuschka-Puppe für welche Identifikation steht, und lassen Sie eine nach der anderen los.

Krankheit und Kränkungen

Wenn du dir bewusst bist, wer du wirklich bist,
hört das Leiden auf!
Om C. Parkin

Viele Menschen wollen, dass ihre Krankheit sie loslässt, aber sie sind nicht bereit, ihre Krankheit loszulassen. Wichtig ist es natürlich zu erkennen, was eine Krankheit Ihnen sagen will. Eine Analogie soll dies verdeutlichen: Wenn beispielsweise bei Ihrem Auto die Ölkontrolllampe aufleuchtet und Sie drehen dann das Birnchen heraus, haben Sie damit das Problem noch nicht gelöst. Genauso unsinnig wäre es, Krankheit allein symptomorientiert zu behandeln.

Was wir natürlich speziell loslassen sollten, sind Kränkungen. Der Begriff der Kränkung liegt nahe bei dem, was wir unter den Worten „Beleidigung" und „Kompromittierung" verstehen, geht aber sehr viel tiefer. Als Kränkung bezeichnen wir das Verletzen eines Menschen in seiner Ehre, seinen Gefühlen oder besonders seinem Selbstbewusstsein in einem Ausmaß, dass es ihn krank machen kann.

Wenn wir einen anderen Menschen – absichtlich oder unabsichtlich – gekränkt haben, sollten wir ehrlichen Herzens unser Bedauern ausdrücken und ihm sagen, dass es uns leid tut. Wir sollten jedoch deshalb keine Schuldgefühle züchten, da es immerhin ja auch am anderen lag, die Kränkung anzunehmen.

Wenn wir selbst gekränkt wurden, sollten wir diesen Schmerz noch einmal ganz bewusst fühlen und dann dem Betreffenden verzeihen. Möglicherweise hilft hierbei die Versöhnungsformel: „Obwohl ich diese Kränkung erleben musste, akzeptiere ich mich voll und ganz!" In letzter Konsequenz gibt es eigentlich nichts, was Sie wirklich kränken kann, doch dies ist die „erleuchtete" Sichtweise, zu der Sie erst gelangen, wenn Sie durch den Prozess des Verzeihens hindurchgegangen sind.

Weil Kränkung keinem gut tut, sollten Sie sie weder annehmen noch austeilen, soweit dies irgendwie möglich ist.

Übung: Überlegen Sie einmal, welchen Menschen Sie verletzt haben. Drücken Sie – zumindest geistig – Ihr Bedauern aus. Dann überlegen Sie, ob Sie selbst einmal gekränkt wurden. Fühlen Sie den Schmerz noch einmal, umarmen Sie sich selbst in diesem Schmerz und verzeihen Sie dem Peiniger. Auch dieser Vorgang wirkt schon, wenn Sie ihn rein geistig vollziehen.

Leiden und die Angst vor Leiden

Herr! Schicke, was du willst,
ein Liebes oder Leides;
ich bin vergnügt, dass beides
aus deinen Händen quillt.
Wollest mit Freuden
und wollest mit Leiden
mich nicht überschütten!
Doch in der Mitten
liegt holdes Bescheiden.
EDUARD MÖRICKE

Wenn Buddha sagte, die Welt bestünde aus Leiden, dann meint er damit nicht, dass die Dinge an sich Leiden verursachen, sondern dass unser Festhalten an den Dingen Leiden nach sich zieht. Es gibt viele Dinge, deretwegen wir Leiden erfahren:

- körperliches Leiden (körperlicher Schmerz, Hunger, Kälte)
- emotionales Leiden (zum Beispiel Trauer nach einer Trennung oder auch das Leiden unter aggressiven Bemerkungen, Lieblosigkeiten oder Liebesentzug)
- mentales Leiden (zum Beispiel ins Unrecht gesetzt werden, in Diskussionen unterlegen sein)
- Leiden an Heimatlosigkeit (keine äußeren Wurzeln mehr haben, zum Beispiel auch Verlust der Familie)
- finanzielles Leiden (kein oder wenig Geld)
- statusbedingtes Leiden (Verlust von Arbeit, gesellschaftlicher Position, Ansehen etc.)
- Leiden unter der Vergeblichkeit (ein Computer stürzt ab, wertvolle Daten sind weg etc.)
- Leiden unter dem eigenen Versagen (Lebenspläne misslingen, der Partner ist mit einem nicht mehr zufrieden, Dinge, die man sonst gut konnte, laufen aus dem Ruder)
- Leiden unter Entzug (etwas Liebgewordenes ist nicht mehr da)
- Leiden unter dem Leiden anderer (zum Beispiel aus Empathie)
- spirituelles Leiden (sich getrennt fühlen von der *Einen* Kraft/von Gott, viele sagen, dies sei die Wurzel allen anderen Leidens)

Innerhalb dieser vielen Varianten des Leidens können wir zwischen notwendigem und nicht notwendigem Leiden unterscheiden. Viele Menschen laufen vor dem Leiden generell weg, weil sie dessen Schmerz fürchten, und müssen erleben, dass es sie immer wieder einholt.

Früher oder später erkennen wir, dass wir die Befreiung vom Leiden nur erreichen können, indem wir ihm nicht ausweichen. Das bedeutet nicht, das Leiden zu suchen – das wäre wieder die Ego-Falle, vielleicht um sich damit einen Platz im Himmel zu erkaufen. Dies taten die Geißelbrüder im Mittelalter und züchteten damit nur ihre Vorstellungen, nicht aber die Erkenntnis von Gott und dem, wie die Dinge wirklich laufen. Befreiung bedeutet, dann, wenn es unumgänglich ist, sich dem Leiden zu stellen, ihm sein Geheimnis zu entlocken, durch es hindurchzugehen und danach davon frei zu sein.

Gerade in der heutigen Zeit des Komforts hat sich eine ungute Tendenz zur Leidvermeiderei entwickelt. Natürlich gibt es aber auch das Gegenteil, Menschen, die sich im Leiden suhlen. Doch vor dem Leiden flüchten zu wollen ist genauso illusorisch.

Viele Menschen haben im Laufe ihres spirituellen Weges ein paar spirituelle Errungenschaften erlangt: Sie vermögen beispielsweise andere mit ihren Gedanken zu manipulieren oder mithilfe mentaler Kräfte Geschäfte zu ihrem persönlichen Vorteil zu beeinflussen und suchen sich mit deren Hilfe ein bequemes Leben zu machen. Dies ist die Position des reichen Jüngers, der nicht bereit ist, seine Bequemlichkeit für seine Wahrhaftigkeit einzutauschen und der Jesus zufolge nicht durch das Nadelöhr gehen kann – ob seines dicken (spirituellen) Egos.

Dem Leiden auszuweichen und sich dabei den eigenen Bauch zu pinseln mag ein erlaubter Start sein, um sich überhaupt auf den Weg zur Selbstverwirklichung zu begeben. Doch im Verlaufe dieses Weges werden wir erkennen müssen: Zwanghafte Leidvermeiderei auf einem spirituellen Weg macht einsam und arrogant. Wir glauben stillschweigend, besser zu sein als Normalsterbliche. Oft sind wir versucht zu lügen, um Unannehmlichkeiten und Leiden aus dem Weg zu gehen. Dann macht das Leiden die Psyche krumm, da das Rückgrat der stimmigen Werte aufgegeben wurde. Das Leiden zu verdrängen hieße, dem Leben auszuweichen und damit auch Freude, Hingabe, Schönheit zu verdrängen, die in der Schöpfung liegen. Die Wirkung wäre ähnlich wie bei einem Betablocker.

Sinnvolles Leiden hat seine Aufgabe – in unserem Leben wie in dem unserer Mitmenschen. Leiden ist nicht immer ein Zeichen dafür, dass jemand „falsch ist:

- Leiden kann uns zum Loslassen, zur Besinnung, zur Veränderung bringen, dahin, der Wahrheit hinter dem Schein auf die Spur zu kommen. In diesem Sinne ist das Leiden sinnvoll, bis es seine Aufgabe erfüllt hat.
- Leiden ruft eine Wandlung herbei, auch wenn diese nicht immer angenehm sein muss.
- Die Prioritäten werden neu gesetzt, der Mensch wird wesentlicher.
- Bei den meisten Menschen, die sich auf einem bewussten Weg befinden, geht ihrer Suche eine tiefe Sinn- und/oder Existenzkrise voraus.
- Leiden macht weich und geschmeidig. Es höhlt unsere Hartherzigkeit und Unbewusstheit aus, wie steter Tropfen einen Stein auswäscht, bis das Seelenwasser wieder durch ihn fließen kann, so wie Wasser dem Basalt entströmt.

- Leiden zwingt, mit sich selbst und der Welt in Frieden zu kommen, weil jeder Unfrieden den Schmerz des Leidens nur noch mehr verstärkt.
- Leiden macht bewusst, im Gegensatz zu Alkohol und Drogen, die das Bewusstsein dämpfen und eher unbewusst machen.
- Leiden zwingt den inneren Raum zu finden und aufzusuchen, an dem es kein Leiden gibt, und in ihm zu verharren. Es gibt diesen Raum tatsächlich. Es ist ein „innerer Ort und zugleich ein Bewusstseinszustand, der frei von Schmerz ist.
- Leiden zwingt zum Loslassen.

Buddha lehrt in dem Zusammenhang die „vier edlen Wahrheiten“[8]:

1. **Erkenntnis:** Leiden existiert und es ist wichtig, es zu berühren, um tieferes Verstehen zu erlangen. Das bedeutet, sich zu stellen und nicht davor wegzulaufen.
2. **Ermutigung:** Das Leiden hat eine Ursache, der Sie auf die Spur kommen können.
3. **Verwirklichung:** Wohlsein und Freude (Freisein von Leiden) sind möglich.
4. **Übersetzung:** Es gibt einen Weg zum Wohlsein (Freisein von Leiden), den Sie beschreiten können.

Leiden ist dort sinnlos, wo es uns verbittert, wo wir nicht aus ihm lernen können und wo wir es aufgrund falscher Glaubenssätze oder Geisteshaltungen in einer Weise kreieren, dass es unser Weiterkommen behindert.

Beispiel 1: Ein Mensch lebt in einer belastenden Beziehung, möglicherweise mit einem Alkoholiker. Was er daraus lernen konnte, hat er bereits gelernt und seinen Anteil, seine Ko-Abhängigkeit aufgegeben. Trotzdem ist es alles andere als angenehm, mit einem Alkoholiker zusammenzuleben. Die Beziehung „passt" nicht mehr. In dem Fall ist es angebracht, die leidvolle Beziehung aufzulösen und sich des Alleinseins zu erfreuen.

Beispiel 2: Ein Mönch leidet unter seinem Armuts- und Keuschheitsgelübde, da er in sich den Wunsch nach einem weltlichen Leben verspürt. Hier kann es hilfreich sein, das Gelübde aufzugeben in dem Wissen, dass Gott viele Wege hat, die Menschen zu sich zu führen.

In der Regel hängt sinnloses Leiden mit einem Nicht-zulassen-Können bzw. einem Nicht-lassen-Können zusammen. Viel unnötiges Leiden kann vermieden werden, wenn wir zwar täglich unser Bestes geben, aber nicht unser Herz an die Früchte unserer Bemühungen hängen.

Leiden kommt im Leben dann vor, wenn es vorkommt. Es wäre sinnlos, es zwanghaft zu suchen oder zwanghaft vor ihm wegzulaufen. Um es loslassen zu können, müssen wir es, wenn es sich zeigt, erst einmal annehmen, das heißt, es *da sein lassen*, vielleicht so, wie einen unterschwelligen Ton, der permanent brummt. Wir können es dann wahrnehmen, ohne ihm Widerstand entgegenzusetzen: „Aha, Leiden, Schmerz, du bist da, ok macht nichts! Wenn Sie das Leiden, den Schmerz *da sein lassen*, ohne es oder ihn verändern zu wollen, erleben Sie das Wunder, dass da noch etwas anderes ist; beides, das Leiden und das andere, ist zugleich da, beides existiert parallel, gleichberechtigt nebeneinander. Erst in diesem Zustand können Sie die Aufmerksamkeit verlagern, vielleicht so, wie man eine Pflanze von einem Beet in ein anderes umpflanzt, und dadurch den Weg zum Wohlsein beschreiten.

Beispiel 1: Ein Klient hatte eine schwere Operation hinter sich. Die Wunde wollte nur langsam verheilen. Statt Tag und Nacht Schmerzmittel zu schlucken, nahm der Klient die Wunde bewusst wahr und ließ sich vom Schmerz den Weg zeigen, das Leiden zu überwinden. Er studierte sein Leiden. Er spürte, wie das Leiden sein Herz und seine harte Haltung der Abgrenzung gegenüber allen anderen Menschen, die ebenfalls leiden, aufweichte. Zuerst erschien ihm der Schmerz unerträglich. Keine noch so ausgeklügelte Meditationstechnik konnte ihm helfen. Doch irgendwann erkannte er, dass sein Widerstand gegen das Leiden das Problem war. Er entschied sich dafür, diesem Schmerz nicht auszuweichen, sondern in seine Mitte zu gehen, ihn voll zu akzeptieren. Irgendwann entwickelte er eine Haltung im Sinne von: „Ja, der Schmerz ist weiterhin da, ich kann ihn einfach da sein lassen!“ Er gab das „Leiden am Leiden“ auf. Er begann der Tatsache, dass er litt, losgelöst zu begegnen. In dem Augenblick öffnete sich sein Bewusstsein für die spirituellen Ebenen und er spürte die tiefe Entspannung, die aus seiner Meditation zu ihm strömte. Nun konnte er die Aufmerksamkeit vom Leiden abziehen und sie auf den Segen der Meditation verlagern. Dies erlaubte ihm letztendlich, ungeachtet der Schmerzen seine normale Tagesarbeit aufzunehmen und in dem Punkt, in dem es kein Leiden gibt, zu verharren.

Beispiel 2: Ein Klient kam in meine Praxis und berichtete mir von seiner Angst vor dem Zahnarzt. Er hatte gerade den Zahnarzt gewechselt und wollte beim neuen bereits anfangen zu jammern, bevor dieser den Bohrer ansetzte, als der Arzt innehielt, ihm tief in die Augen blickte und mit fester, klarer Stimme sagte: „Nein! *So* machen wir das nicht!" Allein diese wenigen Worte genügten bei meinem Klienten, um seine leidvolle Einstellung loszulassen und mit dem Mut und dem Stolz eines Kriegers seine Zähne herzuzeigen, damit sein Zahnarzt sie in Ordnung bringen konnte!

Wann immer Sie entdecken, dass Sie ins Jammern, Wehklagen, Leiden kommen, halten Sie inne. Nehmen Sie einen tiefen Atemzug und sagen Sie zu sich selbst: „Nein! *So* machen wir das nicht!"

Nachfolgend weitere Hilfen gegen das Leiden:

- Trost ohne Wehleidigkeit angesichts von Leiden finden Sie u.a. in bewusst gehörter aufbauender Musik.[9]
- In die Mitte des Schmerzes gehen: Wann immer Sie Schmerzen oder Leiden verspüren, gehen Sie in deren Mitte. Haben Sie den Mut, nicht davor wegzulaufen. Sie werden erfahren, dass im Zentrum des Leidens Schmerzfreiheit und Frieden ist, so wie in der Mitte eines Wirbelsturmes. So kann der Schmerz oder das Leiden ein gutes Indiz dafür sein, dass Sie aus dem Zentrum wieder an die Peripherie gekommen sind. Machen Sie den Schmerz oder das

Leiden zu Ihrem Lehrer, behandeln Sie ihn oder es wie einen guten Freund.

- Das Leiden weglächeln: Erinnern Sie sich an einen Augenblick, in dem Ihnen ein Mensch, der Sie liebte, zugelächelt hat. Spüren Sie ein Lächeln in sich. Erfüllen Sie sich damit. Senden Sie es dann direkt hin zu dem Schmerz, dem Leiden und spüren Sie, wie sich dadurch etwas verändert. Es kann sein, dass das Empfinden von Leid oder Schmerz erst einmal schlimmer wird. Doch wenn Sie darin verharren, wird es besser werden.
- Die *Eine* Kraft/den einen Gott um Hilfe bitten. Probieren Sie doch einmal folgenden Leitsatz aus, den Bruno Gröning, ein Heiler aus den 50er Jahren, verwendete, und benutzen Sie ihn als Mantra: „Es hilft, es heilt die göttliche Kraft!"
- Sagen Sie Ja zu dem, was Sie erleben oder erleiden. Das beste Mantra zur Umwandlung von Leiden, das Sie tief in Ihrem Körper intonieren können, heißt möglicherweise schlicht und einfach „Ja!" (siehe dazu auch das Kapitel über die Ja-Meditation, Seite 218)

Ein leidvoller Weg in den Himmel ist nicht verdienstvoller als ein freudiger. Der Sinn des Leidens liegt darin, einen Weg zu finden, um es zu transzendieren. Aus diesem Grund sollten Sie sowohl die Angst vor dem Leiden als auch das Anhaften daran loslassen.

Übung: Machen Sie sich einmal bewusst, in welchen Situationen Sie (noch) leiden. Halten Sie sich eventuell so eine Situation vor Augen. Und dann spüren Sie einmal in sich hinein, was Sie in dem Fall loslassen sollten, damit Sie in der gleichen Situation kein Leiden mehr erleben. Welche Haltung sollten Sie statt der leidvollen Einstellung annehmen? Begegnen Sie in Ihrer Vorstellung der gleichen Situation mit der neuen Haltung und setzen Sie dann Ihre Fantasie in die Praxis um.

Manipulation

Wahrhaftigkeit ist die größte List.
GEORG CHRISTOPH LICHTENBERG

Von der Sprache her bedeutet Manipulation nichts anderes als „der Kunstgriff, Hand anzulegen“ von *manus*, lat. „die Hand“. Manipulation ist also im wahrsten Sinne des Wortes ein Eingriff und ist eher wertfrei zu sehen.

Viele Menschen behaupten, Manipulation sei ein natürliches menschliches Verhalten, und verweisen darauf, dass sie Menschen, Tieren und Pflanzen tief in die Gene geschrieben ist. Manipuliert eine Blume nicht, wenn sie eine Biene mit all ihrer Pracht dazu verführt, sie zu bestäuben? Und tun Casanovas, Femmes fatales, Werbeprofis und Politiker nicht das Gleiche? In der Expertensprache gebraucht man den Begriff der Manipulation u.a. für das Durchtrennen des Drahtes einer Bombe, das sie entschärfen, das aber auch zur Explosion führen kann.

Auf der anderen Seite beeinflussen wir andere Menschen durch Manipulation in einem Maße, dass sie nicht mehr aus eigenen Einsichten heraus, sondern fremdbestimmt handeln.

Wenn wir uns mit dem Sinn und Unsinn von Manipulation auseinandersetzen, dann geht es auch darum, wahrzunehmen, *in wessen Auftrag* wir manipulieren. Sie können aus egoistischen Gründen manipulieren, dann kreieren Sie Spannungen und unmündige Opfer um sich herum. Liebesentzug, Bestrafung, die Augenbraue heben, emotionaler Rückzug etc. sind niedere Methoden der Manipulation und fallen auf den Manipulierenden zurück.

Beispiel: Die Ehefrau kocht ihrem Mann nur dann sein Lieblingsessen, wenn er ihr Auto repariert hat.

Keine Emotion beraubt den Geist so vollständig von seinen Möglichkeiten zu handeln und zu denken wie die Angst.
EDMUND BURKE

Fragwürdig ist die Manipulation insbesondere, wenn sie mit Angst und Bedrohung gekoppelt wird. Manipuliert jemand durch Liebesentzug, Strafe oder Angst, dann wird der andere möglicherweise mit „Berechnung" antworten. Er erkennt, dass er zwar gerade am kürzeren Hebel sitzt, nimmt sich aber vor, es dem Bedrohenden heimzuzahlen.

Beispiel 1: Eine von ihrem Mann bedrohte Ehefrau tut zwar weiter lieb und nett, denkt aber ab sofort nur noch an ihr Bankkonto, ihre Juwelen, ihren Wellness-Urlaub und was man noch alles aus ihm herausholen könnte. Sie lächelt ihren Mann an, denkt aber dabei: „Gute, wahre Liebe bekomme ich keine mehr, dann will ich wenigstens meine Vorteile haben, also so eine Art Schmerzensgeld für Liebesverlust!"

Beispiel 2: Der vom Chef bedrohte Angestellte denkt: „Achten kann ich meinen Vorgesetzten nicht mehr, dann will ich wenigstens sehen, dass ich an meine Vorteile komme. Der durch Drohung manipulierte Angestellte lebt dann in „innerer Kündigung" und hält sich möglicherweise an überhöhten Spesenabrechnungen schadlos.

Er verhält sich wie Edmund in „König Lear" (1.2, Shakespeare): „Wenn nicht Geburt, schafft Güter mir die List; mir gilt für gut, was dazu nützlich ist."

Doch auch Berechnung zahlt sich nicht aus. Sie sollte ebenfalls losgelassen werden. Im privaten Bereich, weil sie die Liebe unmöglich macht – eine Ehe ist eben keine Geschäftsbeziehung, auch wenn sie von vielen so betrieben wird –, und im beruflichen Bereich, weil sich Bereicherung schon nach dem Gesetz von Ursache und Wirkung rächen muss: Wer nimmt, der schuldet, wer gibt, der hat gut!, lautet das einfache Gesetz. Ovid schrieb in seinen Gedichten der Trübsal dazu: „Keine Berechnung kann Schicksal besiegen!"

Statt aus negativen Beweggründen heraus zu manipulieren, sollten Sie, wenn überhaupt, im Dienste des höheren Guten manipulieren, zum Beispiel, indem Sie eine gute Atmosphäre schaffen, um Ihrem Partner auf möglichst liebevolle Weise eine unangenehme, aber notwendige Wahrheit sagen zu können. Mit Berechnung und List können Sie das Leben nicht täuschen. Indem Sie auf Berechnung und Manipulation möglichst verzichten, erhalten Sie sich die Unschuld des Herzens.

Projektionen

Projizieren bedeutet eigene Empfindungen, Konflikte, Gefühle, Interessen, innere Bilder und Vorgänge auf die Außenwelt zu richten wie ein Filmprojektor.

In der modernen Psychologie versteht man unter der Projektion einen Abwehrmechanismus, um eigene, oftmals unerträgliche Gefühle und Wünsche anderen zuzuschreiben und sie dadurch bewältigen zu können. Gemäß Sigmund Freud verfolgen wir in der Projektion häufig die unbewussten eigenen Themen beim anderen.

Wann immer wir im Zusammenhang mit einem Menschen ein ungutes Gefühl haben, das wir früher schon einmal erlebt haben, liegt die Vermutung nahe, dass es nichts mit diesem Menschen zu tun hat, sondern mit uns selbst. Wir sollten uns dann also an die eigene Nase fassen. Immer finden wir in der Projektion einen Hinweis auf ein eigenes Thema, doch um ihm auf die Spur zu kommen, müssen wir uns unsere eigene Bezogenheit zu der Projektion anschauen.

Beispiel: Ein Klient ärgerte sich darüber, dass sich seine Freundin, die sehr selbstsicher auftritt, in seinen Augen überall unmöglich benimmt und er sich deshalb ihrer schämen müsse. Hier finden wir gleich mehrere verdrängte Themen: zum einen das Thema der Scham. In einer Lebensberatungssitzung konnte der Klient schnell erkennen, dass es sich in dem Fall um seine Schamgefühle handelt, die mit der Freundin selbst nichts zu tun haben. Außerdem konnte er feststellen, dass auch in ihm ein Teil existiert, der gern selbstsicher auftreten und sich losgelöst benehmen würde, wäre es ihm als Kind nicht verboten worden. Das, was ihm untersagt wurde, hat er also als Urteil auf seine Freundin übertragen.

Schlimm werden Projektionen, wenn sie auf Archetypen, Machtpersonen oder gar Gott übertragen werden. Statt beispielsweise die eigene Härte zu erkennen und sein Mitfühlen zu trainieren, wird die Härte dann auf einen strafenden Gott projiziert, um damit Macht auszuüben, um den eigenen Standpunkt („das Leben ist hart, aber gerecht") zu untermauern und andere zu beeinflussen.

Sie überwinden Projektionen, indem Sie sie als solche erkennen und dorthin führen, wo sie entstanden sind – in die Wurzeln Ihrer eigenen Biografie. Statt den anderen für seine Härte zu verurteilen, merken Sie, dass in Ihnen irgendwo Härte sein muss – sonst würde sie Sie nicht so stören usw. Wichtig ist aber, dass Sie sich nicht dafür verurteilen, was Sie bei sich entdecken. Sagen Sie sich lieber: „Irgendwo in mir muss ungerechtfertigte Härte sein und das kann sich ändern, ich will, dass diese Härte sich wandelt."

Übung: Probieren Sie es doch einmal aus: Suchen und finden Sie für etwas, das Sie an Ihrem Partner oder Ihrer Umwelt stört, die Entsprechung in sich selbst. Wir werden darauf später beim Thema „Die Welt als Spiegel" zurückkommen.

Schuldgefühle

Mit Schuldgefühlen mästet man den Teufel!

Schuldgefühle können viele verschiedene Ursachen haben. Ihre Aufgabe ist es, die eigene Stimmigkeit zu überprüfen. Ist das erfolgt, haben sie ihre Aufgabe erfüllt. Hierfür ein praktisches Beispiel: Ein Ehemann ist für den Sonntagmorgen mit Freunden verabredet. Seine Frau möchte aber noch länger mit ihm kuscheln. Während er sich zum Weggehen fertig macht, sieht er, dass seine Frau ein enttäuschtes Gesicht macht. Auf der Fahrt zu seinen Freunden kommen ihm Schuldgefühle. Er prüft für sich, inwieweit er zur unglücklichen Verfassung seiner Frau Anlass gegeben hat, ob er an diesem Morgen unachtsam oder lieblos war oder einen Fehler gemacht hat. Sollte er in seinem eigenen Verhalten eine Unstimmigkeit entdecken, würde er anhalten, seine Frau per Handy anrufen und ihr sagen, dass er sein Verhalten bedauert, vielleicht würde er sogar umkehren. Sollte er allerdings feststellen, dass er liebevoll und fürsorglich war, wird er weiterfahren in der Gewissheit, in sich stimmig zu sein – und seine Schuldgefühle dankend entlassen.

Wann immer Schuldgefühle auftreten, sprechen Sie mit ihnen und fragen Sie sie: „Was wollt ihr mir *wirklich* sagen?"

Oft werden Schuldgefühle durch Verlust von Fremdwertgefühl (= Wert, den man in den Augen eines anderen hat, der dabei aber kein Fremder sein muss; Geschätztwerden durch den Partner), durch Liebesentzug, Entzug oder Verlust von Anerkennung ausgelöst. In dem Fall sind die Schuldgefühle ein fehlgeleiteter Versuch, an etwas festzuhalten, das nicht mehr vorhanden ist, und sie blockieren die Zukunft. Stecken hinter Schuldgefühlen Empfindungen von Verlust, so muss dieser betrauert, angenommen und verarbeitet werden. Dies bedeutet:

1. Dankbar sein für das Gute, das man erleben durfte.
2. Akzeptieren, dass die Situation heute anders ist.
3. Sich ausrichten auf das Gute, das jetzt möglich ist.

Liegt den Schuldgefühlen jedoch ein wirkliches Fehlverhalten zugrunde, muss es verziehen werden. Sagen Sie sich: „Obwohl ich diesen Fehler begangen habe, akzeptiere ich mich voll und ganz!" Bereuen Sie den Fehler und erleben Sie in Gedanken bildhaft, wie Sie die Sache das nächste Mal besser machen.

Erworbenen Schuldgefühlen liegen Projektionen von außen zugrunde. Jemand anderes behauptet: „*Weil* du ... getan hast, leide ich!" Hier ist, wie oben bereits erwähnt, zu prüfen, ob nach objektiven Maßstäben ein Fehlverhalten Ihrerseits vorliegt. Dann sollten Sie das bedauern, also dem anderen ehrlichen Herzens sagen: „Ich bedaure es, Anlass für dieses Leiden zu sein – es tut mir leid!" Unabhängig davon, ob Sie sich korrekt verhalten haben oder nicht, liegt es am anderen, wie sehr er darunter leidet – und ob er das überhaupt tun muss. Wenn also jemand zu Ihnen sagt: „Ich habe mich durch dich so verletzt gefühlt", können Sie zwar mitfühlend (nicht mit*leidend*!) daran Anteil nehmen, ihn aber auch fragen: „Warum hast du es nicht sein lassen (dich verletzt zu fühlen)?" Sie sind für das Leiden, das ein anderer kultiviert, nicht verantwortlich und es ist nicht Ihre Aufgabe, die Unstimmigkeiten des anderen durch eigene Sympathiekundgebungen noch zu unterstützen.

Letztlich liegt es immer beim anderen, ob er sich verletzt fühlt oder nicht. Man kann es nur bedauern, der Anlass dafür gewesen zu sein.

Beispiel: Nehmen wir einmal an, jemand sagt zu Ihnen: „Sie sind ein Volltrottel! Es liegt in dem Fall bei Ihnen, sich dadurch „zu Recht" verletzt, gekränkt, gedemütigt zu fühlen, dreißig Jahre lang – oder nicht. Die Wahl liegt immer bei dem, der glaubt, eine Verletzung erlitten zu haben – oder auch nicht.

Wenn Sie sich von Schuldgefühlen befreien wollen, kann es auch helfen, sich zu fragen, warum Sie überhaupt noch an ihnen festhalten. Irgendeinen primären oder sekundären Vorteil erhoffen Sie sich ja davon, sonst täten Sie es nicht. Oft liegt der Grund darin, dass Sie selbst bewusst oder unbewusst andere in der Schuld festhalten wollen, dass Sie nicht bereit sind, in eine „Verzeihensenergie" zu gehen. Oder Sie glauben vielleicht, indem Sie Schuldgefühle hegen, kämen Sie dem Himmel näher oder könnten sich zwingen, sich zu bessern. Leider funktioniert das nicht. Im Gegenteil: Schuldgefühle sind eine Blockade für den inneren Raum, für das „reine Sein", das die Durchgangsstation für Ihre innere Wahrheit darstellt. Schuldgefühle bringen keinen Vorteil. Wann immer Sie an welchen leiden, schauen Sie sie an und fragen Sie sich: „Warum halte ich noch an ihnen fest?" Hier kommen Sie auf den direktesten Weg zum Loslassen.

In Schuldgefühlen zu verweilen wie in einem Sumpf bringt nur Isolation und Leid mit sich, da die Energie der Aufmerksamkeit folgt. Lassen Sie deshalb Schuldgefühle so weit wie möglich los.

Übung: Notieren Sie auf einem Blatt: In welcher Sache habe ich noch Schuldgefühle? Gehen Sie die Liste durch und lassen Sie ein Schuldgefühl nach dem anderen los.

Selbstbild (negatives)

Wer sein Zelt auf einem Misthaufen aufstellt,
bei dem wird es stinken!

Wenn wir auf die Welt kommen, haben wir noch kein Ich-Gefühl. Wir erleben uns noch als mit der Welt um uns herum verbunden. Als kleines Kind sagen wir noch „Der hat Hunger", und zeigen dabei auf uns, das heißt, wir nehmen zwar den Hunger eines Körpers wahr, aber es gibt noch kein abgegrenztes Ich. Erst später erleben wir uns als von unserer Umgebung getrennt. Wir erfahren von den anderen bereits sehr viel über uns, bevor wir über uns selbst reflektieren können. Dieses erworbene Selbstbild prägt uns bis tief in unsere Psyche hinein. Das Selbstbild, das wir aus der damaligen Zeit übernommen haben, kann positiv sein („Schau mal, was für ein Wonneproppen, ein toller Kerl") oder negativ („Der Kleine macht immer alles kaputt"). Es kann auch sehr stark durch äußere Errungenschaften konditioniert sein. Wir sprechen in dem Fall von „Soll-gestreichelten" Kindern: Erfüllen sie ihr Soll, ist alles gut, dann wird auch das Selbstbild gestreichelt. Erbringt das Kind bestimmte Leistungen nicht, ist es böse.

Irgendwann beginnen wir selbstständig zu denken und bauen über das erworbene Selbstbild weitere Schalen drüber, die unter anderem mit unserem Status und unseren Talenten zusammenhängen.

Für unser Selbstbild spielt oft eine Reihe weiterer Faktoren eine Rolle, wie die nachfolgende Liste verdeutlichen soll:

- **Ausbildung:** Was haben Sie gelernt?
- **äußere Erscheinung:** Ihre körperliche Attraktivität, Aussehen, Beweglichkeit, Figur, Gesicht, Gestalt, Gesundheit, Haltung, Jugendlichkeit, Vitalität
- **Bedürfnisse:** Was brauchen Sie, um behaglich leben zu können? Sind diese Voraussetzungen gegeben?
- **Begabungen, Gene, Talente, Ressourcen:** Ihre Anlagen und was Sie daraus gemacht haben, wofür Sie begabt sind und wofür weniger
- **berufliche Tätigkeit:** Ist Ihr Beruf Ihre Berufung? Ist Ihre berufliche Tätigkeit in der Gesellschaft angesehen oder müssen Sie sich dessen, was Sie tun, eher schämen?
- **Erfahrungen:** Was waren Ihre einschneidendsten Erfahrungen in Ihrem Leben und wie haben sie sich auf Ihr Selbstwertgefühl ausgewirkt?
- **Fähigkeiten und Fertigkeiten:** Was haben Sie entwickelt, geistig wie körperlich, zum Beispiel Umgang mit Worten, Handwerkliches, Psychologisches? Was können Sie und was weniger?
- **Freizeit:** Wie (er)leben Sie Entspannung, Erholung, Freizeit, Muße und Vergnügen?
- **Lebensform:** Leben Sie allein, alternativ, als Außenseiter/Bestandteil der Gesellschaft, bürgerlich, nobel, als Single/Lebensabschnittsgefährte/Paar/Familie, sozialbezogen? Entspricht dies Ihrem Ideal?
- **persönliche Identität:** Ihr Alter, Name, Geschlecht, Wohnort
- **Sozialbeziehungen:** In welchem Milieu bewegen Sie sich? Sind Sie Außenseiter oder erleben Sie sich als Bestandteil einer Gesellschaft/Gruppe/Sippe/Interessengemeinschaft? Welcher?

- **Sozialisation:** Wie sind Abstammung, Herkunft, Status, soziale Prägung? Wie sind Ihre Werte, Konditionierungen, sozialen Felder, in denen Sie sich bewegen?
- **Vermögen:** Haben Sie ein hohes oder geringes materielles Vermögen? Wie ist es um Ihre Absicherung gegen Alter/Krankheit/Unvorhergesehenes bestellt? Wie hoch ist Ihr Einkommen?
- **Werte:** Was ist Ihnen im Leben wichtig? Können Sie Ihre Werte leben? (zum Beispiel Fülle, Reichtum, Liebe etc.)
- **Wünsche, Träume, Hoffnungen:** Wie würden Sie gern leben, wenn Sie könnten, wie Sie wollten? Wie würden Sie am liebsten Ihr Leben führen? Wo klaffen Träume und Realität sehr weit auseinander und wo liegen sie nahe beisammen?

Unser Selbstbild steht in einer ständigen Wechselbeziehung mit der Umwelt, in einer Ökologie. Sie können es zu folgenden Faktoren in Bezug setzen:

- So sehe ich mich: Selbstbild
- So wäre ich gern: Wunschbild
- So denke ich, dass mich mein/e Partner/Vater/Mutter/Kind/Freund/... sieht: projiziertes Fremdbild
- So denke ich, dass mich mein/e Partner/Vater/Mutter/Kind/Freund/... sehen möchte: projiziertes Wunschbild
- Ich akzeptiere ... bei mir nicht: Feindbild
- So meint mein/e Partner/Vater/Mutter/Kind/Freund/..., dass ich mich sehe: projiziertes Selbstbild

Beispiel – Klient: „Ich sehe mich als spirituellen Sucher, der in seinem Leben fast alles verloren hat, was ihm wichtig war, einen Versager, der sich seiner selbst schämen muss. Ich wäre gern ein sportlicher, ewig junger und erfolgreicher Mensch, der stressfrei ein hohes Einkommen erzielt und finanziell bestens gestellt und abgesichert ist. Ich denke, dass meine Partnerin mich als romantischen Poeten sieht, mich aber lieber als ausgeflippten, erfolgreichen Menschen sehen möchte, der gern mit ihr tanzen geht. Ich akzeptiere bei mir meine Gläubigkeit, nicht jedoch meine Misserfolge. Meine Partnerin meint, dass ich mich als Sensibelchen sehe, das leicht verletzt ist."

Allein die Erkenntnis, wie stark Selbstbild, Fremdbild, projiziertes Fremdbild, projiziertes Selbstbild, Wunschbild etc. voneinander abweichen, kann Ihnen helfen, innere Spannungen zu erklären und zu überwinden.

Ein positives Selbstbild wird durch eine Umgebung gefördert, die Sie in Ihrem Selbstbild bestätigt, Sie so wertschätzt und unterstützt. Es ist daher sinnvoll, sich als Erwachsener sein soziales und zwischenmenschliches Umfeld entsprechend einzurichten und zu gestalten. Dies bedeutet, seine Perlen nicht vor die Säue zu werfen, sondern seinen „Schwarm" zu suchen bzw. sein Umfeld, in dem man blühen, wachsen und gedeihen kann. Wer sich beispielsweise als ausgeflippter Künstler fühlt, wird sich schwertun, in Sonthofen sozial anerkannt zu werden – ein Leben dort könnte sein Selbstwertgefühl belasten. Und wer ein kreuzbraver Biedermann ist, der ist möglicherweise in Berlin-Kreuzberg fehl am Platz. Es wird berichtet, dass Jesus in seiner Heimatstadt Bethlehem nicht heilen konnte „ob des Unglaubens der Menschen“. Darum ist es so wichtig, sich der oben angeführten Projektionen bewusst zu sein und sein Lebensumfeld entsprechend zu wählen.

Sie haben erkannt, aus wie vielen „Zwiebelschalen“ das äußere Selbstbild zusammengesetzt ist. Diese vielen Schalen sind absolut natürlich, beinhalten jedoch eine Gefahr: Sobald eine dieser Bedingungen, die für einen mit diesem Selbstbild verbunden sind, wegfällt, bricht die ganze Zwiebelschale auf – und das oft unabhängig davon, ob man selbst oder das engste Umfeld diese Bedingung an einen gestellt hat. Denn schließlich ist man kein Einzelgänger, sondern in das soziale Feld, in dem man sich bewegt, eingewoben.

Beispiel 1: Ein Geschäftsmann erlebt sein Selbstbild geprägt durch große Erfolge. Bleiben sie dauerhaft aus, fällt er zurück in das Selbstbild, das ihm als Kind verpasst wurde. Er macht einen Rückschritt zu kindlicher Unreife, lässt sich gehen usw.

Beispiel 2: Ein Sportler erlebt sein Selbstbild im Zusammenhang mit körperlicher Fitness. Eine schwere Krankheit oder dauerhafte Beeinträchtigung der Gesundheit kann zu schweren Störungen in diesem Selbstbild führen, gegebenenfalls sogar zum Wunsch nach Selbstzerstörung.

Beispiel 3: Eine Opernsängerin erlebte den Zusammenbruch ihres Selbstbildes, nachdem sie auf offener Bühne versagt hatte. Seitdem traute sie sich bis zu ihrem Tode bei Tageslicht nicht mehr in die Öffentlichkeit und versteckte sich in ihrer Wohnung.

Das Selbstbild regelt ganz wesentlich, in welchem Umfang Sie in der Gesellschaft wirken (wollen), wie Sie Ihr Verhalten ausrichten und wie Sie Erlebnisse einordnen. Dort, wo Selbstbild – wie Sie sich sehen – und Fremdbild – wie die anderen Sie sehen (wollen) – weit auseinanderklaffen, entsteht ein ungeheurer innerer Druck, der in irgendeiner Form bewältigt werden muss. Oft können Sie ihn nur dadurch überwinden, dass Sie Ihr Selbstbild aus einer anderen Quelle beziehen:

- Prüfen Sie Tag für Tag, inwieweit Sie Ihrem innersten Maßstab treu geblieben sind. Ist das Ergebnis zufriedenstellend, haben Sie weder Niederlage noch Versagen zu fürchten, weil Sie vor sich selbst bestehen können.
- Prüfen Sie Tag für Tag, inwieweit Sie liebevoll und bewusst mit Ihrem sozialen Umfeld umgegangen sind. Sind Sie zufrieden, dann erleben Sie Ihr Eingebettetsein in die Ökologie Ihres Umfeldes unabhängig von Ruhm oder Schmach.
- Fragen Sie sich jeden Tag: Wer bin ich wirklich? Erkennen Sie, dass Sie all das, was Sie von sich erhoffen und was andere auf Sie projizieren, nicht sind. Seien Sie aber trotzdem bereit, mitzuspielen und Ihr Bestes zu geben!

Probleme mit dem Selbstbild haben einen großen Vorteil: Sie zwingen Sie, danach zu suchen, was in Ihnen echt und wahr ist. Wenn Illusionen zusammenbrechen, ist die Chance groß, dass Sie Ihr wahres Selbst entdecken und damit Ihren unendlichen Wert.

Wenn die Buddhisten sagen, dass die wahre Essenz von allem die Leere ist, dann meinen sie in dem Fall nicht die Abwesenheit von Materie, sondern das Leersein von Illusionen.

Probleme mit dem Selbstbild können Ihnen helfen, ein *reiner Spiegel* dessen zu sein, *was ist*, im Klartext: Ihr Leben zu leben. Sie füllen die Rolle, die das Leben Ihnen gerade zuschreibt, mit großer Freude aus – aber Sie hängen Ihr Herz nicht an ein bestimmtes Bild von sich. Sie sind, was Sie sind. Deshalb sollten Sie sich nicht mit einem negativen Selbstbild identifizieren, weil Ihr wahres Selbst vollkommen ist.

Übung: Nehmen Sie sich die oben genannten Punkte vor und ermitteln Sie bezüglich dieser Faktoren, wo Sie heute stehen:

- In welchen Bereichen sind Sie glücklich und liegen durchgehend im grünen Bereich?
- Welche Bereiche sind sehr von äußeren Umständen abhängig? Von welchen? Könnte man hier Stabilität schaffen? Wie? Müssen Sie dafür Ihre Einstellung oder die Umstände ändern?
- Wo weichen Selbstbild und Fremdbild (wie die anderen/Nächsten einen sehen bzw. sehen wollen) stark voneinander ab?
- Was bedeutet es für Sie, ungeachtet aller Einzelfaktoren sich stets Ihres vollkommenen Selbst bewusst zu sein? Wie ließe sich einrichten, dass Sie das schaffen?

Selbstbestrafung

Selbstbestrafung ist Gotteslästerung.

Im Mittelalter geißelten sich die Mönche, weil sie glaubten, sich für ihre Sünden bestrafen zu müssen, um in den Himmel zu kommen. Heute neigen viele Menschen zur psychischen Selbstbestrafung (Selbsthass), die sich darin ausdrückt, dass sie für sich das Gute im Leben nicht zulassen. Ein Extremfall der Selbstbestrafung ist die Selbstverstümmelung, im Sprachjargon auch SSV genannt. Untersuchungen anhand von SSV haben ergeben, dass die Tendenz zur Selbstbestrafung mit fünf Faktoren zusammenhängt:

- **Abhängigkeit:** die Bedürfnisse anderer erfüllen müssen. Man übernimmt die Werte, Vorstellungen, Forderungen, Neurosen der anderen und stuft sie höher ein als die eigenen, ersetzt sie gegebenenfalls sogar. Erkennen Sie: Wenn Sie die anderen oder die Beziehung zu einer anderen Person höher einstufen als sich selbst, liegt dies daran, dass Sie dort etwas sehen oder glauben zu sehen, was Ihnen fehlt. Kommen Sie dem Fehlenden in sich selbst auf die Spur. Entdecken und leben Sie es unabhängig vom anderen und verlieren Sie so die Abhängigkeit von den Neurosen und Vorstellungen des/der anderen.
- **Perfektion:** funktionieren müssen um jeden Preis. Der Wahn, nur als makelloses (gottgleiches) Wesen von der Welt/von Gott vollkommen akzeptiert zu werden, führt zu Härte gegen sich selbst. Wann immer etwas schiefläuft, bestraft man sich selbst.

Beispiel: Der Computer stürzt ab, wertvolle Dateien sind gelöscht und man ohrfeigt sich dafür. Erkennen Sie: Perfektion ist Lieblosigkeit sich selbst gegenüber.

- **Trauma:** eine traumatische Erfahrung im Zusammenhang mit Bestraftwerden. Häufig wurde bei selbststrafender Traumatisierung früher einmal Schmerz als Lust uminterpretiert, um ihn überhaupt verarbeiten zu können. So entstehen Beziehungen, die bewusst oder unbewusst eine Sucht nach Leiden ausleben. Im Extremfall will man beim Peiniger Sympathie heischen, indem man ihm die Arbeit des Bestrafens abnimmt und sich vorher schon einmal selbst bestraft. Erkennen Sie: Jedes Trauma birgt eine Unmenge an positiver Energie in sich, die frei wird, sobald Sie ihm auf die Spur kommen und es erlösen. Nur so ist ein *gelingendes Leben* möglich. Mehr hierzu in den späteren Kapiteln über Trauma und über Traumaarbeit.
- **Unterdrückung:** die eigenen Emotionen, Wünsche, Bedürfnisse aufgrund äußeren Drucks oder innerer Verbote nicht leben oder ausdrücken dürfen. Hiermit verbunden ist oft der unbewusste Gedanke: „Ich bin sicherlich böse, sonst müsste ich mich nicht unterdrücken! Erkennen Sie: Unterdrückung bringt keinen Vorteil. Wenn Sie sich selbst unterdrücken, ob dem anderen zuliebe oder aufgrund eigener Vorstellungen, weben Sie damit ein mentales Gefängnis um sich herum. Richtiger: Nehmen Sie sich eine stille Minute, in der Sie ungestört und unbeeinflusst sind. Notieren Sie Ihre eigenen Wünsche, Emotionen, Bedürfnisse und überprüfen Sie dann,

inwieweit sie zu Ihnen gehören. Was (noch) zu Ihnen gehört, sollten Sie ausleben oder durch Bewusstmachung verwandeln. Entscheidend: Ihr Selbst („ich bin") ist der Kapitän Ihres Lebensschiffes, nicht Ihre Vorstellungen oder die anderen.

- **Wertlosigkeit, sich benachteiligt fühlen, unwürdig sein:** Hier ist am Selbstwertgefühl zu arbeiten bzw. der Wert Ihres wahren Selbst zu erkennen (siehe S. 163).

Skripten

Unter Skripten versteht die moderne Psychologie ein Verhalten nach einem vorgefertigten inneren Drehbuch, das dem Betroffenen in der Regel gar nicht bewusst ist. Menschen, die *immer wieder* Unfälle bauen, vergewaltigt werden, Misserfolg erleiden, agieren so ein Drehbuch aus. In dem Fall ist es hilfreich, dem Skript auf die Spur zu kommen und es entsprechend umzuschreiben. Zu den Skripten gehören auch geistige Verträge, die man stillschweigend oder ausdrücklich geschlossen hat.

Beispiel 1: „Mammi, ich werde dich nie verlassen!" Wer mit so einem geistigen Vertrag herumläuft, wird sich ein Leben lang schwertun, eine dauerhafte Paarbeziehung zu leben.

Beispiel 2: Ein junger Klient berichtete mir, dass er mit seinen ehrgeizigen Projekten immer wieder Schiffbruch erleiden würde, aber – so erzählte er ziemlich emotionsgeladen – dass er dann doch jedes Mal aufs Neue erleben würde, wie er durch wundersame Fügung gerettet würde. Ich machte ihm klar, dass er immer wieder ein Skript ausagiert mit dem Zweck, *Gottes Gnade* zu erfahren, und fragte ihn, ob er daran interessiert sei, Gottes Gnade einmal auf eine andere Weise als durch Havarien zu erfahren. Der Klient bejahte und wir lösten dieses Skript auf. Wenige Zeit später rief er mich an und berichtete mir, dass er sich nun mit einem Geschäftspartner zusammengetan habe, der durch seine ruhige und bedächtige Art eine wertvolle Ergänzung zu seinem impulsiven Wesen darstelle, und dass er erstmals in seinem Leben erfahren hätte, dass mit diesem Mann geschäftliche Projekte auch ohne große Gefahr verwirklicht werden konnten, und wie viel Freude und innere Führung er gerade in diesen Tagen in einem ausgewogenen Lebensplan entdecken könnte.

Erkennen Sie: Sie *sind* nicht das Skript, das Sie leben! Sie können jederzeit Ihr Skript zu Ihren Gunsten verändern, indem Sie sich bewusst machen, wer Sie *wirklich* sind, und Ihre Aufmerksamkeit auf ein anderes Skript legen.

Übung: Vergegenwärtigen Sie sich wichtige Stationen Ihres Lebens. Finden Sie Gemeinsamkeiten in allem, was Sie erlebt haben. Fassen Sie ähnliche Erlebnisse zusammen und geben Sie ihnen einen Titel, so als wären diese Szenen Bestandteil eines Spielfilmes. Wie würden Ihre Filmtitel heißen: „Der einsame Wolf", „Schmerzhafte Beziehungen", „Land unter" oder „Dinner for one"? Machen Sie sich bewusst, dass Sie es sind, der/die diese Skripte ausagiert. Spüren Sie nach, durch welches Verhalten und in welchen Schlüsselszenen Sie Ihr Skript durchziehen. Kommen Sie Ihrem „inneren Filmregisseur" auf die Spur. Und dann halten Sie inne und spüren einmal nach, welches Skript Sie *stattdessen* leben möchten. Wann immer Sie bereit sind, Ihr Skript zu ändern, vollziehen Sie diesen Wandel.

Traumata

Wir können in einem Trauma eine seelische Wunde sehen, die gelegentlich verdeckt ist, doch bei entsprechender Belastung immer wieder aufreißt. Dem Trauma zugrunde liegt mindestens ein Erlebnis von extremer Angst, Ohnmacht, Hilflosigkeit, von Schock, Ausgeliefertsein, manchmal im Zusammenhang mit einem Missbrauch. Eine Bedrohung konnte irgendwann einmal nicht bewältigt werden. Dadurch wurde das eigene Selbst- und Weltbild angeschlagen, beeinträchtigt oder sogar zerstört.

Hierbei ist es nicht wichtig, wie schlimm das Erlebte objektiv war, sondern wie es *subjektiv* empfunden wurde. So kann es sein, dass ein Frontsoldat den Krieg überlebt, ohne traumatisiert zu sein, aber ein Teenager aufgrund einer verletzenden Bemerkung seines Schwarms schwer traumatisiert ist.

Traumata zeigen sich unter anderem in: Verhaltsauffälligkeiten im Alltag, Beeinträchtigungen des täglichen Lebens, Einbrüche des Traumas in die Realität, Verdrängungen, Bilder oder Szenen, die sich in den Traum oder die Realität drängen, Übererregbarkeit, Angst, Schrecken, Beklemmung, Schluckbeschwerden, Schweißausbrüche, Leidensdruck, Gefühl von Überforderung, Bedrohungsgefühl usw.

Der klassische Umgang mit Traumata liegt in der Vermeidung: Man vermeidet es, sich an bestimmte Menschen, Erlebnisse, Gefühle zu erinnern.

Beispiel: Man vermeidet es, sich erneut zu verlieben, weil das damals, mit achtzehn Jahren, so schmerzlich war.

Durch Vermeidung entsteht eine Beeinträchtigung des Lebensgefühls. Sinnvoller erscheint aus diesem Grund, das Trauma einer Heilung, nicht einer Verdrängung zuzuführen. Letztlich ist das Ziel, zu einer geordneten Verarbeitung des Traumas bzw. der Traumata zu kommen und dadurch die traumatypischen Symptome entweder zu begrenzen bzw. zu kontrollieren oder aufzulösen. Behandelt werden Traumata heutzutage unter anderem durch:

- **Einfühlsames Zuhören:** funktioniert ähnlich wie das Aussprechen, konzentriert sich jedoch vor allem darauf, die tieferen Bedürfnisse und Emotionen zu erlauben und weniger darauf, an der Geschichte selbst festzuhalten.
- **EMDR:** Eye Movement Desensitization and Reprocessing (EMDR) ist eine von Dr. Francine Shapiro entwickelte traumabearbeitende Psychotherapiemethode. EMDR geht davon aus, dass mittels Koordination, Synchronisation und Zusammenarbeit der logischen und der bildhaften linken und rechten Gehirnhälfte, zum Beispiel mithilfe von Augenbewegungen und Klopfbewegungen, Traumata gelöscht werden können.
- **Erzählen:** sich aussprechen, sich die Dinge von der Seele reden. Hier erscheint es wichtig, die Schnitt-

stellen unmittelbar vor, während und nach dem Trauma besonders zu bearbeiten, wie bei einem Filmriss oder einer verdreckten Stelle eines Films diese Stelle einer Klärung, Rückerinnerung und Bereinigung zuzuführen. Verdrängte Traumareste werden oft durch gezieltes Wiedererleben gelöscht. Hierbei ist es wichtig, dass der Betreffende nicht wieder und wieder die gleiche Geschichte erzählt, sondern die Aufmerksamkeit auf das unmittelbare Empfinden, den „gefühlten Sinn" gelegt wird. Erzählende (narrative) Verfahren haben das Ziel, die Traumaelemente mehr und mehr in das persönliche Leben einzubinden, ohne dass der Betroffene in starke Emotionen oder körperliche Reaktionen fällt. Wenn dies gelingt, wird ein Überschwappen der Traumamuster in den Rest der Zeitspur (Vergangenheit bis zum Jetzt) vermieden. Die Symptome im Jetzt lassen nach, der Betreffende fühlt sich vom Sog der Vergangenheit erlöst.

- **Katathymes Bilderleben:** Mithilfe der Vorstellungskraft werden in der Tiefenentspannung traumähnliche Verarbeitungswege gegangen und tiefere seelische Schichten einer Verarbeitung zugeführt.
- **Mehrdimensionale Psychodynamische Traumatherapie** nach Gottfried Fischer. Psychodynamisch Imaginative Traumatherapie nach Luise Reddemann. Therapie nach Mauer/Seibert – Therapie von Kriegstraumatisierungen. Hier handelt es sich um Spezialformen, die wir der Vollständigkeit halber erwähnen wollen.[10]
- **Sinnfindung:** Hier wird versucht, in dem Erlebten einen (höheren) Sinn zu erkennen, es eingebettet in

den eigenen Lebens- und Schicksalsplan zu begreifen, den Sinn zu verstehen und so Frieden zu finden. *Beispiel:* Ein Manager, der jahrelang im Erfolgsrausch gelebt hatte, verliert seinen Job. Im Zuge seiner Arbeitslosigkeit geht auch noch seine Ehe in die Brüche. Sinnfindung könnte bedeuten, dass er diese Schicksalsschläge als Chance erfasst, zur Besinnung zu kommen, sich selber näherzukommen, also dass er auch in negativen Erfahrungen sinnspendendes Potenzial entdecken kann.
- **Verhaltenstherapie:** Hier wird die Ablösung des Traumas vom Auslöser/Reiz angestrebt. Wer beispielsweise auf eine gereizte männliche Stimme extrem reagiert, weil der eigene Vater sehr streng war, wird hier lernen, auf eine solche Stimme gelassen zu reagieren.

Nachfolgend einige ergänzende Tipps für den Bedarfsfall:

- Seien Sie bereit, den eventuellen Schmerz des Traumas noch einmal bewusst zu fühlen, um ihn loslassen zu können. Vielleicht hören Sie dabei unterstützend Mahler, Sinfonie Nr. 5, insbesondere den 4. Satz.
- Sagen Sie sich: „Obwohl ich möglicherweise ein schweres (Kindheits-)Trauma hinter mir habe, akzeptiere ich mich voll und ganz!“
- Sagen Sie sich: „Es kann sein, dass Teile von mir vielleicht traumatisiert sind. Und das kann sich ändern. Ich will, dass diese Traumatisierung verschwindet!“ (Gegebenenfalls im Zusammenhang

mit der in diesem Buch erwähnten Klopfmethode anwenden.)

- Erinnern Sie sich daran, wer Sie wirklich sind. Ihr wahres Selbst ist jenseits von Traumatisierung.

Überreaktionen auf Kritik

Jeder Mensch muss sich früher oder später einmal damit auseinandersetzen, dass andere, manchmal sogar Nahestehende ihn kritisieren. Vielleicht kennen Sie das Gefühl, wenn Sie kritisiert werden, sodass Ihnen der Kamm schwillt. Was tun? Wut, Ärger, Rechtfertigung, Zurückschlagen und ein Mit-gleicher-Münze-Heimzahlen sind keine Lösung. Denn so zerschlagen Sie nur wertvolles Porzellan.

Wenn die Kritik gar nicht auszuhalten ist, machen Sie besser einen Spaziergang, hacken Sie einen Klafter Holz, gehen Sie in den Wald und schreien Sie. Sie können im Extremfall, wenn es gar nicht anders geht, auch zurückschreien, aber gebrauchen Sie keine Worte, die Ihnen hinterher leid tun würden. Ihre Beziehung würde sonst auf eine sehr niedrige Ebene abrutschen. Eine gute Hilfe zum Ableiten aggressiver Emotionen liefert auch die Egmont-Overtüre von Beethoven.

Übung: Hören Sie die Egmont-Overtüre auf dem Disc-Man per Kopfhörer, während Sie durch die Natur stapfen. Erleben Sie, wie in Ihnen die aggressive Energie hochkocht und einem Ausgleichsprozess zugeführt wird.

Gerade wenn die Gefahr besteht, Emotionen zu verdrängen, bietet „Egmont" eine gute Loslasshilfe, sodass Sie sich danach die Sache einmal mit nüchternem Blick anschauen und die daraus resultierende

Selbsterkenntnis, die ja bekanntlich der erste Weg zur Besserung ist, gewinnen können.

Selbsterkenntnis: Wann immer Sie die Tendenz spüren, sich über Kritik zu empören, deswegen wütend oder traurig zu sein, steckt dahinter eine Information über Sie selbst, sonst würde Sie die Kritik nicht belasten. Wenn zu Ihnen jemand sagt „Sie Dummkopf", und Sie wissen, dass Sie hoch intelligent ist, wird dieser Vorwurf Ihnen nicht mehr als ein müdes Lächeln entlocken. Wo immer aber Sie ein Vorwurf trifft, trifft er in irgendeiner Form auch zu. In diesem Sinne gibt es auch keine „böse" Kritik. Die Form, in der der andere Sie kritisiert, hat mit seiner Kindererziehung, Verfassung usw. zu tun und sollte Sie nicht weiter belasten. Prüfen Sie vielmehr die sachliche Berechtigung. Vorwürfe sind einfach nur Informationen über Sie, die entweder stimmen oder auch nicht. Wann immer Ihnen Kritik zugetragen wird, gibt es zwei Möglichkeiten:

Entweder der andere hat recht, dann können Sie ihm ja nicht böse sein, denn er hat ja nur die Wahrheit gesagt und gibt Ihnen (wieder einmal) die Chance, die Sache zu bearbeiten. Oder der andere wirft Ihnen etwas vor, was gar nicht berechtigt ist. Dann hat der andere sich einfach nur geirrt und dazu hat jeder Mensch ja das Recht. Man muss es dem anderen gar nicht recht machen wollen, prüfen Sie einfach aus Ihrem höchsten Bewusstsein/innersten Gewissen heraus, ob die Kritik Ihrer Meinung nach berechtigt ist oder nicht.

Gehen Sie dafür kurz in die Stille und spüren Sie in Ihrem Herzen nach, wozu die Information Sie auffordert. Ist die Kritik berechtigt, sollten Sie dem anderen dafür danken, dass er Sie auf eine Möglichkeit der Verbesserung aufmerksam gemacht hat. Ist sie nicht berechtigt, danken Sie ihm für die Chance, sich selbst zu überprüfen.

Wo Sie Fehler gemacht haben, versuchen Sie nicht, sie mittels List zu überspielen oder zu verbergen. Das zahlt sich nicht aus. Bereits Shakespeare schrieb dazu: „Was List verborgen, wird ans Licht gebracht, wer Fehler schminkt, wird nur mit Spott verlacht" („König Lear", 1,1). Nehmen Sie am besten bewusst Ihre Widerstände gegen die Kritik wahr und prüfen Sie, ob die Kritik sachlich berechtigt ist. Überzeugen Sie, indem Sie vorhandene Fehler offen zugeben. So entgehen Sie der Beschämung und Selbstverachtung. Prüfen Sie unabhängig von deren Berechtigung, ob Sie der Kritik Rechnung tragen wollen oder nicht. Niemand muss sich ändern, sobald er etwas einsieht, wenn er es nur dem anderen zuliebe täte – auch Sie nicht.

Es ist gar nicht notwendig, den anderen dafür zu kritisieren, dass er Sie kritisiert – es ist offenbar sein Job, sonst würde er es nicht tun. Eigentlich könnten Sie jedem, der Sie kritisiert, dankbar sein, weil er Ihnen hilft zu überprüfen, wo in Ihnen noch Resonanz vorhanden ist, und diese aufzulösen.

Um angemessen mit Vorwürfen und Kritik umgehen zu können, muss man falschen Stolz loslassen. Das bedeutet, das Bild loszulassen, das Sie anderen von sich zeigen möchten. Akzeptieren Sie, wer Sie sind und wo Sie gerade stehen. Doch nicht auf jede Kritik brauchen Sie einzusteigen. Sie ist lediglich ein Angebot und Sie bestimmen, ob Sie dieses Angebot annehmen wollen oder nicht.

Beispiel: Ihr Partner kritisiert Ihre Kleidung. Hier gibt es verschiedene Möglichkeiten: 1. Sie gehen mit Ihrem Partner gemeinsam einkaufen und erkennen so, was ihm gefällt, was nur Ihnen gefällt und was Ihrem gemeinsamen Geschmack entspricht. Vielleicht kommen Sie dadurch auch an ein erweitertes Selbstbild.

2. Sie erkennen an, dass sich Ihr Partner Gedanken um Ihre Kleidung macht, und prüfen, ob Ihre Kleidung für Sie weiterhin stimmt. Hier können Sie beispielsweise genauer hinterfragen, welche Rolle Ihr Partner mit Ihrer derzeitigen Kleidung verbindet und in welcher Rolle er Sie lieber sehen würde. Und dann entscheiden Sie für sich selbst, wann Sie welche Kleidung tragen. Vielleicht ziehen Sie ab und zu mal die „Favoriten-Hose" Ihres Partners an und mal wieder nicht. Möglicherweise werben Sie auch bei ihm um Verständnis und sagen ihm, warum gerade diese Kleidung Ihnen besonders gut gefällt.

Beispiel: Ihr Partner ist Atheist und kritisiert, dass Sie regelmäßig in die Kirche gehen. Nun haben Sie die Möglichkeit, daraus einen Glaubenskampf zu machen, sich sofort scheiden zu lassen oder abfällig über Ihren Partner zu denken („Der ist noch nicht so weit!"). Doch keine der drei Strategien wird Ihnen die Lösung bringen. In dem Fall fragen Sie doch einfach, welches Verhalten sich Ihr Partner von Ihnen stattdessen wünschen würde, und hören sich seinen Vorschlag an. Vielleicht erkundigen Sie sich auch, welche Assoziationen Ihr Gebetskreis bei Ihrem Partner weckt, was genau er ablehnt. Sind Sie ihm „zu heilig", „zu demütig"? Würde er lieber in Ihnen jemanden sehen, der frecher und salopper ist? Meint er, dass Sie schon längst darüber hinaus sein sollten, wie ein kleines Kind zur Kirche zu gehen, und sich endlich als erwachsener Realist benehmen sollten? Hören Sie sich alles an, was in Ihrem Partner hochkommt. Und dann erklären Sie ihm, warum Sie beten und was die Kirche Ihnen bedeutet, und zwar mit ganz eigenen Worten. Prüfen Sie dann in der Stille Ihres Herzens, ob Sie weiter in die Kirche gehen möchten oder nicht. Und falls Sie sich entscheiden, weiterhin zu gehen, tun Sie es, ohne sich deshalb als höher oder niedriger stehend als Ihr Partner zu empfinden. Nehmen Sie auch mögliche Abwertungen, befremdliche Gefühle, Widerstand und Zorn gegenüber Ihrem Partner wahr („Der lässt mir meinen Glauben nicht", „Der bedroht meinen spirituellen Weg"), genauso auch Ihre Angst vor Liebesverlust („Wenn ich wieder in den Gebetskreis gehe, bekomme ich danach den Unmut meines Partners zu spüren"; „Mein Partner würde lieber mit mir kuscheln, statt mich zum Gebetskreis gehen zu lassen"). Lassen Sie all diese Gefühle los und tun Sie das, was Ihrer Meinung nach stimmig ist. Machen Sie keinen Glaubenskrieg daraus, seien Sie mitfühlend, aber lassen Sie die Probleme Ihres Partners, die er möglicherweise mit Ihrem Verhalten und Ihren Entscheidungen hat, bei ihm. Riskieren Sie eventuellen Liebesverlust. Sagen Sie in dem Fall lieber einmal Nein zu den Ansprüchen Ihres Partners und Ja zu sich selbst – ohne irgendjemandem deshalb böse zu sein. Natürlich sollten Sie nicht alles schlucken. Doch oft genügt es, tief in das eigene Herz zu atmen und zu sagen: „Ich bin da anderer Meinung!"

Wenn Sie spüren, dass Sie gereizt sind, vertagen Sie unangenehme Gespräche und kommen Sie auf kritische Punkte ruhig, klar und zugleich liebevoll zurück, nachdem Sie sich wieder beruhigt haben. Die Erfahrungen von Ehepaaren, die seit zig Jahren verheiratet sind, zeigt, dass die Lebendigkeit und das Liebesglück einer Beziehung auf Dauer nur durch ein ständiges Umeinander-bemüht-Sein und durch menschliche Reife aufrechterhalten bleiben, nicht durch Emotionalität und infantiles Verhalten.

Dies ist natürlich nur ein Vorschlag. Wie Sie letztendlich agieren, hängt auch vom Kontext ab, in dem Ihre Beziehung stattfindet. Ist für die eine Partnerschaft ein einziges lautes Wort schon eine Bedrohung, wird es in der anderen als Selbstverständlichkeit empfunden und locker weggesteckt, ohne dass die Nähe leidet.

Nachfolgend die „Methode der liebenden Hinbewegung“: Um Ihren Missmut angesichts von Kritik zu überwinden, probieren Sie doch einmal Folgendes aus: Sobald Ihnen der Kamm schwillt oder Sie in sich Enttäuschung spüren, denken Sie an einen Augenblick tiefster Nähe mit diesem Menschen und halten ihn im Bewusstsein fest. Erinnern Sie sich also daran, wie Ihr Partner wirklich ist. Gerade dann, wenn der andere Ihnen vorkommt wie der Gehörnte persönlich, bedenken Sie die Augenblicke seelischer Verbundenheit und sprechen „das Richtige“ an und nicht den inneren Zerstörer. Natürlich darf der andere mal laut sein – wichtig ist nur, dass Sie sich dadurch nicht traumatisiert fühlen.

Es ist ein „Umspringen des Wahrnehmungsfeldes“, wie Sie es möglicherweise von den Vexierbildern her kennen und mit ihnen trainieren können. Mit Vexierbildern zu arbeiten kann in Ihnen eine Bewusstheit darüber schaffen, dass Sie die gleiche Situation völlig anders wahrnehmen können, sobald Sie nur bereit sind, Ihre Aufmerksamkeit darauf zu lenken. So können Sie zum Beispiel Erinnerungen an gemeinsam erlebte Nähe wecken, statt sich auf das momentane Verhalten des Partners zu fokussieren. Die positive Erinnerung wirkt hierbei wie ein Magnet, der Sie von den Untiefen eines gegenseitigen Missverstehens wegzuziehen vermag.

Alternativ könnten Sie auch die „Herzensintelligenzmethode“ einsetzen (siehe S. 210) und einmal ausprobieren, welche der beiden Methoden für Sie besser geeignet ist. Erkennen Sie: Wer sich selbst liebt, verletzt weder sich noch andere.

Natürlich gilt oben Gesagtes auch im übertragenen Sinne für Beziehungen unter Freunden, Verwandten, Kollegen etc. Respektieren Sie Ihre Unterschiedlichkeit und bemühen Sie sich um die Liebe, dies wäre ein meisterlicher Umgang mit der Situation, der Ihnen erlaubt, Überreaktionen auf Kritik mühelos loszulassen.

Überreaktionen auf das Verhalten anderer

Wenn es verletzt, ist es keine Liebe!
CHUCK SPEZZAN

Wenn es Verhaltensweisen eines anderen gibt, mit denen *Sie* Schwierigkeiten haben, dann sollte Sie diese nicht verdrängen, schon allein deshalb, damit keine Entfremdung eintritt. Doch es liegt an Ihnen, welche Form Sie dafür wählen.

Teilen Sie Ihre Anliegen als Ich-Botschaft mit und beginnen und beenden Sie Ihre Mitteilung damit, was Ihnen an Ihrem Partner an besonders Gutem aufgefallen ist. Dadurch erheben Sie ihn. Wenn Sie möchten, präsentieren Sie Ihre Beanstandung in Form einer Frage, in die gleich der Verbesserungsvorschlag eingebunden ist. Denn Sie wollen Ihren Partner ja nicht fertigmachen, sondern ihm zu einer neuen Öffnung verhelfen. Eine gute Formulierung dafür wäre zum Beispiel: „Schatz, was hältst du davon, wenn du/wir ab sofort ...“ (Ihr Vorschlag). Für solche Art von Gesprächen sollte eine Atmosphäre von Behaglichkeit geschaffen sein. Der andere sollte bereit und darauf vorbereitet sein, sich mit Kritik auseinanderzusetzen. Auf den richtigen Zeitpunkt kommt es also ebenso an wie auf das Feingefühl, auf das Wie.

Beispiel 1: Wenn der Partner sich die Zähne nicht regelmäßig putzt und Sie das beim Küssen stört, dann sollten Sie ihm das sagen, damit er eine Chance hat, Ihnen näher zu sein. Die entsprechende Ich-Botschaft könnte so lauten: „*Ich* habe Schwierigkeiten damit, wenn deine Zähne abends vor dem Einschlafen nicht geputzt sind.“ Dann hat der andere die Möglichkeit, diese Sache zu ändern, ohne sich durch eine „Du-Depp-Formulierung“ angegriffen zu fühlen („Muss das denn sein, dass du immer mit ungeputzten Zähnen ins Bett gehst?“) – er kann das Gesicht wahren und bleibt Ihnen als freudiger Kusspartner erhalten.

Beispiel 2: Sie gehen gern nachts tanzen. Sie erfreuen sich daran, wenn in der Disko im Laufe der Stunden bei Ihnen der Serotoninspiegel steigt, und empfinden das als wohlverdiente Belohnung nach einem harten

Arbeitstag. Ihr Partner kann Lärm, verrauchte Räume und vor allem spätes Zubettgehen nicht ausstehen. Was tun? Wenn Sie allein tanzen gehen oder sich für diese Unternehmungen einen Hausfreund zulegen, kann Entfremdung die Folge sein – oder auch nicht. Wenn es Ihnen gelingt, Ihre Bedürfnisse offen auszudrücken, finden Sie einen Weg, mit dem beide glücklich sind: Entweder Ihr Partner geht für ein Stündchen mit zum Tanzen und fährt dann mit der U-Bahn nach Hause – oder Sie akzeptieren die Unterschiedlichkeit, ohne einander zu zwingen, und finden andere Begegnungsebenen, wie Sie gemeinsam feiern können.

Eine gute Möglichkeit ist es, Verhaltensweisen des Partners, mit denen Sie Schwierigkeiten haben, auf eine Liste zu setzen und sie zum geeigneten Zeitpunkt, zum Beispiel einmal im Monat, zu besprechen. Wenn Sie klug sind, legen Sie eine zweite Liste an von Dingen, die Ihnen am Ihrem Partner gut gefallen haben. So halten Lob und Kritik sich die Waage.

Die Krönung des Ganzen erleben Sie, wenn Sie Dinge, die Sie stören, zwar auf eine Liste setzen, aber erst einmal bei sich bearbeiten, also sich fragen: Was hat das, was mich stört, mit mir zu tun? Indem Sie vor einem Zwiegespräch erst einmal Ihren eigenen Anteil an der Störung auflösen, können Sie sehr entspannt und voller Freude Verbesserungsmöglichkeiten finden.

Beispiel: Ein Seminarteilnehmer sagte einmal zu mir: „Ich bin mit einer Göttin verheiratet. Göttinnen sind vollkommen, machen keine Fehler, sind einfach wunderbar. Nun gut, manchmal weiß meine Göttin ihre Vollkommenheit geschickt zu verbergen, dann muffelt sie in der Gegend herum, manchmal brüllt und schreit sie auch oder meckert an mir herum – aber ich falle natürlich nicht darauf herein. Ich genieße das Ganze einfach und bewundere, wie viel Mühe sich meine Göttin macht, mir einen emotionalen Event zu bieten. Wahrscheinlich ist ihr aus Liebe zu mir daran gelegen, dass mir zu Hause nicht langweilig wird."

So eine Einstellung finde ich weise im Gegensatz zu folgender netten Geschichte:

Gleichnis: Ein Mann kommt in ein Lokal und sagt zur Wirtin: „Ich habe eine Bitte, könnten Sie sich ein paar Lockenwickler ins Haar tun?" Die Wirtin staunt: ein wunderlicher Gast, aber ok. Sie geht in ihre Wohnung einen Stock über der Wirtschaft, dreht sich Lockenwickler ins Haar und kommt zurück. Daraufhin bittet der Mann: „Könnten Sie die Bratkartoffeln ein wenig verkokeln lassen?" Die Wirtin ist noch mehr verwundert, aber gut, vielleicht springt ein saftiges Trinkgeld dabei heraus. „Eigenartige Gäste habe ich heute", denkt sie, lässt aber die Bratkartoffeln wunschgemäß anbrennen. Anschließend bittet der Gast: „Und nun gießen Sie mir doch bitte ein wenig von der Sauce über mein neues, frisch gebügeltes Hemd!" Die Wirtin tut auch dies. Jetzt fordert er: „Und nun meckern Sie doch bitte ein wenig an mir herum!" „Warum?", entfährt es der Wirtin. „Ja, draußen steht doch auf dem Schild: Hier werden Sie bedient wie zu Hause!"

Bei alledem bedenken Sie bitte, dass jedes ungute Wort gegenüber dem Partner, das Ihrem Mund entfleucht ist, nicht mehr zurückgenommen werden kann. Es wirkt in ihm und verursacht manchmal schwere oder sogar nicht mehr heilbare Wunden. Gerade in der intimen Beziehung gehen wir mit einem sehr sensitiven

Beziehungsgewebe um. Jeder Makel, den Sie Ihrem Partner anhängen, belastet Ihre Intimität und Nähe auf vielen Gebieten. Wenn Sie kritisieren müssen, beachten Sie bitte, dass es *Ihre* Augen sind, die in dem Fall Negatives sehen. Jesus sagt in dem Zusammenhang: „Wenn dein Auge dich stört, wirf es hinaus!"

Anne Wilson Schaef hat dies wie folgt dargestellt: „Wahre Nähe und Liebe ist ein Prozess, der mit der Zeit entsteht. Zu diesem Prozess gehören ein Kennenlernen und ein Gekanntwerden und er verlangt von jedem der beiden Partner Offenheit und Bereitwilligkeit. Nähe beginnt mit dem Selbst, sich selbst zu kennen und mit sich selbst anwesend zu sein. Hierbei ist Liebe ein unendliches Zeichen, das zwischen zwei Menschen fortwährend hin- und herströmt. Damit dieser endlose Prozess jedoch funktioniert, müssen zuvor zwei Unendlichkeitszeichen wirksam werden: Jeder Partner muss, damit sein interpersonaler unendlicher Prozess ablaufen kann, zu seinem Selbst Nähe empfinden. Die Grundvoraussetzung für Nähe ist, jemanden zu lieben (ein Liebender zu sein), während man bei sich selbst bleibt und am eigenen Leben bewusst teilhat. Diese Art von Nähe hat nichts mit Romantik zu tun, sondern ist ein *Sich*-lebendig-Fühlen und den Partner daran teilhaben lassen."[11]

Person A		Person B
8	∞	8

Sie können jemanden nicht zu 50 Prozent lieben, das ist genauso unsinnig wie ein bisschen schwanger sein. Wenn Sie behaupten „Ich liebe dieses und jenes an meinem Partner und dieses und jenes nicht", dann ist das kein Ausdruck von Liebe, sondern von Vorliebe und das hat mit wahrer Liebe nichts zu tun. Denn wahre Liebe ist bedingungslos. Sie liebt auch, wenn der andere alt und schrumpelig, vielleicht sogar verkalkt ist, sie liebt einfach. Wenn Sie mit einem Menschen zusammen sind, sollten Sie sich entscheiden, ob Sie ihn lieben (können) oder nicht. Wenn ja, dann sollten Sie über Unterschiede hinwegsehen und sich auf den Weg der Liebe begeben, wenn nicht, sollten Sie es sein lassen. Aber die Idee, den anderen so zurechtbiegen zu wollen, dass Sie ihn lieben können, ist eine Illusion. Denn Lieben ist keine Sache von Vorstellungen und Bildern, sie ist eine Tätigkeit des Herzens. Lassen Sie deshalb Überreaktionen auf das Verhalten des/der anderen los.

Übung: Notieren Sie, was Sie an Ihrem Partner schätzen. Notieren Sie, in welchen Bereichen Sie eine Veränderung für erstrebenswert halten. Nehmen Sie dann beide Listen und lesen Sie sie *mit den Augen des Partners*. Fragen Sie sich, welcher Punkt nicht nur Sie, sondern auch Ihren Partner, ja die gesamte Beziehung glücklich machen könnte. Legen Sie dann beide Listen in die Schublade und sprechen Sie in Ihrem Partner das Selbst an, nicht das Ego und akzeptieren Sie ihn erst einmal so, wie er ist. Beobachten Sie Ihre Widerstände dagegen – ohne sich dafür zu verurteilen. Lösen Sie Ihre eigenen Projektionen, Vorstellungen und Erwartungen auf, geben Sie es auf, den anderen zurechtbiegen zu wollen. Warten Sie mindestens eine Nacht, bis Sie die Liste wieder herausholen und mit Ihrem Partner besprechen. Lernen Sie immer mehr, im anderen sein Wesen zu sehen. Bedenken Sie bei allem, was Sie ausdrücken, das Wohl der Beziehung. Manchmal gibt es scheinbar unüberbrückbare Gegensätze. In dem Fall lieben Sie sie – trotz allem!

Verstand und Identifikation mit diesem

Ihr seht den Splitter im Auge des anderen,
aber den Balken im eigenen Auge seht ihr nicht!
MATTHÄUS 7,4-5

Viele Menschen halten den Verstand (engl. *mind*) für die Wurzel allen Übels und meinen, ihn bekämpfen zu müssen. Doch das ist ein großes Missverständnis. Wenn spirituelle Lehrer von *no mind* sprechen und ihn loben, dann ist dies nicht geistloser Zustand, sondern das Befreitsein vom *Griff* des Verstandes, die Identifikation mit ihm. Der Verstand ist eine Funktion, die zum Menschsein dazugehört, und kann als solche sehr souverän eingesetzt werden. Meisterschaft bedeutet in dem Zusammenhang nicht, seinen Verstand zu unterdrücken, zu knechten oder zu verdammen, sondern mit ihm zu leben, ihn zu benutzen, statt sich von ihm benutzen zu lassen. Derjenige, der sich nicht mit seinem Verstand identifiziert, verfügt über einen genialeren Verstand als derjenige, der sich mit ihm identifiziert. Nur in der Nichtidentifikation entfaltet der Verstand seine Blüte und geht über sich selbst hinaus, wie wir es am Beispiel großer Dichtkunst, Poesie, Literatur sehen.

Sie sind nicht Ihr Verstand, Sie *haben* einen Verstand. Und Sie sollten vor allem liebevoll mit ihm umgehen. Geben Sie Ihrem Verstand nicht die Peitsche oder die Sporen, knechten und misshandeln Sie ihn nicht, sondern schenken Sie ihm alle Bewunderung für das, was er in der Lage ist zu leisten. Ohne den Verstand gäbe es keine menschliche Zivilisation, wie wir sie heute kennen.

„Unsere Seele möchte ihren Auftritt auf der Bühne des Lebens hier in den Dienst einer Entwicklung im Rahmen des aktuellen Zeitgeistes stellen. Die Aufgabe dieses Äons aber ist es, die Geister unterscheiden zu können: Was ist richtig, was ist falsch? Spirituelle Emanzipation bedeutet das Handeln aufgrund eigener Einsicht, nicht aufgrund fremder Doktrin, das heißt, nicht mehr manipulierbar zu sein, sondern für sich selbst denken und erkennen zu können. Um nicht manipulierbar zu sein, brauchen wir einen kritischen und wachen Geist.[12]

Wir identifizieren uns mit unserem Verstand,

- wenn wir uns rechtfertigen;
- wenn wir versuchen, an unseren Erwartungen oder Vorstellungen festzuhalten;
- wenn wir eingeschnappt sind;
- wenn die Großartigkeit unserer Gedanken nicht von anderen respektiert wurde.

Manchmal ist Ihr Verstand wie eine Primadonna, eingeschnappt, störrisch, destruktiv und nicht mehr bereit, ihren Bühnenauftritt zu absolvieren. Indem Sie selbst liebevoll für Ihren Verstand da sind und ihm gut zureden, ohne sich mit ihm zu identifizieren, werden Sie das Wunder erleben, dass er wieder beginnt, Ihnen zu dienen. Wenn Sie ihn dann noch loben und ihm für seine großartigen Leistungen danken, kann es Ihnen ziemlich schnuppe sein, ob andere Ihre Gedanken toll finden oder nicht. Sie sind für sich selbst da und ehren alles, was Sie haben, auch Ihren Verstand, und können Ihre Identifikation mit ihm deshalb loslassen. Sie entwickeln eine liebevolle und zugleich losgelöste Haltung gegenüber der wunderbaren Funktion Ihres menschlichen Denkens. In dem Augenblick beginnt das Auftauchen von Bewusstheit, das, was die Tibeter das „Aufblitzen von Alaya" nennen. Etwas, das größer ist als Ihr Denken, beginnt durch Sie und Ihr Denken zu wirken – eine wunderbare Erfahrung!

Weitere Dinge, die Sie loslassen sollten

Ängste: Seien Sie sich stets Ihrer Ängste bewusst, verdrängen Sie sie nicht, sofern sie auftreten. Wenn es Ihnen gelingt, aufkommende Ängste wertfrei wahrzunehmen und in diesem Bewusstsein zu leben, entwickeln Sie sich dadurch ganz natürlich eine unglaubliche Nähe und Ehrlichkeit Ihnen selbst gegenüber. Im Sicheingestehen von Angst liegt dann auch schon der erste Schritt zur Angst-Lösung verborgen, denn sobald Sie Ihre Angst beobachten können, entsteht in Ihnen die Herzensweite, die letztendlich dafür sorgt, dass jede Angst Sie loslässt – sobald die Zeit dafür reif ist.

Ärger: Wie die Umgangssprache „*Ich* ärgere *mich*", „*Ich* mache *mir* Sorgen um dich" sagt, ist es immer der Betreffende selbst, der sich ärgert, sorgt, quält, nicht der Umstand selbst und er ist der Einzige, der es auch lassen kann. Natürlich plädiere ich nicht dafür, den Ärger zu verdrängen – das würde nur Gallensteine produzieren. Solange Sie nicht in der Lage sind, Ihren Ärger in etwas anderes umzuwandeln, zum Beispiel in Bewusstheit, Gelassenheit, Liebe, Mitgefühl, Herzensintelligenz oder Ähnliches, ist es immer noch besser, Sie verschaffen sich Luft – selbst wenn Sie dadurch Ihre Umwelt belasten. So bleiben Sie wenigstens authentisch. Auf lange Sicht klüger ist es allerdings, wenn Sie Ihre ärgerliche Einstellung erkennen und, statt sich oder andere mit Ärger zu belasten, einen liebevollen Umgang mit sich selbst (und anderen) pflegen. Die Ausführungen zum Kapitel „Überreaktionen (siehe Seite 99ff.) gelten an dieser Stelle im übertragenen Sinne.

Übung: Überlegen Sie, ob es noch etwas gibt, was Sie ärgert, und finden Sie eine Lösung dafür!

Autoritäten: Ihr Unterbewusstsein befolgt Anweisungen dessen, was Sie als Autorität akzeptieren, wortgetreu. Das kann auch ein Elternteil, ein Guru, ein Vorgesetzter oder auch ein Archetyp sein, unabhängig davon, ob die Botschaft, die von dieser Person kommt, richtig oder falsch ist. Zu den loszulassenden Autoritäten zählen auch längst Vergessene, zum Beispiel jemand, der einmal stärker war als man selbst und den man deshalb über sich angesiedelt hat. Ist das Unterbewusstsein im Konflikt, welcher der vielen inneren Doktrinen es folgen soll, gewinnt in der Regel jene, die von der stärkeren inneren Autorität stammt. Wenn positive Gedanken keine positive Veränderung bewirken, sollten Sie prüfen, ob eine unterschwellige innere Autorität Ihr Leben bestimmt, und sie loslassen.

Aversionen: Alles, was Sie im Außen ablehnen, spiegelt einen Aspekt in Ihnen. Gerade dort, wo Sie am heftigsten reagieren, sind oftmals die unbewusstesten Schatten versteckt. Mit Aversion ist in diesem Sinne nicht die Freiheit zur Entscheidung für oder gegen eine Sache gemeint, sondern die Koppelung von Sache und Person. Sie haben das freie Recht, einen Vorschlag zurückzuweisen, ein ganz bestimmtes Verhalten abzulehnen, doch sobald Sie persönliche Emotionen und Projektionen damit verbinden, sind Sie nicht mehr in Einklang mit sich selbst. In vielen Fällen erweist sich hier die Kontaktaufnahme mit einer übergeordneten Instanz, zum Beispiel dem „höheren Selbst" der betreffenden Person, als hilfreich.

Beispiel: Ihre Partnerin mag Ihren Freund nicht, mit dem Sie sich regelmäßig aussprechen. Sie befürchtet, dass Ihr Freund Sie gegen sie einnimmt, und drückt ihren Unmut über diese Beziehung aus. Nun ist dies erst einmal eine Chance, Ihre eigene Beziehung zu Ihrem Freund zu überprüfen. Doch wenn sie in Ordnung ist und Sie diese Beziehung weiter pflegen wollen, müssen Sie einen Weg finden, mit dem Unmut Ihrer Partnerin umzugehen. Es kann sein, dass sich nun Aversionen gegen Ihre Partnerin bilden, weil Sie sich kontrolliert fühlen in dem, was Sie denken, mit wem Sie sich treffen und mit wem Sie worüber reden. Dann ist es hilfreich, das „höhere Selbst" der Partnerin zu rufen und damit Kontakt aufzunehmen. Eine weitere Möglichkeit ist es, in die Liebe zu gehen und von dieser Warte aus zu schauen, was zu tun ist. Möglicherweise ist die Liebe in der Lage, in Ihrer Partnerin den Aspekt anzusprechen, der nicht kontrollierend ist.

Eifersucht: Viele Menschen verwechseln Eifersucht mit Liebe. Sie denken, sie zeige doch ganz klar, dass einem dieser Mensch nicht gleichgültig sei. Manche fordern sie sogar heraus, als Liebesbeweis sozusagen. Dabei ist Eifersucht, wie der Name bereits sagt, nichts anderes als eine „Sucht". Der andere wird gar nicht als freies Wesen respektiert und angesehen, sondern als Erfüllungsgehilfe für die eigene Sucht. Ob es Zuwendung ist, Nähe, Zärtlichkeit oder auch nur Aufmerksamkeit – sobald die „Nachlieferung" bedroht ist, schießt das Adrenalin hoch und man versucht den anderen zu kontrollieren, macht ihm Vorhaltungen usw. und zerstört dadurch nicht nur den Partner, sondern auch die Beziehung selbst. Mit Liebe hat das nichts zu tun. Die Kunst besteht gerade darin, sich voller Hingabe dem Partner zuzuwenden und gleichzeitig ihm den Raum zu geben, sich so frei zu bewegen, wie er möchte. „Die Liebe ist ein Kind der Freiheit!" (Prof. Lukas Moeller). Sobald Sie in dieser Liebe leben, sind Sie befreit von Eifersuchtsthemen.

Beispiel: Wer bisher dazu neigte, sich nach anderen Partnern umzuschauen, und sich auf einmal bedingungslos und frei von Eifersucht geliebt fühlt, erkennt sehr schnell, dass er die Qualität seiner Liebesbeziehung durch wahllose Beziehungen leicht verlieren würde. Er wird sich aus seinem Gewissen heraus sehr genau überlegen, was er tut und vor allem, mit welchem Bewusstsein er seine Freiheit in Anspruch nimmt. Er wird seinen Partner durch Treue ehren, auch wenn dieser nicht da ist, und so ebenso zum Gelingen dieser Beziehung beitragen.[13]

Emotionale Altlasten: Wussten Sie, dass Dickdarmkrebs die zweithäufigste Krebskrankheit ist? Wie ich in meinem Werk „Was dir deine Krankheit sagen will" bzw. „Die Botschaft deines Körpers" erläutert habe, hängt er mit Verstopfung, also mit Nicht-loslassen-Können zusammen. Gott sei Dank ist nicht jeder davon betroffen – viele Menschen können das, was einmal vitale Nahrung war, zumindest körperlich loslassen.

Doch wie sieht es emotional und seelisch aus? Wie wir wissen, enthält der Darm hundert Millionen Neuronen, also Nervenzellen, das ist mehr, als im gesamten Rückenmark vorhanden ist. So wie der Darm durch die Peristaltik (An- und Abschwellen) Nahrung verdaut und ausscheidet, so werden auch Emotionen mithilfe der Neuronen im Darm verarbeitet. Emotionen schwellen an, erreichen ihren Tiefpunkt und werden ausgeschieden. So wechseln in unserem Körper die Signale von Hoffnung und Schmerz, Freude und Wut, bis die Peristaltik ausgelaufen ist und wir wieder emotional neutral sind.

Dort, wo eine Emotion unterdrückt wird, schnappen wir ein: „Mit dem kann man nicht reden, der ist eingeschnappt." Emotionen also können einschnappen – bis wir sie losgelassen haben. Das ist auch der Grund, warum manch ein Erwachsener sich plötzlich wie ein Fünfjähriger verhält, wenn er emotional betroffen ist – weil eine uralte Emotion in ihm schlummert und wartet, bis sie wieder ausschnappen kann.

So wie wir eine Symbioselenkung im Darm brauchen, so benötigen wir sie auch in unseren Emotionen, damit wir emotional wieder frei sind für das Leben, das ständig im Hier und Jetzt stattfindet. Die meisten Menschen sind emotional in der Vergangenheit gefangen und verpassen deshalb die Schönheit des Augenblicks, das Zwitschern der Vögel, die Sonnenstrahlen auf der Haut... Leben zeigt sich bei ihnen als das, was unbemerkt stattfindet, während sie selbst mit der Vergangenheit beschäftigt sind. Es ist so, als schleppten wir eine Landkarte aus den vierziger Jahren des letzten Jahrhunderts mit uns herum und versuchten, mit ihrer Hilfe durch Europa zu reisen. Wir müssen also unsere Landkarte aktualisieren, mehr noch: Wir müssen unsere Fensterscheiben putzen, damit wir frei von emotionalen Filtern erkennen können, wie das Leben hier und heute wirklich ist.

Erwartungen: Erwartungen führen zwangsläufig zu Enttäuschungen. Denn das Leben hat neunundneunzig Möglichkeiten, Ihre Erwartungen nicht zu erfüllen, aber nur eine einzige Chance, Ihre Erwartungen zu treffen. Erlauben Sie dem Leben zu sein, wie es ist – und Ihnen selbst auch. Weder müssen Sie die Erwartungen eines anderen erfüllen noch müssen andere Ihren Erwartungen gerecht werden. Etwas anderes ist ein Bemühtsein um Stimmigkeit und die Bereitschaft, dafür etwas zu tun. Erwartungen betreffen immer das Ego, Stimmigkeit immer das Selbst.

Übung: Machen Sie sich bewusst, an wen und an welcher Stelle Sie Erwartungen haben, und lassen Sie sie los.

Gedanken, negative: Ein Gedanke ist dann negativ, wenn er Sie einengt, Sie „auf einen Trip“ bringt, das heißt in Ihnen ungute Gedankenketten und Assoziationen, vielleicht sogar Zerstörerisches auslöst. Oftmals sammeln dann diese negativen Gedanken weitere negative Gedankenketten um sich und es bildet sich eine negative Gedankenlawine, die Sie überrollt. Hilfreich ist es, stets die eigenen Gedanken zu beobachten. Wenn sich ein negativer Gedanke wieder und wieder aufdrängt, hat er eine Botschaft für Sie. Dann sollten Sie ihm aber nicht blind folgen, sondern ihn fragen, was er Ihnen zu sagen hat, und ihn dann loslassen.

Beispiel: Sie fühlen sich von Ihrem Partner eingeengt, obwohl er versucht, Ihnen den Himmel auf Erden zu bereiten. Immer wieder, sobald Sie für sich allein sind, steigen in Ihnen Aggressionen hoch. Sie gilt es nun nicht zu verdrängen, sondern zu schauen, was sie Ihnen sagen wollen. Vielleicht wollen die Aggressionen von Ihnen, dass Sie die Beziehung in eine positive Richtung bringen, indem Sie gemeinsame Öffnungen schaffen. Es kann auch sein, dass Sie zu weit von sich weggekommen sind und mehr zu sich selbst zurückkehren sollten. Den destruktiven Aspekt der Aggressionen sollten Sie loslassen. Wenn Sie den Gedanken oder das Gefühl fragen: „Was willst du mir signalisieren?“, dann in die Stille gehen und lauschen, werden Sie die richtigen Impulse dafür bekommen und Ihre Partnerschaft wird sich vertiefen und an Nähe und Vertrautheit gewinnen, ohne dass Sie dafür Ihre Freiheit aufgeben müssten. Es würde in dem Fall keinen Vorteil bringen, den Partner zu wechseln. Denn dann hätten Sie später das gleiche Problem mit einem anderen Gesicht.

Glaubenssätze, ungeeignete:

Mit jeder unangenehmen Erfahrung,
die Sie sich aufgrund eines negativen Glaubenssatzes antun,
dokumentieren Sie Selbstablehnung, Lebensverweigerung.
Mit jeder positiven Erfahrung,
die Sie sich durch einen positiven Glaubenssatz gönnen,
beweisen Sie Ihre Liebe zu sich selbst,
zu dem Gott in Ihnen!
CHRISTA

Man vermutet heute, dass es keinen absoluten Ausdruck von Realität gibt, sondern nur eine persönliche Realität aus Gedanken, Erfahrungen und Gefühlen, die aufgrund von Glaubenssätzen und Überzeugungen gestaltet wird. Das bedeutet im Klartext: Wenn Ihr Unterbewusstsein irgendwann einmal, und das kann schon in der frühen Kindheit passiert sein, etwas als Wahrheit akzeptiert hat, dann addiert es erst einmal dieser Wahrheit alles hinzu, was dazu passt, und blockiert alles, was dieser Wahrheit entgegensteht. Glaubenssätze sind Ausdruck von Lebenshaltungen, die Sie in Ihr Leben tragen, Überzeugungen, die durch Sie und Ihr Leben verkörpert werden. Sie können von innen her gewachsen oder durch Erziehung oder Erfahrungen erworben sein. Einmal installierte Glaubenssätze haben Hintergrundcharakter. Sie sind, ob wir sie kennen oder nicht, in unserem Unterbewusstsein verankert und bilden den Rahmen für die Erschaffung unserer persönlichen Realität. So oft sind wir beispielsweise, meist ohne es zu wissen, davon überzeugt, dass

- wir den falschen Partner haben,
- unsere beste Zeit bereits abgelaufen ist,
- keiner unsere Qualitäten zu schätzen weiß,
- ...

und wir tun dann unbewusst alles, um damit recht zu behalten So finden wir überall „Beweise" für diese Wahrheit. Doch diese „Wahrheiten" sind keine Wahrheiten, wir halten sie lediglich für wahr, sie sind das Ergebnis einer Konditionierung.

Wie stark Glaubenssätze die Gesundheit beeinflussen, hat O. C. Simonton in seiner Krebstherapie bewiesen: Gemäß Simonton konnte durch das Aufspüren negativer, krank machender Glaubenssätze und durch deren Ersetzen durch gesund machende Glaubenssätze die Heilung von Krebs deutlich vorangetrieben werden. Aufbauend auf den Forschungsergebnissen von Simonton hat sich weltweit die „Glaubenssatzarbeit nach Simonton" etabliert, die in verschiedenen Kursen unterrichtet wird.[14]

Aufgrund der starken Wirksamkeit von Glaubenssätzen sollten Sie prüfen, welche Glaubenssätze Sie bezüglich des einen oder anderen Themas haben, und sie hinterfragen („Woher weiß ich, dass das so ist?"). Ungeeignete Glaubenssätze verlieren ihre verheerende Wirkung, sobald sie losgelassen (und gegebenenfalls durch geeignetere ersetzt) werden.

Wie erkennen Sie jetzt, welche Glaubenssätze Sie leben? Indem Sie sich selbst, Ihr Leben und Ihre Lebensumstände von außen betrachten und von da aus auf Ihre Glaubenssätze schließen. Wenn Sie beispielsweise wahrnehmen, dass Sie für Ihr Geld hart arbeiten müssen, lautet der Glaubenssatz: „Für Geld muss man hart arbeiten!“

Fünf Schritte helfen, negative Glaubenssätze aufzuspüren und umzuwandeln:

1. Welcher Überzeugung müsste ein anderer sein, um das zu erschaffen, was mir gerade passiert?
2. Wo ist die Überzeugung bei mir (versteckt)?
3. Wie sollte es sein?
4. Welche Glaubenssätze hat jemand, der in der Erfüllung lebt?
5. In Besitz nehmen des neuen Glaubenssatzes (ist ein Prozess, für den ich mich öffnen muss).

Beispiel: Ein Klient, Psychologe von Beruf und überschuldet, beklagt sich darüber, dass er offiziell nichts mehr verdienen darf, sondern es heimlich tun muss, da seine Gläubiger ihm seine Überschüsse sonst wegpfänden würden. Die Liste des Klienten zeigt sich wie folgt:

1. Die Überzeugungen eines ähnlich Betroffenen sind:
   a. „Die anderen wollen mir etwas (wegnehmen)!“
   b. „Die offizielle Welt schröpft einen!“
   c. „In der offiziellen Welt ist kein Raum für mich, um mich entsprechend darzustellen!“
2. Meine Überzeugungen sind:
   a. „Ja, das stimmt, ich habe das Gefühl, in einer Welt zu leben, in der jeder dem anderen seine Sachen wegnimmt/neidet, statt ihm zuzuarbeiten!“
   b. „Ja, ich kann die Angst fühlen, den Griff meiner Gläubiger nach mir, und ich habe

Angst, sobald ich mich einen Millimeter stark zeige, sofort geschröpft zu werden."

c. „Ja, ich fühle mich eingeengt, wie nicht gehört oder nicht interessant mit dem, was ich aus meinem Inneren beizutragen hätte, ich habe das Empfinden, mein Inneres zur Seite schieben und das Leben der anderen mitleben zu müssen, um zu überleben!"

3. Ich erfahre in der offiziellen Welt großen Zuspruch und reichlich Unterstützung und erkenne eine Möglichkeit, meinen Lebensstil beizubehalten und zugleich mich meinen Gläubigern gegenüber stimmig zu verhalten und in Erscheinung zu treten.
4. Ich fühle mich von der offiziellen Welt unterstützt und gleichzeitig für meine Arbeit, meinen Lebensstil und meine eigenen Werte geachtet. Es gelingt mir von Tag zu Tag immer leichter, meinen Wert der offiziellen Welt mitzuteilen und von ihr Anerkennung zu erhalten. Ich finde großzügig denkende und geistig offene Verbündete in der offiziellen Welt.
5. Ich gehe ins innere Gebet und bitte das Leben, mir die entsprechenden Wege zu ebnen.

Beispiele für ungeeignete/gesundheitsbelastende und für geeignete/gesundheitsfördernde Glaubenssätze:

- Es ist schwer, gute Freunde zu finden – ich bin selbst ein guter Freund und finde viele Freunde.
- Erfolg ist mühsam – Erfolg macht Freude.
- Ich habe nie genug Zeit – ich habe immer genug Zeit für alles.
- Seinem Schicksal kann man nicht entrinnen – ich kann meinem Schicksal eine positive Richtung geben.

- Freude wird mit den Jahren immer seltener – je älter ich werde, umso mehr Freude habe ich.
- Die Jugend geht schnell vorbei – man ist so jung, wie man sich fühlt.

Sie sollten sich aus der Glaubenssatzarbeit keinen Stress machen und nicht Ihr ganzes Leben auf den Kopf stellen. Das Gefüge von Glaubenssätzen, in dem Sie gewachsen sind, ist auch ein Korsett, das Ihnen Halt gibt. Aber vielleicht haben Sie Freude oder spüren auch die Notwendigkeit, den einen oder anderen zu hinterfragen und positiv zu verändern? Durch diese Bereitschaft können Sie losgelöster, elastischer und durchlässiger werden, insbesondere wenn Sie jemand darin unterstützt.

Übung: Überprüfen Sie Ihre Glaubenssätze zu den Themen Geld, Besitz, Beziehung, Gott, Beruf und lassen Sie sie los, falls sie ungeeignet sind.

Hass: Hass ist wie ätzende Säure und kann sich deshalb sehr tief in die menschliche Psyche hineinfressen. Es gibt Völkerhass, Rassenhass, Sippenhass, individuellen Hass. Eine Geschichte erzählt von zwei verfeindeten Brüdern, die sich hassten. Zum einen kam eines Tages ein Engel und sagte ihm, dass er ihm jeden Wunsch erfüllen würde, unter der Voraussetzung, dass sein Bruder das Doppelte davon bekäme. Daraufhin wünschte der Betreffende sich in seinem Hass, dass er einäugig und sein Bruder somit blind werden würde. So weit kann Hass gehen. Doch der Bruder nahm sein Schicksal als Läuterungsprozess an, suchte in der äußeren Dunkelheit das innere Licht und wurde auf dem Weg ein Mystiker. Als solcher kehrte er eines Tages zurück zu seinem Bruder und verzieh ihm. So weit kann Liebe gehen. Hass lassen Sie los, in dem Sie dem ursprünglichen Schmerz, der dem Hass vorausging, auf die Spur kommen und die Verantwortung für diesen Schmerz übernehmen und loslassen. Oft steckt hinter dem Hass ein unerfülltes Bedürfnis. Wenn Sie tief danach graben, werden Sie es entdecken, aussprechen und sich vom Übel des Hasses befreien können.

Haltungen, falsche: Jeder Mensch läuft mit ganz bestimmten Lebenshaltungen durch die Welt. Sie gestalten das Leben eines jeden Menschen, aber kaum einer ist sich seiner Haltungen bewusst. Nicht jede ist stimmig, das heißt, entspricht dem Menschen und dient seinem Lebensschicksal. Haltungen von Anklage, Disharmonie, Armut usw. führen selten zu guten Ergebnissen. Nun ist uns oft nicht bewusst, dass wir eine innere Fehlhaltung leben. Wir erkennen dies aber sehr leicht an den Problemen, die uns beschäftigen, und zwar dann, wenn wir sie in innere Haltungen übersetzen.

Hierbei hilft uns die nachfolgend beschriebene „Methode der inneren Bewegung". Zuerst stellen Sie sich dafür die folgende Frage: „Nehmen wir einmal an, ein anderer Mensch hätte das gleiche Problem wie ich (bzw. Sie, wenn Sie mit jemand anderem arbeiten), aber sehr viel schlimmer – welche Haltung hätte so ein Mensch? Wie würden seine Drüsen und Organe arbeiten? Wie würde sein Gesicht aussehen?" Stellen Sie sich dann vor, Sie wären dieser Mensch mit dem gleichen Problem, das nur viel schlimmer ausgeprägt ist. Nehmen Sie seine Haltung und Mimik an, sprechen Sie die Gedanken aus, die er haben mag. Dann stellen Sie sich die zweite Frage: „Nehmen wir einmal an, es gäbe einen Menschen, der in diesem Bereich völlig gesund wäre und das Problem überhaupt nicht hätte. Wie würde sich das in seiner Haltung, Mimik, seinem System zeigen?“ Nehmen Sie diese Haltung und Mimik ein und sprechen Sie die Gedanken aus, die dieser Mensch möglicherweise hätte. Dann gleiten Sie abwechselnd zwischen diesen beiden Extremen hin und her, bis Sie die für sich stimmige Haltung und Einstellung gefunden haben.

Beispiel: Eine Klientin fühlt sich von ihrem Partner dominiert und dadurch unfrei, wie in einem goldenen Käfig, in dem sie sich nicht selbst leben kann, spürt aber, dass er sie liebt. Mit ihm sprechen kann sie nicht, da sie fühlt, dass der Raum für derartige Unterredungen nicht gegeben ist. Auf die Frage, welcher Mensch das gleiche Problem in viel schlimmerer Ausprägung hätte, antwortet die Klientin: „Ich habe mich aufgegeben, alles ist sinnlos. Ich lasse meine Schultern fallen. Ich bin froh, dass mich jemand haben will. Meine Lebensträume sind zerbrochen. Ich habe allein keinen Status. Die Mundwinkel hängen herunter. Mir ist zum Weinen zumute. Ich habe nichts mehr zu melden, werde aber hoffentlich geliebt.“ Die Klientin sitzt mit gebeugtem Rücken auf einem Stuhl, hat die Hände überkreuzt, so als hätte sie Handschellen darum, drückt die Fäuste gegen die Stirn, hat den Impuls, sich selbst mit den Fäusten auf die Stirn zu schlagen. Auf die Frage, welcher Mensch das Problem gar nicht hätte, tut sich die Klientin schwer. Als ihr gesagt wird, sie solle so tun, als sei sie nicht die Klientin, und stattdessen jemanden spielen, der dieses Problem nicht kenne, richtet sie sich auf, sitzt gerade, spricht: „Ich bin in meiner Kraft. Ich bin mit meinem Energiezentrum am Scheitel, dem Kronenzentrum, verbunden. Ich spüre die Verbindung zu der universellen Kraft. Ich bin in meiner Autonomie. Ich bin unabhängig und frei. Ich suche und finde die Antworten und Wertigkeiten in mir, nicht im anderen. Ich bin mit meinem Scheitelzentrum verbunden." Sie erklärt, dass ihr Scheitelzentrum wie ein Radar für stimmige Gedanken sei. Der Therapeut heißt die Klientin mehrmals in die „Gefangenenhaltung" zu gehen und sich wieder aufzurichten, sodass im Bedarfsfalle die neue Sitzposition, wann immer die Klientin sich eingeengt oder angegriffen fühlt, als „innere Bewegung zur Verfügung steht. Diese Übung gelingt ihr mühelos.

Kindheitsprogrammierungen:

Wenn Ihnen das Leben Steine in den Weg legt,
Dann bauen Sie sich ein Haus daraus!

Jeder von uns Erwachsenen hat in seiner Kindheit Programmierungen erlebt. Sie gilt es, soweit sie ungeeignet sind, früher oder später loszulassen und durch selbst geschaffene Programme zu ersetzen. Es ist sogar unsere Aufgabe, uns unserer Kindheitsprogrammierungen bewusst zu werden und sie umzuformen. Ich gehe davon aus, dass es kein Zufall ist, welche Erleichterungen und welche Belastungen wir in unserer Kindheit erfahren haben, sondern ein Maßanzug. Viele dieser Programmierungen werden automatisch gelöscht oder umgeformt, sobald Sie sich auf den Weg machen, ein selbstbestimmtes Leben zu führen, bei einigen muss man nacharbeiten. Wenn jetzt jemand sehr belastende Programmierungen aus der Kindheit mitgebracht hat, kollidieren sie dermaßen stark mit seiner erwachsenen Lebensrealität, dass der Betroffene gezwungen ist, erwachsen zu werden und sie abzustreifen. Hierin kann sogar ein Vorteil gegenüber den Menschen liegen, die ein bequemes Leben ohne großen Fortschritt führen. Belastende Programmierungen wirken also als starke Schubkraft, als gewaltige Chance zur persönlichen Transformation. Ihre größte Belastung kann zu Ihrer größten Stärke werden. Und wenn Sie in der glücklichen Situation gewesen sind, hilfreiche und erleichternde Programmierungen aus Ihrer Kindheit mitbekommen zu haben, dann seien Sie einfach dafür dankbar, indem Sie Ihre Erzieher dafür ehren und mit diesen Stärken hinaus in die Welt gehen und anderen helfen.

Übung: Was war Ihre größte Belastung in Ihrer Kindheit gewesen? Was könnte die darin versteckte Aufgabe gewesen sein? Was war Ihre größte Erleichterung in Ihrer Kindheit? Wie können Sie diese heute ehren und nutzen? Notieren Sie Ihre Beobachtungen und lassen Sie dann das Vergangene los.

Minderwertigkeitskomplexe: Der Minderwertigkeitskomplex ist im Grunde genommen eine Fehlanpassung aufgrund von negativen Erfahrungen, Fehlern und eigenem Versagen. Ob Menschen bereits mit Minderwertigkeitskomplexen geboren werden oder sie ausschließlich „erlernt“ sind, ist bis heute nicht geklärt.

Begleiterscheinungen von Minderwertigkeitskomplexen können sein: Aggressivität, Angeberei, Angst vor Fehlern oder Versagen, Arroganz, Aufmerksamkeitssucht, Beziehungsarmut, Opferrolle, Sprachhemmungen etc. Viele Psychologen sehen die Ursachen des Minderwertigkeitskomplexes darin, dass der Betreffende als Kind nicht „gesehen“ wurde, in mangelndem Lob und ausgebliebener Anerkennung. Sie überwinden diese Komplexe nicht durch Kompensation (teure Autos, Orden, Karrieresucht, gesellschaftlicher Status), sondern indem Sie erkennen, dass Minderwertigkeitskomplexe genauso unsinnig sind wie Größenwahn. Tipp: Hören Sie auf, sich zu vergleichen und vergleichen zu lassen, und werden Sie sich selbst gerecht. Sobald Sie sich annehmen, wie Sie sind, und das tun, was Ihr innerstes Empfinden durch Sie getan haben möchte, entziehen Sie sich belastenden Bewertungen. Die Person, die Minderwertigkeitskomplexe hat, sind Sie einfach nicht. Sie sind liebendes, annehmendes, sehr umfassendes Bewusstsein. Natürlich können Sie auch am „Spiegel Welt“ arbeiten: Indem Sie es aufgeben, andere für ihren Status, ihre Kleidung oder ihr Verhalten gering zu schätzen, erledigen sich auch bei Ihnen selbst diese Komplexe. Sie geben den „Sonderschein“ ab und werden bescheiden im Sinne von „Bescheid wissen“ und nehmen den Ihnen gemäßen Platz als Mitschöpfer ein – zusammen mit Milliarden anderer Menschen, die ebenfalls wie Sie auf dem Weg sind.

Negativität: In meine Praxis kam einmal ein Mann, der sagte: „Herr Tepperwein, ich möchte keine Kopfschmerzen mehr!“ Daraufhin fragte ich ihn, was er denn wolle und weshalb er hier sei. Er antwortete mir, schon leicht verärgert: „Wie ich Ihnen schon sagte, ich möchte keine Kopfschmerzen mehr!" Ich entgegnete ihm: „Sie sagen mir dauernd, was Sie *nicht* wollen, sagen Sie mir doch bitte einmal, was Sie wollen!" Er stutzte: „Wie soll ich das verstehen?" – „Ja, ganz einfach, Sie könnten doch sagen: Ich will, dass mein Kopf ganz frei und klar ist, dass ein wunderbares Wohlgefühl meinen ganzen Kopf durchströmt!" – „Ja, genau das will ich", erwiderte der Klient. „Dann sagen Sie es doch auch!", forderte ich ihn daraufhin auf.

Ihr Unterbewusstsein versteht kein Nein. Es denkt in Bildern. Wenn jemand sagt: „Ich will keine Kopfschmerzen", versteht es nur „Kopfschmerzen" und produziert sie auch. Worauf Sie Ihre Aufmerksamkeit lenken, dahin fließt die schöpferische Energie. Deshalb sollten Sie es loslassen, sich mit den Dingen zu beschäftigen, die Sie nicht haben wollen, und Ihr Bewusstsein auf das ausrichten, wie es sein sollte.

Profilneurosen: Profilneurotiker sind Menschen, die sich zwanghaft hervortun und von anderen abheben wollen, auch wenn es der Umwelt unangenehm ist. Oft verbindet sich mit der Neurose ein auf Konfrontation ausgerichtetes Handeln, Rechthaberei usw. Dahinter steckt der unbewusste Wunsch, die als überlegen empfundene Umwelt zu provozieren. Statt einer Neurose zu frönen, sollten Sie die Interaktion mit Ihrer Umwelt suchen und den Platz in der Gesellschaft und der Welt annehmen, der Ihnen entspricht, unabhängig davon, ob er besonders angesehen ist oder nicht, und ohne Ihr Ich daran zu hängen.

Rechthaberei:

Rechthaberei ist ein reines Ego-Spiel und bietet keinen Vorteil.

Sicherlich kennen Sie das Gefühl, wenn sich Ihr Nacken anspannt, Sie mit dem anderen um das Rechthaben streiten und wissen, dass Rechthaberei nur Spannungen und Kampf verursacht – wofür: Wegen nichts! Von der Ansicht zur Einsicht gelangen bedeutet für Sie, auf diesem Weg alle Vorstellungen und Bewertungen loszulassen. Dann ist es möglich, wahrzunehmen, das heißt, das Wahre zu nehmen und die Dinge einzusehen, statt nur von außen auf sie draufzuschauen. Wenn Sie aber zur Einsicht gelangt sind, erübrigt sich auch die Rechthaberei. Denn entweder ist der andere in seinen Ansichten gefangen, dann werden Sie es ohnehin nicht schaffen, ihn da herauszuholen, er ist seine Ansicht und Sie sind so einsichtig, sie ihm zu lassen. Oder der andere ist selbst zur Einsicht gekommen, dann sieht er die Dinge genauso wie Sie, auch wenn er dafür vielleicht andere Worte benutzt. Sie spüren unabhängig davon, dass er das Gleiche meint wie Sie, aber lassen ihm seine andersartigen Worte.

Letztendlich gibt es nur eine Wirklichkeit, aber so viele Wahrheiten wie Menschen. Sobald Sie das akzeptieren, können Sie davon ablassen, andere von Ihrer Wahrheit überzeugen zu wollen. Die *Eine* Wahrheit, die es gibt, kann mit Worten nicht beschrieben werden und muss es nicht. Benutzen Sie Ihre Worte statt für Rechthaberei lieber im Dienste der Menschenliebe, so wie es Sokrates einmal ausdrückte: „Der Mensch sollte seine Worte nur zu drei Dingen gebrauchen: zu helfen, zu heilen, zu segnen!

Selbstablehnung:

Wer ewig strebend sich bemüht,
den wollen wir erlösen!
JOHANN WOLFGANG VON GOETHE, FAUST II

Wir können nichts loslassen, was wir nicht zuvor angenommen haben, und das gilt besonders für uns selbst und unseren Zustand. Wenn Sie, wie bereits erwähnt, Ihre Armut nicht angenommen, das heißt, sie umarmt haben, wie wollen Sie sie loslassen? Wenn Sie beispielsweise die Armut verdrängen oder gegen sie ankämpfen, kommt sie durchs Hintertürchen wieder herein. Sie könnten uns dann 1000-mal einreden: „Ich bin ein Millionär, ich bin ein Millionär, ich bin ein Millionär – Sie werden sich vielleicht einige Tage fühlen wie ein Millionär, vielleicht auch Geld ausgeben wie ein solcher, bis Ihnen ein Blick auf Ihr Konto zeigt, dass Sie in wenigen Tagen pleite sind, es sei denn, Sie haben die Armut inzwischen angenommen und dann losgelassen. Im Klartext bedeutet dies: Solange Sie mit der eigenen finanziellen Situation noch ein Drama verbinden, Angst vor der Armut haben usw., werden Sie nicht davon loskommen. Sobald Sie jedoch frei von armutsbedingten Dramen, Schamgefühlen, Selbstwertproblemen sind, haben Sie zu ihr eine gelassene Haltung entwickelt und können sich spannungsfrei dem Reichtum zuwenden.

Stets müssen Sie sich annehmen, so wie Sie sind, und in den Umständen, in denen Sie leben – um darüber hinausgehen zu können.

Positives Denken im Widerstand gegen sich selbst ist nicht möglich. Allein der Versuch kreiert eine Spannung in uns zwischen dem, was wir sind, und dem, was sein sollte. Das sogenannte Negative in uns möchte transformiert, verändert werden, indem wir seine Existenz umarmen, umfassender werden als dieses und es dadurch erlösen.

Das Märchen vom Froschkönig zeigt es uns ganz deutlich: Der Frosch in uns, sinnbildlich das Animalische, Glitschige, Niedrige, möchte von unseren goldenen Tellern speisen, in die Kammer unserer Seele eingeladen, dort an die Wand des Bewusstseins geworfen, das heißt konfrontiert und abschließend umarmt und geküsst, also angenommen und geliebt werden, damit es sich verwandeln kann.

Das bedeutet also, dass alle „ver-damm-ten", als negativ bewerteten Triebe, alle negativen Gedanken, Gefühle, Wünsche, Handlungen, die sich immer wieder durch uns auszudrücken suchen, von dem „Damm" befreit werden wollen, den wir zwischen ihnen und dem, was wir als gut annehmen können, errichtet haben. Nur nach dieser Befreiung können sie uns nämlich ihre Gegenseite zeigen – den Raum für seelische, geistige und materielle Fülle. Denn auch dies zeigt uns das Märchen vom Froschkönig: Schließlich ist im Frosch ein Prinz versteckt und er hält den goldenen Ball der Weisheit. Ihn erlangen wir aber nur durch Annehmen. Vor dem Loslassen steht also das Annehmen all dessen, was wir sind, was in uns ist.

Loslassen bedeutet also auch, das Kämpfen gegen sich selbst loszulassen und sich selbst anzunehmen mit allen Licht- und Schattenseiten, sich selbst zu „beeltern“, bedingungslos zu lieben. Dies deshalb, weil liebevolle Annahme die Voraussetzung für das Loslassen ist. Durch Dogmen und Du-sollst-nicht verdrängen wir den Frosch in uns und werden vielleicht belesen, moralisch, aber selten weise.

Was drin ist, muss raus: Dieser Grundsatz aus der Homöopathie ist auch bei unserem Lebens- und Seelenplan anzuwenden. Doch wir selbst entscheiden darüber, wie wir dem Ungelösten in uns zum Ausdruck verhelfen, ob bewusst, weise und erlösend oder verdrängend. Selbstannahme ist nicht blindes Ausagieren von Mustern. Das würde nur Befremden auslösen, sondern es ist Selbstbegleitung, uns im Leben stets unseres wahren Selbst bewusst zu sein. In dieser Bewusstheit erlangen wir eine gewisse Steuerungsfunktion zurück. Die Dinge lösen sich dann durch sich selbst. Alles, wovor wir Angst haben, ist nach einem geistigen Gesetz mächtiger als wir. Nicht weil es tatsächlich mächtiger ist, sondern weil wir davor Angst haben. Und alles, was wir annehmend umarmen, ist nach dem gleichen Gesetz uns zu Diensten, weil Weite immer mächtiger ist als Enge. Wie dient es uns? Indem es uns, wie der Frosch im Märchen, seine Geheimnisse offenbart und uns selbst den Weg in unser Loslassen zeigt. Denn alles Ungelöste strebt nach Erlösung. Alles Ungelöste leidet an dem Schmerz seiner eigenen Verbannung, Verdammung und Trennung vom Fluss der Einen Energie, leidet darunter wie ein Frosch, dem der erlösende Kuss in Unkenntnis seiner wahren Natur verweigert wird. Würden wir all das Ungelöste unterdrücken, würden wir krank werden. Wenn das Ungelöste 20 Prozent unseres Wesens ausmachte, benötigten wir mindestens weitere 21 Prozent, um es zu unterdrücken – uns blieben dann weniger als 60 Prozent unserer Lebensenergie, um unser Leben zu meistern. Dort, wo der Frosch zum Prinzen geworden ist, haben wir das Thema erlöst und sind in dem Bereich aus uns selbst heraus gut, das heißt stimmig geworden, ohne dass wir etwas verdrängen müssen. Das Bemühen umzukehren muss aus einer Selbstannahme erwachsen und darf nicht aus einem Dogma oder aus Selbstablehnung heraus forciert werden.

Statusdenken: Das Statusdenken der Eltern, aber auch der Status, den Sie mit Ihrer Nationalität, ethnischen Gruppe, Moral, finanziellen Situation verbinden, ist eine Illusion. Weder brauchen Sie sich schämen, ein Deutscher zu sein, noch müssen Sie stolz sein, weil Sie ein Japaner sind. Sie können an all dem Anteil nehmen, aber Sie sind das nicht.

Stress: Wir wissen heute, dass Distress nicht nur die Psyche belastet, sondern auch den Körper seiner Vitamine und Nährstoffe beraubt. Auch heftige Emotionen, gleich welcher Art, belasten den Nährstoffhaushalt des Körpers. Beugen Sie dem vor, indem Sie ausreichend Vitamine und gesunde Lebensmittel zu sich nehmen. Für die Nerven etwa benötigen Sie Vitamin B, das zum Beispiel in reinem Lezithin in hohem Maße enthalten ist.

Umstände, verhaftet sein an sie: Umstände sind, wie der Name bereits sagt, die Dinge, die „um Sie herum stehen". Sie sind nicht Ihre Umstände. Wichtiger als die Umstände selbst ist die Einstellung, die Sie zu ihnen haben.

Übung: Vervollständigen Sie einmal die folgende Liste: Mein Leben wäre besser, wenn ... Dann: Erinnern Sie sich daran, wer Sie wirklich sind, und überprüfen Sie einmal Ihre Liste. Erkennen Sie, wo es sich lohnt, bessere Umstände zu schaffen, und wo die Idee, Ihre Umstände seien belastend, eine Illusion war. Lernen Sie sich an dem, was ist, zu freuen, unabhängig von den Umständen. Nicht die Umstände, sondern Ihre Einstellung zu den Umständen macht Sie glücklich oder leidend.

Unrecht und Ungerechtigkeit: Nach der Lehre von Ursache und Wirkung gibt es kein Unrecht, sondern jedes Erlebnis hat seine Wurzeln in einem Gedanken, einem Wort, einer Einstellung oder einer Handlung, die es bedingt. Demzufolge erntet jeder im Leben genau das, was er in diesem oder einem früheren Leben gesät hat. Nun werden Sie das vielleicht nicht glauben können, da man doch in den Zeitungen überall von so viel scheinbarer Ungerechtigkeit liest. Dann sollten Sie sich daran erinnern, dass die Frage nach Gerechtigkeit und Ungerechtigkeit nicht Ihre, sondern Gottes Angelegenheit bzw. die Angelegenheit der Einen Kraft ist. Dort, wo Ihnen unrecht getan wurde oder Sie sich ungerecht behandelt fühlen, sollten Sie die Sorge um die Gerechtigkeit einer höheren Macht übergeben. Fühlen Sie noch einmal den erlebten Schmerz und lassen Sie ihn dann los. Jede Vorstellung von gerecht und ungerecht, die Sie im

Bewusstsein halten, ist eine Anmaßung, über die Sie sich erheben sollten.

Dort, wo Sie selbst unrecht oder ungerecht gehandelt haben, sollten Sie das eigene Unrecht erkennen und annehmen, sich erlauben, den damit verbundenen Schmerz und die Reue zu fühlen, Ihr Bedauern ausdrücken, geistig erleben, wie Sie hätten handeln sollen, und die Sache Gott/dem Leben übergeben und aus Ihrem Bewusstsein entlassen. Im Islam ist „höchste Gerechtigkeit" ein Beiname, der ausschließlich Gott gebührt.

Vergleichen: Der Gipfel der Torheit wäre es beispielsweise, seinen Geliebten mit seinem früheren Lover zu vergleichen. Dadurch entehrt man beide. Denn jeder Mensch möchte in seiner Einzigartigkeit gesehen und ihretwegen – und nicht wegen seines Status – anerkannt und geliebt werden. Dies gilt auch für den Umgang mit Kindern. Natürlich müssen wir zum Beispiel anhand von Benotungen feststellen, welches Kind für welchen Bereich geeigneter ist und welches nicht. Damit darf jedoch kein persönlicher Vergleich in der Wertigkeit verbunden sein. Das Gleiche trifft auf den Vergleich von Vergangenheit und Gegenwart zu. Die einen sagen: „Früher war alles besser!" Kein Wunder, dass sie in der Welt, in der sie leben, permanent die Schönheiten und Möglichkeiten übersehen. Andere sagen: „Damals war alles schlechter als heute!" Doch damit entehren sie ihre eigene Vergangenheit. Vergleichen führt immer zu Leiden. Jeder Mensch und jeder Augenblick ist einzigartig und deshalb unvergleichlich. Dieses Wunder erleben Sie, sobald Sie es aufgeben zu vergleichen.

Vorstellungen: Vorstellungen sind, wie das Wort bereits besagt, Dinge, die Sie vor die Wirklichkeit stellen. Solange Sie an Ihren Vorstellungen haften, können Sie deshalb die Dinge, Menschen und das Leben nicht wirklich erleben, sondern eben nur geprägt durch den Filter Ihrer Vorstellungen. Um befreit zu leben, sollten Sie vor allem die Bilder und Vorstellungen loslassen, die Sie haben von

- sich selbst
- dem eigenen Platz in der Welt
- dem Partner
- den eigenen Kindern/Eltern, wie sie sein sollten
- dem Verhalten von Partnern, Freunden etc.
- der Welt
- Reichtum
- Gott

Übung: Überprüfen Sie bezüglich der oben angeführten Punkte, welche Vorstellungen Sie haben, und lassen Sie sie los. Sprechen Sie Ihr Loslassen laut aus. Verwenden Sie dafür jedes Mal die Worte: „Ich lasse meine Vorstellungen von ... los."[15]

Sprache ist Verhexung des Geistes!
LUDWIG WITTGENSTEIN

Loslassen in Beziehungen

Machen Sie die Liebe nicht zur Fessel

Liebet einander, aber macht die Liebe nicht zur Fessel:
Lasst sie eher ein wogendes Meer zwischen den Ufern
eurer Seelen sein.

KHALIL GIBRAN, „DER PROPHET“

In welchem Maße eine Beziehung Raum oder auch Nähe braucht, ist unterschiedlich und hängt von ihrer jeweiligen Struktur ab. Es gibt Beziehungen, bei denen zu große Distanz Entfremdung herbeiführt. Und andere leiden unter zu viel Nähe und brauchen das Immer-wieder-allein-Sein der Beteiligten, um zu wachsen. Es ist wie bei den Bäumen: Manche fördern einander durch Nähe, andere erdrücken sich gegenseitig.

Wichtig erscheint mir, unabhängig vom Grad an geforderter Nähe einander immer wieder Raum zu geben, sich immer wieder auf sich selbst zu beziehen. So hat jeder die Möglichkeit, sich zu neutralisieren und seine eigene Mitte zu überprüfen. Eine Beziehung muss „atmen“ können, um zu leben.

Kleine Trennungen dürfen im täglichen Zusammenleben immer wieder vorkommen. Das ist besser, als miteinander in Symbiose zu verharren. Wenn Sie während einer äußeren vorübergehenden Trennung die Seelenliebe zum Partner aufrechterhalten, kann die Liebe auch in der Trennung wachsen.

Wie Sie den Wechsel von Trennung und Nähe organisieren, hängt von Ihnen selbst ab. Sind Sie beispielsweise tagsüber berufstätig, ergibt sich schon daraus eine gesunde Veränderung des Lebensfeldes. Zudem sollte jeder Partner einen Privatbereich für sich haben, den er ohne den anderen lebt. Ob das ein Diskobesuch, Skatabend, Gebetskreis, Kaffeeklatsch, Wellnesstag, Wanderausflug oder was auch immer ist, liegt an Ihnen. Eine gesunde Mischung aus gemeinsamen und separaten Aktivitäten erscheint erstrebenswerter als das Ideal, alles gemeinsam machen zu wollen.

Symbiotische Beziehungen hingegen, also Beziehungen, in denen man sich zwanghaft wie siamesische Zwillinge verhält, begünstigen die Degeneration. Jeder Partner unterdrückt sich selbst zugunsten einer Scheinharmonie. „Baumwürger" sind nicht erstrebenswert. Durch Klammern saugen Sie einander aus und wundern sich später, dass Ihre Beziehung nicht mehr so vital ist wie früher.

Woran mag es liegen, wenn Menschen in einer Beziehung klammern? Immer steckt die Angst dahinter, den Partner zu verlieren, oder auch, dass er sich, wenn man ihm ein wenig mehr Raum lässt, anders entwickelt, als man es gern hätte. Doch gerade in dem Raumlassen liegt ein Reiz verborgen, da wir den anderen täglich neu entdecken können, sobald wir ihm erlauben, sich zu bewegen und zu entfalten, wie er möchte.

Um innerhalb einer Beziehung loslassen zu können, ist Urvertrauen notwendig, das Vertrauen, dass schon das Rechte geschehen mag. Das bedeutet, eine Beziehung mit dem Partner *und* dem Urvertrauen zu haben, aus dem Gefängnis des Kontrollierens und des Kontrolliertwerdens auszusteigen und den Raum für wahre Liebe zu ebnen.

Loslassen in Beziehungen ist dabei alles andere als Gleichgültigkeit. Gerade in der Losgelöstheit können die Intensität und das Sich-aufeinander-Einlassen wachsen.

Wie Erich Fromm zutreffend schreibt, ist Lieben eine Kunst, eine Fähigkeit, nicht eine Frage der Person.[16] Und doch ist die Liebe einer Person in letzter Konsequenz nichts, was wir erzwingen können. Wir können ihr den Boden bereiten, indem wir korrekt, liebevoll und stimmig unsere Beziehung leben, aber wenn sie geschieht, ist sie ein Geschenk der Götter, das wir gerade dann erhalten, wenn wir nicht klammern und uns nicht verweigern, also genau dann, wenn unser kleines Ego gerade einmal abwesend ist. Wir wissen nicht immer, mit wem und wann die Liebe geschehen wird, aber immer wieder erfahren wir: Sie „ereignet sich“.

In der heiligen Hochzeit innigster Liebe machen wir eine mystische Erfahrung: Es vereinen sich durch uns Gott und Göttin, Himmel und Erde. Wir sehen einander, wie Gott/die *Eine* Kraft uns gemeint haben könnte. Haben wir das einmal erlebt, sollten wir einander immer wieder an diese Augenblicke erinnern und sie ehren, auch dann, wenn man gerade distanziert oder gar getrennt ist. Denn in solchen Momenten wurde nicht der andere als Ego, sondern Gott/Göttin im anderen geliebt. Allein dafür, dass diese Erfahrung möglich war, dafür, dass Sie sich einander dafür zur Verfügung gestellt haben, verdienen beide es, geehrt zu werden. Allein die Erinnerung an die Liebe bewirkt Transformation. Sich dieser höchsten Liebe zu erinnern kann auf beide befreiend wirken. Schließlich ist die Liebe doch ein Kind der Freiheit.

Trennungsaggressionen wahrnehmen, sich erlauben und loslassen

Liebe selbst sein – statt die Liebe im Außen zu suchen!

Krankhafte Symbiose kann von inneren Ängsten her kommen oder gesellschaftliche Doktrinen als Ursache haben:

Beispiel: Wenn ein Paar sich allein aus moralischen, kirchlichen oder finanziellen Gründen weder trennt noch sich den Raum zur separaten Entwicklung oder Freizeit gibt, bremsen sie sich gegenseitig. Dabei entsteht oft gegenseitiger Hass gerade dadurch, dass beide aufgrund von Ängsten oder gesellschaftlichem Druck glauben, sich auch nicht trennen zu können. Hierzu folgender Witz: Ein altes, unverheiratetes Paar sitzt nebeneinander. Er: „Sollten wir nicht bald heiraten?“ Sie: „Ja schon, aber wer nimmt uns denn noch?“

Oft haben wir Angst, unsere Bedürfnisse nach einem vorübergehenden Allein-sein-Wollen zu formulieren, weil wir befürchten, der andere könnte eingeschnappt sein, uns durch Liebesentzug maßregeln oder ungute Emotionen und Gedanken äußern. Doch wir sollten, unabhängig von der Reaktion des Partners, uns für unsere kleinen Trennungsbedürfnisse, wenn sie einmal auftreten, ehren und auch Trennungsaggressionen bewusst wahrnehmen.

Unter Trennungsaggression versteht die moderne Psychologie nicht unbedingt, dass man sich trennen muss, sondern die grundsätzliche Bereitschaft, symbiotisches Verhalten loszulassen. Trennungsaggressionen bedeuten deshalb nicht unbedingt einen Weltuntergang. Sie stehen im Zeichen einer verantwortlichen Liebe. Formulieren Sie Ihre Trennungsbedürfnisse jedoch liebevoll. Gestalten Sie eine zwischenzeitliche Trennung nicht als Strafe, sondern als Rückzug zur Neubesinnung. Dadurch können Sie beide die Erfahrung machen, dass Sie trotzdem geliebt werden, auch wenn Sie sich vorübergehend zurückziehen. Wenn eine Beziehung gestresst ist, wirken einige Nächte, die man wieder allein schläft, oder ein Wochenende ohne den Partner oftmals vitalisierend für die bestehende Beziehung.

Zur Trennungsaggression gehört auch die Bereitschaft, in wesentlichen Lebensbereichen wie Religion, Werte, Lebensgestaltung unterschiedliche Standpunkte zu erlauben. Auch dies ist ein inneres Loslassen, ohne Heuchelei zu bekennen: „Da bin ich anderer Meinung!“ Im Extremfall: „Wir sind dauernd verschiedener Meinung, aber wir lieben uns!“

Unterschiedliche Emotionen zu erlauben gehört ebenfalls zur Trennungsaggression: So schön es ist, miteinander zu schwingen, es kann süchtig machen. Es ist sehr angenehm, wenn ein Mensch zu Empathie fähig ist, doch wenn man vor lauter Mitschwingen sich selbst verliert, gerät man in Gefahr, die eigene Kontur zu verlieren. Das bedeutet nicht, dass man Streit heraufbeschwören sollte. Oftmals helfen Ihnen Trennungsaggressionen sogar, Streit zu vermeiden:

Wenn der andere Missemotionen hat, können Sie selbst entscheiden, inwieweit Sie da einsteigen wollen oder nicht – es zwingt Sie keiner dazu. Sie können den anderen einfach da lassen, wo er steht, ohne ihm wegen seiner miesen Laune Vorwürfe zu machen, und es sich selbst in einem gewissen Maße ungeachtet der Situation gut gehen lassen – wenn Sie das möchten. Sie haben durchaus das Recht, sich von den Emotionen Ihres Partners abzukoppeln. Je weniger Sie seine emotionale Verfassung kontrollieren wollen, umso angenehmer der Umgang miteinander.

Trennungsaggressionen werden völlig zu Unrecht als bedrohlich oder beziehungsgefährdend empfunden. In Wahrheit sind sie trennend und verbindend zugleich. Oft ist es genau die partielle Abgrenzung, die verhindert, dass Sie gegenüber dem Partner in eine „innere Kündigung fallen, in völlige Isolierung oder gar Entfremdung. Wenn Trennungsaggression so liebevoll wie möglich transportiert wird und beide Partner wissen, dass sie nicht bedrohlich ist – da sie immer wieder nach einer solchen Phase zueinanderfinden –, hat sie durchaus ihr Gutes.

Zur Trennungsaggression gehört auch die Abgrenzung gegen destruktive Impulse des anderen. So kann diese Eigenabgrenzung auch dem Fortbestand der Beziehung dienen und durchaus im Sinne der gemeinsamen Beziehung eingesetzt werden. Der Begriff Aggression bedeutet ja ursprünglich nichts anderes als „angreifen, herangehen“ (lat. *agredere*) und ist, verantwortungsvoll eingesetzt, eine beherzte Antwort auf Lethargie und Erstarrung in Selbstverständlichkeiten. Leider fehlinterpretieren viele Menschen die wertneutrale Aggression als Feindseligkeit, statt zu erkennen, dass in ihr auch immer wieder ein neues Beziehungsangebot enthalten ist.

Wut und Zorn in Beziehungen

Wut und Zorn sind nicht unbedingt angenehm, doch können sie auch ihre positiven Seiten haben, wenn wir von verletzenden Worten und Demütigungen des anderen einmal absehen. Solange *wir* Zorn und Wut haben und nicht diese Gefühle uns, können wir in Wut und Zorn auch ein reinigendes Gewitter und damit die Chance auf eine echte und unverstellte Begegnung erleben. Jedoch sollten Sie auch in Wut und Zorn, wenn sie schon einmal vorkommen, einander zu verstehen geben, dass Sie an einen Fortbestand der Beziehung glauben. Dort jedoch, wo Wut und Zorn den anderen unterdrücken, hemmen oder sie zerstörerisch, also nicht konstruktiv eingesetzt werden, zeigt sich die verheerende Seite, bis hin zur Zerstörungswut, die auch vor Selbstzerstörung nicht haltmacht. Zerstörerische und bösartige Wut sollte, wie bereits erwähnt, unterlassen werden – sie gehört nicht in die Beziehung, sondern in die (Eigen-)Therapie und Selbst-bewusst-Werdung. Nachfolgend einige Tipps, um Wut und Zorn vorzubeugen:

- sich selbst spüren und sich nicht trotz Unstimmigkeiten einlullen lassen
- auf den anderen zugehen und Unstimmigkeiten frühzeitig und konstruktiv ansprechen

- Wünsche, Absichten, Ziele an den anderen herantragen, ihm dabei aber gleichzeitig den Raum lassen, darauf zu reagieren, wie es für ihn stimmig ist
- eigene und fremde destruktive Impulse abwehren
- Wut und Zorn rituell austragen und beenden

Beispiel: Ein Klientenpärchen hat für den Streitfall eine spezielle afrikanische Trommelmusik ausgesucht. Sie legen dann die Musik auf, schreien sich gegenseitig an, solange das Stück läuft, und am Ende versöhnen und umarmen sie sich. Wichtig ist es dabei, nicht den anderen persönlich verletzen zu wollen, sondern lediglich Dampf abzulassen. Am besten hört man gar nicht hin, was der andere schreit.

Wenn Sie wütend sind, sollten Sie Ihre Wut in den Dienst der Liebe, der Stimmigkeit und der Wahrheit stellen. Sie sollten *für* die Beziehung streiten, nicht gegen sie, also nicht um den anderen fertigzumachen oder Ihr Ego aufzupäppeln. Mit Wut und Zorn konstruktiv und liebevoll umzugehen ist eine Kunst, die mit der Kampfkunst der Shaolin-Mönche vergleichbar ist: Äußerlich kämpfend, doch im Inneren ganz im Dienste der Sache. Bevor Sie sich in Zerstörungsfantasien ergehen, sollten Sie das im Kapitel „Überreaktionen“ (siehe S. 105ff.) Dargestellte beherzigen.

Trennungsängste formulieren

Unabhängig davon, ob Sie gerade in einer Beziehung leben, sich frisch getrennt haben oder schon lange Single sind, ist es wichtig, dass Sie sich eventueller

Trennungsängste bewusst sind und sie gegebenenfalls formulieren, zumindest sich selbst gegenüber.

Viele Paare halten sich aus Trennungsangst in einer kleinkindhaften Beziehung („wir gegen die böse Welt") fest, statt sich die Ängste einzugestehen und sie zu bearbeiten.

Es ist ein Irrtum zu glauben, symbiotische Beziehungen seien immer friedvoll. So manches „Streitpaar" versteckt hinter dem täglichen Streit geschickt seine Symbioseneigung, da bei Streit und nachfolgender Versöhnung die größtmögliche Nähe bei gleichzeitig größtmöglicher Distanz erlebt wird.

Statt wegen Nichtigkeiten einen Streit vom Zaun zu brechen, ist es sinnvoller, intim miteinander umzugehen und zugleich eventuell vorhandene Trennungsängste wie auch Trennungsaggressionen wahrzunehmen und liebevoll auszudrücken – diese beiden Empfindungen sind kein Gegensatz, sondern bedingen einander. Wenn Sie vor der Wahrnehmung Ihrer Trennungsangst zurückschrecken oder versuchen, den Partner aus Trennungsangst durch Kontrolle oder aufgesetztes Liebsein an sich zu binden, wird Ihre Ohnmacht zur Beziehungsfalle, der Geborgenheit versprechende Raum zu einem Gefängnis, dem Sie dann nur noch schwer entkommen können. Wenn Sie sich dagegen Ihre Trennungsängste eingestehen, schafft diese Offenheit den Raum für ein stärkeres (gegenseitiges) Vertrauen. Auf dessen Basis kann man einander mehr Raum lassen und findet genau dadurch eine Nähe und Intimität, die zugleich in das Freisein von Zwängen führt.

Wünsche nach einer engen Verbindung und nach einem großen Freiraum sind gleichermaßen in Ordnung. Die Kunst ist, ihr rechtes Maß zu finden. Wenn sie offen kommuniziert werden, weiß jeder, wo der andere gerade steht, und kann dem mitfühlend begegnen. Wir leiden dann nicht mehr unter unserem Nähe- bzw. Distanzbedürfnis, sondern finden gemeinsame Wege, damit umzugehen. Wenn wir wissen, dass ein Teil von uns nähesuchend und ein Teil von uns freiheitsuchend ist, dann können wir mit beiden Teilen unter dem Arm zu unserem Partner gehen und sie ihm präsentieren. Trennungs- und Nähebedürfnis können dann in einem guten Rhythmus miteinander gelebt werden.

Übung: In welchen Lebensbereichen suchen Sie die Nähe mit Ihrem/einem Partner? In welchen Bereichen suchen Sie Ihre Eigenständigkeit zu wahren? Gibt es Zwischenbereiche? Machen Sie sich diese Punkte bewusst und kommunizieren Sie sie Ihrem Partner.

Wann sollten Sie eine Trennung auf Zeit in Erwägung ziehen?

Paare in einer langjährigen Partnerschaft sollten sich auf längere Zeit trennen, wenn sie in ihrer Beziehung Dekadenz (Niedergang) spüren und hoffen, in der Isolation getrennt voneinander Beziehungsarbeit leisten und sich danach neu begegnen zu können. Paare, die sich nach einer Trennung auf Zeit erfolgreich wiedergefunden haben, gönnen sich damit die Erfahrung, dass eine Beziehung auch dann weitergeführt werden kann, wenn man sich trennt. Der Sinn einer

Trennung auf längere Zeit ist es, eine vorübergehende Beziehungsdistanz zu durchleben, ohne dass dadurch die Beziehung als solche zur Diskussion gestellt wird. Was eine angemessen lange Zeit ist, bestimmen dabei die Paare selbst.

In der Praxis gibt es Paare, die sich immer wieder die Trennung auf längere Zeit gönnen, um die Beziehung zu regenerieren. In dem Fall dient die Trennung auf Zeit der Autonomie und Individuation beider und hält ihre Beziehung vital. Beide Partner wissen, dass sie sich immer wieder Orte und Zeiten von vorübergehender Trennung einräumen dürfen, ohne dafür mit Liebesentzug bestraft zu werden. Oft sieht man die Beziehung und auch den anderen aus der Distanz klarer, als wenn man mittendrin ist. Als Sinnbild mag hier ein Berg dienen, dessen Konturen man aus der Ferne besser erkennen kann, als wenn man direkt davor steht.

Hat man sich innerhalb einer Beziehung bereits mehrmals undramatisch getrennt und wieder vereint, erlaubt man sich immer mehr, „man selbst zu sein", man bewegt sich natürlicher und ungestelzter miteinander. Angebote für Trennungen auf Zeit sollten also in Erwägung gezogen werden – möglichst sogar spielerisch. Trennung und Wiederannäherung zeigen dann in ihrem Rhythmus an, dass immer wieder etwas Neues in die gemeinsame Beziehung hineinwachsen möchte, eine positive Mutation.

Wir wissen aus der Biologie, dass jede Mutation, beispielsweise die Entwicklung der Raupe zum Schmetterling ihre Pause benötigt. Und auch in der Musik ist es so, dass eine Änderung des Rhythmus nur in der Pause möglich ist. Eine funktionierende Beziehung ist auch eine sich ständig wandelnde Beziehung, da nur im Fluss der Veränderung jeder sich weiterentwickeln kann. Man möchte nicht dort stehen bleiben, wo man einmal war. Für den Liebenden ist es ein schönes Gefühl zu wissen, dass seine Beziehung Pausen und Veränderungen verträgt. Dies stärkt das Urvertrauen und der Betreffende gewinnt dadurch an Zuverlässigkeit gegenüber sich selbst, seinem Partner und der Umwelt. Natürlich ist der Gedanke einer längeren Trennung auf Zeit nur ein Angebot und Sie selbst müssen überprüfen, inwieweit es für Sie sinnvoll ist oder nicht.

Übung: Welche Lebensbereiche/Zeit(en) möchten Sie losgelöst von Ihrem Partner erleben? Notieren Sie sie und finden Sie einen liebevollen Weg, das auszudrücken.

Freiwilliges Ja, freiwilliges Nein

Eure Rede aber sei: Ja, ja; nein, nein.
Was darüber ist, das ist vom Übel.
AUS DER BERGPREDIGT

Man könnte die Menschen in zwei Gruppen einteilen: Jene, die nicht *Ja* sagen können, und solche, die nicht *Nein* sagen können. Wer nicht Nein sagen kann, hat ein Abgrenzungsproblem. Er spürt seine eigenen Bedürfnisse nicht mehr, verharrt in oft unerkannter Trennungsangst wie ein zitterndes Kaninchen und kreiert dadurch stagnierende Beziehungen. Oftmals versucht er den anderen durch sein Nicht-nein-Sagen zu kontrollieren und geht der Konfrontation mit der Wahrheit aus dem Weg – weil er Angst hat, dass es mit einer Katastrophe endet, der Frieden sich nur als Scheinfrieden entpuppt und alles zusammenbricht.

Zum Loslassen innerhalb einer Beziehung gehört auch die liebevolle Kenntnisnahme und Formulierung unserer eigenen Bedürfnisse und Abgrenzungen. Sie sind das tägliche Zähneputzen, das in vielen Fällen den Zahnarzt (die große Trennung) erspart. Wenn Sie dauernd „dem anderen zuliebe" etwas tun, was Sie eigentlich nicht tun möchten, zum Beispiel auf Ihren Samstagabendfußball verzichten, werden Sie bei der kleinsten Disharmonie spüren, wie eine Unmenge angestauter Wut in Ihnen hochquillt. Oder Sie entwickeln stillschweigende Vorwürfe gegen Ihren Partner: „Er lässt mich nicht!" Nein sagen sollte ein Ausdruck von Authentizität sein, eine Alternative zum Mitmachen, natürlich kein Mittel zur Machtdemonstration oder um den Partner zu kränken. Man kann das Neinsagen lernen. Nur der ungeübte Neinsager wird sein Nein schroff und ablehnend vorbringen.

Interessant ist es natürlich, wie Sie selbst damit umgehen, wenn Ihnen von Ihrem Partner ein Nein entgegengebracht wird, vielleicht sogar bei Dingen, die Sie für selbstverständlich halten. „Magst du mit mir die Spülmaschine ausräumen?" – „Nein!" – „Magst du mit mir meine Verwandten besuchen!" – „Ehrlich gesagt: nein!" Wie würden Sie auf diese Neins reagieren? Wären Sie sauer? Wäre die Beziehung damit für Sie beendet? Oder würden Sie Ihrem Partner den Raum dafür geben, ohne ihn dafür mit Liebesentzug zu bestrafen? Oder haben Sie Ihren Partner bereits so weit unter Kontrolle, dass er sich gar nicht mehr traut, Ihnen ein Nein entgegenzubringen? Na denn gute Nacht!

Empfehlung: Beobachten Sie doch einmal wertfrei, wie Sie auf ein Nein Ihres Partners reagieren. Wenn Ihre Beziehung wirklich darauf ausgerichtet ist, einander in die Freiheit zu führen, dann sollten Sie kleinkindhafte Reaktionen darauf loslassen. Nehmen Sie ein Nein nicht persönlich. Deuten Sie es auch nicht als Desinteresse an Ihrer Person. Seien Sie stattdessen dafür dankbar, dass Ihre Beziehung authentisch ist und den Raum hat, auch ein Nein zu vertragen – im Gegensatz zu symbiotischen Beziehungen, von denen es mehr als genug gibt.

Mit einem ehrlichen Nein dann, wenn es für Sie angebracht ist, erleben Sie auch, dass Sie autonom sind, dass Sie nicht am Partner klammern. Wenn Sie wissen, dass in Ihrer Beziehung ein Nein von beiden Seiten aus ohne Dramatisierung angenommen werden kann, dann können Sie sicher sein, dass ein Ja auch ehrlich gemeint und nicht geheuchelt ist.

Kommen wir nun zum Jasagen: Viele Menschen haben Angst vor einem Ja, weil sie sich dadurch verwundbar fühlen. Oder sie geben ihr Ja mit halbem Herzen – manche sogar vor dem Traualtar. Sie geben sich selbst nicht ganz – und erhalten deshalb auch sich selbst nie ganz zurück. Um aus vollem Herzen Ja sagen zu können, müssen Sie die Freiheit des Neinsagens spüren und darüber hinaus im Jasagen Ihre Ängste loslassen: die Angst vor Verletzung, die Angst, sich lächerlich zu machen, die Angst vor Unsicherheit, die Angst vor Kontrollverlust und die Angst vor Fehlentscheidung (Was wäre, wenn der andere doch nicht der richtige Partner für mich ist?).

Glaubt nicht, ihr könnt den Lauf der Liebe lenken.
Die Liebe, wenn sie euch für würdig hält, lenkt euren Lauf!
KHALIL GIBRAN, „DER PROPHET

Es ist sinnlos, ein bisschen Ja zu sagen und sich ein bisschen dem Partner hinzugeben. Sie sollten sich von Ihrem Ja ergreifen lassen und offen sein für das, was dann passiert – oder ganz auf Ihr Ja verzichten.

Echte Hingabe setzt die Kraft zur Selbstbehauptung voraus. Nur wenn Sie wissen, dass Sie notfalls auch wieder Nein sagen und sich abgrenzen können, spüren Sie in sich auch den Raum, um sich verletzlich zu machen und sich hinzugeben.

Menschen mit einem schwachen Identitätsgefühl oder solche, die sich stark vom anderen beeinflussen lassen, haben dagegen große Angst vor dem völligen Ja der Hingabe, weil sie fürchten, dadurch das Gesicht und die Kontrolle zu verlieren, fürchten, dass sie nichts in der Hand haben, wenn es mal kritisch wird.

Beziehungssüchtige Menschen stehen der Hingabe ambivalent gegenüber: Einerseits suchen sie sie, andererseits fürchten sie sie, weil sie wissen, wie elend sie sich im Trennungsfalle fühlen. Oft suchen sie gezielt eine Schwachstelle des Partners auszunutzen, um sich die emotionale Versorgung zu sichern. So ein Verhalten hat natürlich mit einer erfüllten Beziehung nichts zu tun.

Hingabe an die Liebe, völliges Ja zu Ihrem Partner ist keine kleinkindhafte „Weggabe“, sondern die Bereitschaft, sich ergreifen zu lassen, das gemeinsame Verschmelzen verantwortlich zu gestalten und gleichzeitig in der eigenen Mitte zu bleiben. Dies bedeutet,

Eigenverantwortung für das eigene Ja und das eigene Nein zu übernehmen. Dadurch schaffen Sie den Raum für mehr – für wahre Liebe.

Übung: Machen Sie sich bewusst, wo Sie Nein und wo Sie Ja sagen möchten. Finden Sie Wege, das klar und liebevoll auszudrücken.

Keine Beziehung dauert ewig

Weil du aber lau bist und weder warm noch kalt,
werde ich dich ausspeien aus meinem Munde.
Offenbarung 3,16

Wenn Sie eine Trennung verarbeiten müssen, ob durch Tod oder durch Scheidung, trösten Sie sich: Beziehungen entstehen und vergehen – das ist der Lauf der Welt. Leben ist Wandel, ist Veränderung, denken wir nur an das Faustwort: „Will ich zum Augenblicke sagen, verweile doch, du bist so schön, …“

Es braucht sehr viel Bewusstheit, um zu erkennen, ob eine Beziehung beendet ist. Trennt man sich zu früh, dann verpasst man vielleicht wertvolle Erfahrungen und auch Beglückungen. Wartet man zu lange, erlebt man unnötiges Leid.

Ein Maßstab für die Frage nach dem richtigen Zeitpunkt für eine Trennung ist das Potenzial: „Besitzt diese Beziehung noch vitales Potenzial oder dreht man sich nur noch in Wiederholungsschleifen?

Timing bedeutet in Bezug auf das Thema Trennung, von einer Beziehung loslassen zu können, wenn sie ihren Zweck erfüllt hat, aber es für eine harmonische Trennung noch nicht zu spät ist. War die Beziehung für beide erfolgreich (beispielsweise im Sinn seelischen Wachstums), so hilft das beim Loslassen. Man hadert dann nicht mehr, denkt, es hätte anders sein sollen, sondern kann die Tatsache, dass die Beziehung für beide einen Wert hat, mitnehmen, kann sie ehren, lebt in dem Bewusstsein, dass die gemeinsame Zeit einen Sinn gehabt hat. Viel schlimmer ist es, wenn man bei der Trennung feststellen muss, dass man überhaupt nicht erfolgreich vereint war, dass es von Anfang an nur Lug und Trug war und man bloß auf Illusionen hereingefallen ist. Dann ist es sehr schwer, sich ohne Hadern zu trennen.

Man sollte sich also trennen, bevor Dekadenz mit all ihren negativen Begleiterscheinungen die Beziehung belastet, bevor Negativität (wie im Film „Der Rosenkrieg") die Liebe verunreinigt.

Unnötiger Schmerz kann vermieden werden, wenn das Paar weder zu früh noch zu spät loslässt, sondern mit weisem, erwachsenem Blick erkennt, wenn und wann die Lebensreise getrennt weitergehen muss – ohne einander böse zu sein. So etwas setzt Lebensreife, rechtes Bemühen und die Bereitschaft zu ehrlicher Auseinandersetzung voraus.

Beim Loslassen geht es aber nicht nur um die Beziehung zu einem Partner, sondern beispielsweise auch zu:

- den eigenen Kindern: Viele Eltern lieben das Bild, das sie von den Kindern haben, so sehr, dass sie nicht bereit sind, ihre Vorstellungen, wie ihre Kinder sein sollten, loszulassen.
- den eigenen Eltern: Zum Erwachsenwerden gehört es auch anzuerkennen, dass die eigenen Eltern ihren

Job gut gemacht haben, und ihre Verhaftung an sie loszulassen, während man weiter liebevoll miteinander umgeht.
- früheren Lehrern, Respektspersonen, Vorbildern, die nicht mehr aktuell sind.

Spätestens mit dem Tod endet ohnehin jede äußere Form einer Beziehung. Eine Trennung zu Lebzeiten ist mit einem Sterbeprozess vergleichbar. So wie beim Tod alte Bilder hochsteigen, im Körper gespeicherte Energien als Lebensfilm ablaufen, um die Seele freizugeben, so steigen bei der Trennung vom lebenden Partner und oft auch noch lange Zeit danach Erinnerungen hoch, und zwar jene, die gerade am meisten Ladung haben.

Wurde im Laufe einer Beziehung das Negative unterdrückt, kommt vielleicht alter Hass hoch. Wurde das Schöne zu wenig gewürdigt, steigen verdrängte schöne Bilder ins Bewusstsein. Manchmal wechseln auch Liebe und Schmerz, Sehnsucht und Wut. Alles, was abgekapselt wurde, bricht auf, steigt hoch, bricht sich Bahn, oft in chaotischer Reihenfolge. In der Trennung wie im Sichverlieben ist der Mensch dem Verstand enthoben. Homöopathisch werden Loslassprozesse unter anderem durch potenziertes Natrium muriaticum (Kochsalz) unterstützt. Das „Eingesalzene“, Abgekapselte kann und soll sich lösen. Ein Weiser sagte einmal: „Gut ist’s, worin ich mich lösen kann!“ Doch auch andere homöopathische Mittel können im Falle einer Trennung angezeigt sein, wie zum Beispiel Ignatia – im Bedarfsfall ist ein versierter Homöopath zu konsultieren, der das Mittel der Wahl dann herausfindet und verschreibt.

Der Schmerz der Trennung lädt zur Reflexion ein und zur Suche nach Ressourcen, damit man die Trennungsphase gut durchsteht. Durch angemessene Trauerarbeit wird dem Verlust der richtige Stellenwert gegeben: „Du warst mir wertvoll, deshalb trauere ich, während ich loslasse!“

Wir müssen in der Trennung reife Trauer von kleinkindhaften Dramatisierungen unterscheiden. Wenn wir um unseren Verlust an Bequemlichkeiten weinen, dann weint unser kleinkindhaftes Ich, das noch nicht erwachsen, das heißt autonom geworden ist. Wir sollten Trauer nicht mehr dramatisieren als nötig oder uns gar in unserem Schmerz suhlen. Solche Überreaktionen sind oft nichts anderes als eine Flucht vor den wirklich tiefen Empfindungen. Dort, wo wir ehrlich und ohne Schauspielerei trauern, weil wir anerkennen, dass etwas Wertvolles nicht mehr da ist, erkennen wir den Wert des Partners und des gemeinsam Erlebten an. Es ist angesichts von Trennungen angemessen, den Verlust bewusst wahrzunehmen, den (inneren) Ort des Schmerzes aufzusuchen und aus dessen Mitte heraus den Loslösungsprozess zu erlauben. Durch bewusstes Durchtrauern vermeiden wir seelische Verhärtung. Ob Sie dabei eine traurige Musik auflegen oder einen Pilgerpfad gehen – lassen Sie bewusst noch einmal die schönen Bilder der Vergangenheit aufsteigen. Vielleicht möchten Sie auch wie folgt beten:

„Herr, lass mich den Schmerz der Trennung unmittelbar und so rein wie möglich erleben, damit ich unmittelbar an mein existenzielles Gefühl komme. Herr, lass mich die Mitte meiner Gefühle finden, die

die Trauer in den reinen Raum hinein erlöst. Herr, lass mich erkennen, was aus dieser Beziehung und aus der Trennung zu lernen ist, sodass ich mich wandeln kann. Herr, lass mich das Gute, das ich erhalten habe, ehren und die Seele, die mit mir war, was immer zwischen uns geschehen ist."

Inwieweit Sie Ihren Bekanntenkreis in Trennungsgeschichten einbeziehen, müssen Sie selbst verantworten. Sie sollten sich reife Verbündete suchen, die Sie wissend unterstützen, ohne ihrerseits in Dramatisierungen, Emotionalitäten oder eigene Geschichten zu fallen.

Wie Sie eine dauerhafte Trennung „überleben"

Im Fall einer dauerhaften Trennung, sei es durch Tod, Scheidung oder anderes, ist es wichtig, bewusst wahrzunehmen, was die neue Situation in Ihnen auslöst. Trennungsprozesse verfügen wie bereits erwähnt über eine eigentümliche, oft widersprüchliche Lebendigkeit und sind in ihrem Verlauf höchst individuell, vergleichbar dem Verlauf einer Krankheit und Neugenesung.

Wenn Sie erleben, dass Sie eine dauerhafte Trennung um den Verstand bringt, so sollten Sie das bewusst wahrnehmen, nicht unterdrücken, aber auch auf sich selbst und Ihre Umwelt aufpassen. Hier ist *Bewusstheit* gefragt, die wahrnimmt, erlaubt, aber nicht ausagiert. Chaotische Emotionen, Verlustangst, Trauer, Wut, Schuldgefühle und vieles andere, was nach oben drängt, sollten wir nicht unterbinden, sondern liebevoll begleiten – ohne dabei in Infantilität abzugleiten.

Für die Verarbeitung einer dauerhaften Trennung ist es auch immer wieder wichtig, zu den Primäremotionen zurückzukommen, also dem ursprünglichen Schmerz über das Ende der Beziehung. Das ganzheitliche Empfinden, die Körperwahrnehmung ist hierbei wichtiger als Emotionalitäten oder lange Geschichten. Sobald sich der Verstand in den Prozess einmischt und beginnt, die Dinge zu beurteilen, besteht die Gefahr, dass die Trauerphase nicht der Heilung, sondern dem Festhalten an einer Illusion dient. Beispiele:

- Idealisierung des Expartners/Schlechtmachen des Expartners
- Schuldvorwürfe/Schuldgefühle
- Festhalten an der Vergangenheit/Leiden an einer nicht stattfindenden Zukunft

Nur im unmittelbaren Spüren dessen, *was ist*, ohne dem Prozess mehr auszuweichen als nötig und ohne ihn abzukürzen, erfahren Sie Befreiung, eventuell Läuterung/Reue, Durchschreiten und Neuorientierung.

Dort, wo wahre Liebe in der Beziehung entwickelt wurde und geehrt werden kann, hilft sie sogar beim Überleben. Sie gibt Kraft. Darum ist es wichtig, Exbeziehungen zu ehren und für sie dankbar zu sein, weil in ihnen wahre Liebe – egal wie viel oder wenig – entwickelt werden konnte.

Um einem Expartner die Ehre zu erweisen, müssen Sie ihn nicht einmal für gut befunden haben. Es ist einfach die Ehre, die dem anderen dafür gebührt, dass er ein Stück Weges mit Ihnen ging. Indem Sie dem

Expartner einen guten Platz im eigenen Herzen geben, spüren Sie, dass mit diesem Gefühl des Ehrens im Herzen sich langsam, aber immer deutlicher Neuöffnungen für das eigene Leben ergeben.

Übung: Erinnern Sie sich an eine für Sie bedeutsame Trennung. Lassen Sie alle Bilder und Emotionen, die mit der Trauer verbunden sind, noch einmal zu. Ehren Sie sie. Dehnen Sie sich in den Gefühlen aus, bis es nicht mehr weiter geht. Lassen Sie alle Bewertungen los, sodass Sie sie dann als reine Energie wahrnehmen. Gehen Sie danach in Ihre Mitte. Spüren Sie, wie Sie Ihre Emotionen loslassen und ein Raum von Unschuld, Weite und Leere in Ihnen entsteht, mit dem Sie sich erneut dem Leben stellen können.

Identität und Selbstwert

Oft führt eine dauerhafte Trennung zu einem Identitätskonflikt. Sie erleben sich nicht mehr als „die Freundin von Peter" oder „der Freund von Ilse". An Ihrer Seite ist eine Leere, eine neue Identität möchte sich zeigen, ist aber noch nicht da. Für Sie und die eigene Umgebung fällt der bisherige Bezugsrahmen weg. Es kann sein, dass ein komplett neuer Bekanntenkreis gebildet werden muss, besonders dann, wenn die Trennung nicht durch Tod, sondern durch Scheidung verursacht wurde. Alles andere würde das Umfeld in Loyalitätskonflikte stürzen: „Soll ich nun ihn *oder* sie zum Geburtstag einladen?" Es ist die Suche nach eigenen Wurzeln, da kein gemeinsamer Boden mehr existiert, und dies zwingt zum Nach-innen-Gehen. Bisher waren wir gewohnt, dass der Partner nach

Hause kommt, anruft, zärtlich ist, mit uns spricht. Wir haben unser Leben auf ihn/mit ihm eingerichtet, mehr oder weniger.

Dort, wo das Scheiden sich im Vorfeld abzeichnet, ist es möglich, sich geistig auf dieses Nicht-mehr vorzubereiten. Doch letztendlich wirft jede Trennung den Betroffenen auf sich selbst zurück. Darin liegt die Chance zur Identitätsbildung, Neuorientierung, auch wenn Sie vielleicht nicht sofort Boden unter den Füßen haben.

Die Verunsicherung in der Identität angesichts einer Trennung ist völlig natürlich, auch dass Sie sich vielleicht als getrennt, zerrissen und entbehrend empfinden. Doch es gibt vieles, was in der Beziehung gewachsen ist, was auch durch die Trennung nicht stirbt und auch völlig unabhängig vom weiteren Schicksal des Partners ist, und dazu gehört nicht nur die Liebe, sondern auch individuelle Errungenschaften, Qualitäten, die in der Exbeziehung gewonnen wurden: Humor, seelisches Wachstum, die Gabe, sich auf einen anderen Menschen einzustellen, Reife, Beziehungsfähigkeit usw.

Gerade im Loslassen von Liebgewordenem liegt seelisches Reife- und Reinigungspotenzial, vergleichbar mit dem ursprünglich reinen Gedanken des göttlichen Opfers an die *Eine* Kraft. Geopfert wird in diesem Prozess allerdings nur das Anhaften an der lieb gewordenen Form, nicht die Liebe selbst. Das, was an wahrer Liebe gewachsen ist, kann gar nicht und muss nicht geopfert werden. Im Gegenteil: Es wird durch das Abstreifen der äußeren Form purifiziert.

So erfährt die Beziehung noch einmal ihren alchemistischen Höhepunkt, indem der Geist der Beziehung aus dem Beziehungskörper (der äußeren Form des Zusammenseins) herausgeschlagen wird. Wie in der Alchemie oder der Homöopathie erlebt die Beziehung, wenn sie stimmig war, ihre eigentliche Krönung, die „Purifactio", die Bereinigung der Liebe von ihrem Objekt. Es ist wie das Sichhäuten einer Schlange, das natürlich schmerzen kann, wenn die Haut noch irgendwo klebt.

Wir wissen, dass in der Natur die Ernte geschieht, indem die Ähren vom Lebendigen getrennt werden. So vollzieht sich die Ausbeute, die Ernte der Beziehung, *nachdem* die Beziehung beendet ist. Seelische Ernte ist ein natürlicher Bestandteil des Loslassprozesses, wenn die Exbeziehung entsprechend geehrt wird. Nachdem die Ernte dann eingefahren, die Spreu vom Weizen getrennt und der Winter der Einsamkeit durchstanden wurde, ist es möglich, aber nicht zwingend, dass mit demselben Menschen eine *neue* Beziehung entsteht, in der Regel in einer anderen Form. Dort, wo man sich getrennt hat, wird man sich aber nicht wiederfinden. Das alte Beziehungsmodell ist bei einem erneuten Wiedersehen loszulassen, weil es nur unnötiges Leiden bringen würde, denn es geht nicht darum, das Alte zu wiederholen. Doch bis eine neue Beziehungsebene gefunden werden kann, braucht es Zeit.

Erst einmal muss die Schwungmasse der rotierenden Emotionen unbeeinflusst vom Expartner auslaufen, damit wir in die Stille, den Frieden kommen, die eigene Identität finden. Es braucht Bewusstheit, dass kein weiterer Stein in den alten „Beziehungssee" geworfen werden darf, damit der durch die Stürme der Trennung unruhig gewordene innere See aufhören kann, Kringel zu ziehen. Letztendlich bedeutet es auch, dem anderen – aus Respekt vor ihm – Raum zu geben, ihn in Ruhe zu lassen.

Im Alleinsein werden wir auch mit unserem Selbstwert konfrontiert. Unsere Beziehung hatte bisher unser Selbstwertgefühl angesprochen. Im Idealfall fühlten wir uns geliebt und waren eins mit der Welt, *wie sie ist*, offen gegenüber uns und dem Leben. Wir spürten, dass wir geliebt und gemeint waren. Die Beziehung hatte unseren geistigen Herzmuskel gefördert: Wir waren permanent in einem Feld des Austausches, in dem das Geben und Empfangen von Liebe im Mittelpunkt standen. Es war wie eine ständige Ermunterung, eine Achtsamkeitsübung darin, *in der Liebe zu sein*, da wir ja den anderen und uns selbst nicht verletzen wollten. Nun fällt dieser Spiegel weg und damit auch dieses „Herzmuskeltraining". Nun kann es passieren, dass sich im Wiederallein-Sein Nachlässigkeiten in unserer Liebesfähigkeit einschleichen. Und der Wert unseres Selbst wird nicht mehr durch die bisherige Person bestätigt.

Aus diesem Grund fordert uns die Trennung auch dazu auf, den Selbst-Wert, den der andere uns gegeben hat, zu assimilieren, zu verdauen, aufzunehmen. Das, was der andere an einem an Gutem „herausgeliebt" hat, gilt es, als wahr zu erkennen. Und dies erkennen wir dann als wahr, wenn wir den Expartner in seiner Liebe als wahr anerkennen und ehren. Das muss nicht groß mitgeteilt werden, es reicht ein kleines Lächeln und Dankeschön im Herzen. Zudem sollten wir Wege suchen, um unsere Liebe in andere Kanäle fließen zu lassen. So wird aus Eros vielleicht Agape, die selbstlose Liebe für Bedürftige, die aber zugleich auch unsere Selbstachtung fördert. Wann immer es uns mies geht, gibt es irgendwo auf der Welt noch einen *anderen* Menschen, dem wir helfen und dienen können, den wir aufmuntern können.

Wenn es uns gelingt, Wertschätzung für unsere Exbeziehung aufzubringen, dafür dass wir in der Liebe mit dem anderen, zumindest augenblicksweise, wirklich geliebt und gemeint waren, wertschätzen wir den anderen – und uns selbst. Können wir einen Augenblick im Gedächtnis behalten, in dem wir uns vom anderen als Selbst geliebt und gemeint fühlten, dann bedeutet dieser Augenblick uns eine Erinnerung an die Wahrheit unseres eigenen Wertes, nicht bloß an eine Schmeichelei: Der andere hat etwas Wertvolles in uns erkannt, geliebt und bestätigt und wir haben es angenommen – und dieses Liebesgeschenk nehmen wir mit in die Zukunft und in die Ewigkeit, egal wie sehr der Expartner Sie von nun an ehrt oder nicht (das ist *sein* Problem). Nehmen Sie deshalb den Augenblick, in dem Sie für den anderen wertvoll waren, an und ehren Sie ihn. Dadurch bleibt Ihnen der als positiv erlebte Selbst-Wert erhalten.

Es kann natürlich auch sein, dass der andere uns den positiven Selbstwert versagt hat, vielleicht sogar, dass unsere Beziehung daran gescheitert ist. In dem Fall ist der „negative Selbstwert“ loszulassen. In der Trennung haben Sie die Chance zu erkennen, dass all das Negative, das Ihr Expartner auf Sie projiziert hat, nichts mit dem zu tun hat, was Sie *wirklich* sind – und auf Ihr wahres Selbst zurückzukommen.

Eine Trennung nicht persönlich nehmen

Wenn etwas zusammengehört,
kann der Mensch es nicht trennen,
wenn etwas nicht zusammengehört,
kann der Mensch es nicht halten!

Viele Menschen sprechen von einer „gescheiterten" Ehe oder Beziehung – aber ist sie wirklich gescheitert? Können Sie wirklich wissen, dass es anders hätte laufen sollen? Nehmen Sie eine Trennung bitte nicht persönlich. Die Hollywoodfilme mit ihren Märchen „... und dann lebten sie glücklich bis ans Ende aller Tage" verbreiten die Illusion, dies sei das einzig erstrebenswerte Ziel. Leben ist gewinnen und verlieren, glücken und scheitern, und was Sie gerade erleben, ist das, was das Leben Ihnen gibt. Eine Trennung ist weder gut noch böse. So mancher Mensch lernt aus seinen Trennungen und scheinbar zerbrochenen Beziehungen mehr als ein Ehepaar in einem ganzen Leben. Und wer weiß, vielleicht war die Trennung sogar das Beste, was Ihnen passieren konnte. Eugen Roth schrieb einmal: „Der Mensch blickt in der Zeit zurück und sieht – sein Unglück war sein Glück!" Es wäre unsinnig, sich als Versager zu fühlen, nur weil eine Beziehung „gescheitert" ist. Jeder hat das gegeben, was möglich war, und möglicherweise werden Sie in der Zukunft, nach einem gewaltigen Lernschub, vieles souveräner gestalten.

Sich verlieben – sich einlassen – vom Verliebtsein zur Liebe kommen – loslassen ist ein natürlicher Ablauf. Zuerst ist man allein, voller Angst davor, eine enge und dauerhafte Beziehung einzugehen. Man weiß ja nicht, was auf einen zukommt. Dann wächst man zusammen, genießt die gewachsene Anschmiegsamkeit und Kuscheligkeit. Und irgendwann sind alle diese Dinge nicht mehr da.

Eine Trennung sollte von der Behutsamkeit begleitet sein, mit der man ein Seidentuch aus einem Dornenbusch befreit, ohne es zu verletzen. Doch es wäre ein Fehler, sich als Versager vorzukommen, nur weil eine Beziehung nicht weitergeführt werden kann. Vielleicht hat sie sich einfach „erfüllt"? Es ist wie beim Umpflanzen eines Baumes: Der Baum mag den Topf, in dem er bisher stand, vermissen. Er muss nun neue Wurzeln austreiben. Doch die Kraft und Stärke, die er in dem alten Topf entwickelt hat, geht mit ihm.

Vergegenwärtigen Sie sich, dass jedes Gramm Liebe, das Sie in Ihrer Beziehung leben konnten, ein „Goldnugget" für die Seele darstellt, dann erkennen Sie, dass eine Beziehung selbst dann nicht versagt hat, wenn Sie *nur einen Moment lang* die Erfahrung beiderseitiger Liebe erleben konnten. Trennung ist in der Natur so natürlich wie ein Apfel, der vom Baum fällt. Wir sollten kein übermäßiges Drama daraus machen, mit Trennungsprozessen aber natürlich auch nicht leichtfertig umgehen.

Zwölf goldene Regeln für den Fall einer Trennung

1) Noch einmal überprüfen: Die Entscheidung, ob man sich trennen soll oder nicht, ist gerade in Krisenzeiten nicht ganz leicht und führt oft zu Schuldgefühlen. Entweder man hat sie gegenüber dem Menschen, den man verlassen muss, oder man hat sie sich selbst gegenüber, weil man an einer überholten Beziehung festhält. Es kann auch sein, dass diese Schuldgefühle dazu auffordern, einmal über eigene Nachlässigkeiten nachzudenken.

Ob eine Beziehung weitergeführt werden sollte oder nicht, hängt auch von der Ebene ab, auf der sie gelebt wird bzw. wurde:

Beispiel 1: Wenn eine Beziehung dazu diente, einander Lust zu verschaffen, wie im „Letzten Tango von Paris“, kann sie beendet sein, sobald man keine Lust mehr aufeinander hat, also der Grund für die Beziehung wegfällt.

Beispiel 2: Sollte eine – außereheliche – Beziehung einer Hausfrau zeigen, dass sie auch eine attraktive Romantikerin ist, wird diese Beziehung zu Ende sein, sobald die Frau das erkannt und gelebt hat. Dies kann dann der Augenblick sein, da sie mit neuem Selbstbewusstsein zu ihrem Ehemann zurückkehrt.

Ich möchte es einmal mit den Farben des Regenbogens vergleichen. Stellen Sie sich vor, die Beziehung zwischen zwei Menschen sei wie der Austausch von Farben. Sinnbildlich könnte dies bedeuten, dass bei einer vitalen Beziehung sehr viel Rot fließt, bei einer Beziehung, die der Mehrung des Wissens und der Macht dient, sehr viel Gelb, bei einer Herzensverbindung Grün, bei einer rein platonischen Beziehung Blau usw. Wenn jetzt der Farbstrom innerhalb einer Beziehung versiegt, sind folgende Punkte zu prüfen:

- Warum fließt kein Strom mehr auf dieser Ebene? Ist er zu einem natürlichen Ende gekommen oder gibt es eine ganz bestimmte Blockade, die gelöst werden sollte? *Beispiel:* Eine erotische Beziehung verliert ihren Reiz. Der Grund kann eine Beleidigung oder Kränkung sein, es kann sein, dass ein Außenstehender gerade attraktiver ist, es kann an nachlassender Aufmerksamkeit liegen (so vieles ist selbstverständlich geworden, dass man in der Gewöhnung erschlafft ist). Es kann aber auch sein, dass das Potenzial auf dieser Ebene zu einer natürlichen „Ausmehrung“, das heißt Erschöpfung gekommen ist. In letzterem Fall ist es das Einfachste, dies zu akzeptieren, ohne irgendetwas erzwingen zu wollen.

- Ist eine Verlagerung des Energiestroms auf eine andere Ebene angezeigt? Eine erotische Beziehung kann sich beispielsweise in eine platonische oder eine Herzensverbindung wandeln oder auch umgekehrt.
- Gibt es neue (Farb-)Qualitäten, die vom einen oder anderen oder von beiden entwickelt werden möchten, damit die Beziehung wieder in Fluss kommt? Manchmal fordert eine Beziehungskrise dazu auf, eine Stromschnelle zu nehmen, damit die Beziehung „neues Wasser“ bekommt.

Ob eine Beziehung beendet ist, können auch die Antworten auf folgende Fragen zeigen:

- Wie groß ist das gemeinsam noch entwickelbare Potenzial?
- Ist man weiterhin in der Lage, den anderen zu bewundern, wie er ist?

- Habe ich Sehnsucht nach einem neuen Ziel?
- Sind wir momentan Entwicklungsförderer oder Entwicklungsverhinderer füreinander?

In manchen Fällen führt die Überprüfung zu einem Versuch, wieder zusammenzufinden. Wenn wir nur 50 Prozent der Kreativität, die wir für das Gewinnen des Partners eingesetzt haben, in den Erhalt der Partnerschaft investierten, wären die meisten Beziehungen weitaus glücklicher, als sie heute sind. Die Idee, „beim nächsten Partner wird alles anders", erweist sich oft als Illusion – schließlich nimmt man sich ja selbst mit.

Sollten Sie zu dem Ergebnis kommen, dass eine Trennung angezeigt ist, könnten Sie sie rituell mit der von Serge K. King gelehrten „Entstrickungsleiter" lösen, auf die wir an späterer Stelle noch zu sprechen kommen (siehe S. 179).[17]

Übung: Gehen Sie einmal Ihre gegenwärtige(n)/frühere(n) Beziehung(en) durch und überprüfen Sie, auf welchen Ebenen sie gelebt wurde(n) und wo sie passt/gepasst hat/haben und wo nicht.

2) **Den Leerlauf erlauben:** Hat man sich für eine Trennung entschieden, ist es Zeit, den Gang auszukuppeln. Wie wir bereits angesprochen haben, kann die Veränderung eines Rhythmus nur in der Pause geschehen. Erst der Winter kann den Frühling hervorbringen. Erst nach einer Beziehungspause kann sich eine neue Beziehung zeigen. Dies erfordert, die gegenseitige „Bezugnahme" loszulassen und die Frage, ob man noch einmal zusammenkommt, der *Einen* Kraft zu überlassen. Die Pause ermöglicht es dem Expartner,

sich neu zu beziehen und dadurch zu wandeln. Bei einer eventuellen Neubegegnung stellt man dann eines Tages fest, ob man einander unerwartet noch nähergekommen ist oder die Wege sich noch weiter voneinander entfernt haben. Doch erst einmal ist die Trennung als solche zu nehmen, muss man einander freigeben.

3) **Hass bindet, Liebe befreit:** Hass schreit nach Wiedergutmachung, die aber nur in der Bindung („Beziehung") mit dem Expartner stattfinden kann. Liebe dagegen befreit. Reifes Lieben in dem Zusammenhang bedeutet, das zu erlauben, was ist. Wahre Liebe gestattet dem Partner, im Laufe der Partnerschaft zu sein, wie er *ist,* und sich deren Beendigung in das Leben zu lösen, wie es gerade ist. Hass ist Festhalten, Widerstand gegen das, was ist, und damit *keine* Liebe. Ehren Sie, was war, und umarmen Sie, was jetzt ist – beispielsweise die Trennung.

4) **Den Sinn erkennen:** Die Trennung von einem geliebten Menschen bedeutet immer einen Verlust, egal wie gut oder schlecht die Beziehung lief. Erfahrungen von Zweisamkeit und Intimität werden *in dieser Form* nicht wiederkommen. Dies gilt es anzunehmen. Dazu gehört auch das Zulassen eines möglichen Verlassenheitsgefühls. Den Verlust, nie wieder dieses und jenes mit diesem Menschen zu erleben, überwinden Sie, wenn Sie sich immer wieder die essenzielle Qualität bewusst machen, die durch die Begegnung mit diesem Menschen gewachsen ist. Was war es? Kraft, Selbstbewusstsein, Herzensweite, Toleranz, das Gefühl, ein wertvoller Mensch, eine toller

Partner zu sein? Wenn Sie erkennen, dass Ihre Beziehung einen Sinn gehabt hat, dass man miteinander ein Stück weitergekommen ist, fällt das Loslassen leichter.

Beispiel 1: Ein Mann, der sich durch seine Exfreundin erstmals in seinem Leben als „starker, liebender, heiler Mann" erlebt hat, darf, ja muss diese Eigenschaft von nun an allein leben und in die Welt tragen. Damit ehrt er die Liebe zu seiner Exfreundin mehr, als wenn er an ihr klammern würde.

Beispiel 2: Eine Frau, die sich in der Liebe zu ihrem Exmann erstmals als Frau erblühen fühlte, sollte ihr Frausein weiter pflegen und kultivieren. Damit ehrt sie auch die Liebe, die ihr durch diesen Mann zuteil geworden ist.

Übung: Notieren Sie, wie Sie sich fühlten und waren, bevor Sie Ihren Expartner kennenlernten. Dann notieren Sie einige Bereiche oder Eigenschaften, die sich bei Ihnen im Laufe dieser vergangenen Beziehung positiv verändert haben. Nehmen Sie sie geistig in Besitz. Seien Sie sich dessen bewusst, dass diese Qualitäten jetzt zu Ihnen gehören. Dies erzeugt in Ihnen Dankbarkeit für die Beziehung mit diesem Menschen. Sie ist der Schlüssel, um die Geschenke aus der Exbeziehung auch wirklich zu „ernten".

5) **Negatives Denken/Vorwürfe loslassen:** Aus einem Doppelkreis müssen erst einmal wieder zwei autonome Kreise werden, bevor sie sich erneut vereinigen können, vergleichbar der Trennung von Eigelb und Eiweiß. Um eine saubere Trennung zu ermöglichen, sind Respekt, Abstand, Verzicht auf Übergriffe und auf Beziehungsspiele geboten. Gemeinsame Betroffenheit

(„Ja, wir bedauern gemeinsam, dass etwas beendet ist“) schafft die Basis für eine wertvolle spätere Bezugnahme, vielleicht irgendwann sogar einmal für eine tiefe Freundschaft. Die Zeit heilt alle Wunden, aber man muss die Zeit auch heilen *lassen*, die Wunden auch in Ruhe lassen. Dies erfordert Gedankendisziplin und Bewusstheit. Auch selbstzerstörerische Gedanken sind zu meiden. Gedanken wie „Hätte ich nur damals den Mülleimer öfter runtergetragen, wären wir heute noch zusammen.“ oder „Hätte meine Partnerin nur da und da sich anders verhalten, wären wir heute noch verliebt.“ werden nicht dem gerecht, was *ist*.

6) **Güte und Gönnen walten lassen:** Wir müssen den Partner nicht nur loslassen, sondern auch in Kauf nehmen, dass unser Ex es eines Tages einem anderen Menschen so schön macht, wie wir es mit ihm erleben durften, dass er mit einem anderen Menschen so hingebungsvolle Sexualität, so leidenschaftliche Küsse, so romantische Augenblicke erleben wird, dass sich ein anderer Mensch an ihm dermaßen entzückt, wie man es einst selbst getan hat. Den Schmerz und die Wut, dass Ihnen „dieses nun nicht mehr gehört“, können Sie überwinden, wenn Sie von der Eifersucht in die menschliche Güte kommen, wenn Sie erkennen, dass Sie dem anderen alles Gute gönnen. Indem Sie den Expartner im Herzen ehren und ihm alles Gute gönnen, sind Sie gleichzeitig von Ihrer Bindung erlöst und spüren den Segen der Exbeziehung, den Sie selbst geben, auch für Ihren eigenen zukünftigen Weg:

- „Ich wünsche dir, dich mit dem neuen Partner deiner Wahl glücklich zu sehen, weil ich dich liebe."
- „Ich bitte dich, gönne mir, dass ich mit einem neuen Menschen auch so viel Liebesglück erlebe, wie ich mit dir erleben durfte – vielleicht sogar noch mehr!"
- „Ich lasse dich ziehen, weil ich dich liebe, weil unsere Liebe eine reife Liebe war und keine Suchtbeziehung mit kleinkindhaften Ansprüchen!"
- „Ich ehre unsere Liebe, indem ich dich ziehen lasse, und entweihe sie nicht durch kleinkindhaftes Klammern! Ich kann den Schmerz der Trennung für mich selbst nehmen und verarbeiten."

7) **Freiwilligen Verzicht üben:** Mit der Trennung müssen wir die vertraute Form der Bezugnahme sterben lassen, auf Liebgewordenes verzichten. Vielleicht verzichten wir freiwillig darauf, das ehemals gemeinsame Lieblingshotel oder den gemeinsam als romantisch erlebten Bootssteg mit einem neuen Partner zu betreten – weil wir mit diesem freiwilligen Verzicht das ehren, was war. Wenn das Opfer Ihnen allzu schwer vorkommt, behelfen Sie sich, indem Sie sich die Vorteile der neuen Situation auflisten, zum Beispiel: „Ab sofort habe ich die doppelte Bettbreite zur Verfügung, kann tun und lassen, was ich will, ...!"

Sind wir nicht bereit, auf Liebgewordenes zu verzichten, verschließen wir uns neuen Toren, die sich uns öffnen möchten. Es wäre auch fatal zu versuchen, mit einem späteren Partner die alte Beziehung zu leben. Dies wäre eine Entweihung des Neuen, bei der man den neuen Partner auf ein Ersatzobjekt reduzieren würde. Jede neue Beziehung möchte ohne Altlasten erobert werden. Jeder Partner möchte als *unvergleichlich* anerkannt werden. Deshalb ist es auch frevelhaft, einen neuen Partner mit dem alten zu vergleichen, es wäre Missbrauch an der Liebe.

Die Erfahrung eines Klienten zeigt, wie man es *nicht* machen sollte.

Beispiel: Weil er mit seiner Exbeziehung wunderbare Nächte in einem Hotel in Lugano verbracht hatte, quartierte Herr Müller sich mit seiner Neuen ein Jahr später im selben Hotel ein. Bereits die erste Nacht endete mit einem Fiasko: Das neue Paar zerstritt sich und fuhr getrennt zurück.

8) **Innere Versöhnung anstreben:** Wir tun gut daran, mit unserem Expartner in Frieden zu sein. Dann wird das höhere Selbst des anderen auch wohlwollend auf unsere Zukunft blicken und uns gegebenenfalls sogar in Notzeiten beiseite stehen, selbst wenn der Expartner weit weg ist und von einem nichts mehr wissen will.

Beispiel: Ein medial begabter Klient war einmal mit einer Straßenschauspielerin liiert, in deren Aura er einen lustigen Kobold wahrnahm. Nach dem Ende der Beziehung war er in einer schweren beruflichen Krise und deshalb sehr traurig. Auf einmal „sah" er, dass dieser Kobold vor seinem geistigen Auge erschien, um Fratzen zu schneiden und ihn so aufzuheitern.

Ob diese Erfahrung nun real oder nur in der Fantasie des Klienten stattfand, ist hierbei nicht von Bedeutung, entscheidend ist ihre subjektive Wirkung – so auch in folgendem Beispiel.

Beispiel: Ein medial begabter Klient hörte, während er allein im Auto fuhr, völlig unerwartet innerlich die Stimme seiner Expartnerin „stop“ schreien. Erschrocken trat er auf die Bremse, gerade noch rechtzeitig, um einem Auto auszuweichen, das von rechts kommend das Rotlicht missachtete.

Auf der Seelenebene hat Liebe nur einen Anfang – sie endet nie!

9) Den „Zufluss“ sauber halten: Alle Menschen, mit denen Sie einmal in Beziehung waren, sind wie Zuflüsse zu Ihrem Lebensstrom. Je reiner diese Zuflüsse, umso besser fließt Ihr Lebensschicksal. Wer mit seinen Expartnern liebevoll umgeht, kreiert um sich herum einen geistigen Raum, der auch in Zukunft einen neuen, liebenden Partner einlädt, weil dieser weiß, dass er auch dann noch liebevoll behandelt werden wird, wenn die Beziehung eines Tages auseinandergehen sollte.

Übung: Listen Sie Ihre Expartner auf. Lassen Sie Liebe und Versöhnung zu ihnen fließen. Bereinigen Sie mögliche negative Emotionen und Gedanken und die Unstimmigkeiten aus dem Alltag, die möglicherweise noch nicht aufgelöst wurden.[18]

10) Abgelöst leben: Durch das Verarbeiten einer schwerwiegenden Trennung reifen Sie innerlich. Sie verarbeiten noch einmal Ihre Abnabelung von Ihrer Mutter und die Loslösung aus dem Elternhaus. Mit jeder erfolgreich verlaufenen Trennung werden Sie ein Stück selbstständiger, das heißt mehr in sich selbst stehend. Sie werden zu einem „abgelösten“ Menschen und lernen freudiges Loslassen. Erst das ermöglicht Ihnen ein neues Sicheinlassen. Wer am alten Partner hängen bleibt (statt ihn loszulassen und zu ehren), wird unerfüllt bleiben. Nur wenn Sie bereit sind, immer wieder das mögliche Ende einer Beziehung und den damit verbundenen Verlust in Kauf zu nehmen, können Sie sich immer wieder neu einlassen.

11) Segnen: Gegenseitiges Wohlwollen und korrekte Trennung spenden den Segen für ein glückliches Alleinsein oder eine spätere neue Beziehung. Ihn können Sie verstärken, indem Sie ganz explizit die Exbeziehung, den Expartner und sich selbst segnen. Denn alles, was Sie ehrlichen Herzens segnen, gereicht Ihnen zum Segen und ist damit gesegnet. Ob Sie dafür einen Wallfahrtsort aufsuchen oder es im stillen Kämmerlein vollziehen, bleibt dabei Ihnen überlassen. Damit ist der Weg frei dafür, dass all das, was an Beziehungskompetenz „geerntet" wurde, von nun an als Ressource zur Verfügung steht – für eine neue Beziehung oder für Sie selbst. So steigt Ihre Beziehungskompatibilität mit dem richtigen Partner und mit sich selbst. Eine mögliche neue Beziehung hat dann die Chance, nicht mehr karmisch (belastend), sondern dharmisch (sinnstiftend) zu sein. Vielleicht möchten Sie allein schon deshalb abschließend für Ihren Expartner/Ihre Exbeziehung ein Kerzchen anzünden und ihm das eine oder andere „Nachzucken" (evtl. Wehleidigkeit, Klammern, Winseln etc.) verzeihen, ohne jedoch darauf näher einzugehen. Segnen Sie auch die Nachwehen, damit auch Ihr Partner loslassen kann.

12) Raum lassen, um sich irgendwann neu zu begegnen: In dem neuen Freiraum und mit zeitlichem Abstand erkennt man sich oft viel klarer als in der bisherigen Nähe, so wie man einen Berg aus der Ferne besser sieht, als wenn man zu nahe davor steht. Nach einer angemessenen Zeit der Trennung kann es sein, dass der Expartner zu einer inneren Symbolfigur in der eigenen Psyche geworden ist, die Sie auf dem weiteren Lebensweg unterstützt. Manchmal trennt man sich, um sich wiederzufinden, wobei dies natürlich die Ausnahme ist.

Beispiel: Sehr schön ist dies im Mythos von Shiva und seiner Geliebten, Shakti, dargestellt: Shakti stirbt, bevor sie mit Shiva den tantrischen Ritus vollenden kann. Voller Gram begibt sich Shiva zum See der Einsamkeit und versenkt sich dort in die Unendlichkeit des Seins. Unerwartet erscheint ihm nach einer Phase der Abstinenz zu einem Zeitpunkt, den nur die Götter kennen, Parvati, eine neue, noch schönere Frau, die in Wahrheit die wiedergeborene Shakti ist.

Es gibt Menschen, die sich scheuen, sich auf eine neue Beziehung einzulassen, weil sie spätere Trennungsschmerzen fürchten. Doch auch wenn eine alte Beziehung schmerzhaft geendet hat, muss das ja nicht beim nächsten Mal ebenso sein. Eine Beziehung ist vielleicht der schnellste Entwicklungsbeschleuniger und zudem auch noch ein sehr erfüllter Weg, besonders wenn man im Laufe der Jahre gelernt hat, ihn bewusst und liebevoll zu gehen. Wenn Sie am Ende des Lebens sagen können: „Ich habe geliebt, wahre Liebe erfahren, losgelassen und bin weiter in der Liebe geblieben“, öffnet Ihnen dies möglicherweise mehr

Himmelstüren als ein asketisches Leben. Auf den inneren Gedenkstein für Ihre Exbeziehung aber könnten Sie das Nebenstehende schreiben: „Wir brauchen einander nicht mehr. Aber wir sind stolz aufeinander. Unsere Liebe hat sich erfüllt! Und so gehen wir beide von nun an getrennte Wege – in dankbarer Erinnerung!“

Intim und zugleich losgelöst leben

Nachdem wir uns ausführlich mit dem Thema Trennung und Loslösung befasst haben, wollen wir in diesem Kapitel herausarbeiten, wie wichtig es ist, innerhalb einer bestehenden Beziehung losgelöst und doch zugleich intim miteinander umzugehen und nicht zu klammern.

Je mehr wir versuchen festzuhalten, umso mehr wird der Geklammerte sich entweder befreien oder in die „innere Kündigung“ zurückziehen. Das lässt sich am Beispiel Händeschütteln verdeutlichen: Wenn jemand unsere Hände beim Händeschütteln krampfhaft hält und nicht mehr loslässt, sind wir versucht, uns seinem Griff zu entwinden. Als Gegenbeispiel mag uns die offene Hand dienen, auf die sich gern ein Vogel setzt – sobald wir aber nach ihm grapschen, fliegt er davon.

Beziehungen, in denen beide Partner rege Anteil aneinander nehmen, aber darauf verzichten, einander durch ein permanentes „Du solltest“ einzuengen, blühen wie ein Baum, der genug Raum zur Entfaltung hat. Es geht also darum, intim und zugleich losgelöst zu leben. Ich selbst halte es so, dass ich mich mit meiner Partnerin jeden Morgen neu entscheide, ob ich mit ihr zusammen sein will – bisher war die Antwort jedes Mal Ja.

Übung: Fragen Sie sich: Wie kann ich meinem Partner ein noch besserer Partner sein und zugleich das leben, was das Leben durch mich – unabhängig vom Partner – gelebt haben möchte.

Praktische Übungen, um Verstrickungen loszulassen

Zu der nachfolgenden Übung hatte mich die „Entstrickungsleiter" inspiriert, wie sie von Serge K. King unterrichtet wird. In anderen Traditionen wird dieses Verfahren Cord Cutting genannt. Ich entschied mich, es in etwas abgewandelter Form zu verwenden. Die „Entstrickungsleiter" eignet sich, um ungute Verstrickungen, Anhaftungen, Bindungen loszulassen bezüglich

- einer Exbeziehung
- Eltern-Kind-Beziehungen
- Beziehungen zu Geistwesen, Verstorbenen etc.
- der Beziehung zu einem negativen inneren Aspekt der eigenen Persönlichkeit, wie dem „inneren Versager, „Negativität", „Armut", „Entbehrung", „sinnlosem Leiden" etc.
- sonstiger Abhängigkeitsbeziehungen
- zweier Tarotkarten Ihrer Wahl (falls Sie Tarotkarten legen), die zwei Aspekte repräsentieren: einen, den Sie leben, und einen, den Sie loslassen sollten

Übung: Nehmen Sie zwei Stöcke. Das können Blumenstöcke, Äste, Besenstiele, Nordic-Walking-Stöcke oder Ähnliches sein. Wenn Sie die Übung im Freien machen, stecken Sie die Stöcke mit ca. 40-80 cm Abstand in den Boden. In der Wohnung benutzen Sie zwei Blumentöpfe oder Krüge. Besonders eindrucksvoll ist es, wenn Sie die Stöcke innerhalb eines Durchgangs oder Eingangs platzieren. Verbinden Sie sie mit sieben Kordeln in etwa gleichem Abstand. Hierfür können Sie sieben Bänder in den Regenbogenfarben Rot bis Violett oder der Einfachheit halber auch Kreppklebeband verwenden. Die sieben Bänder repräsentieren die sieben Chakren/Energiezentren und mögliche Verstrickungen auf dieser Ebene. Entscheiden Sie vorher, welcher der beiden Stöcke Sie selbst repräsentieren soll und welcher die andere Person/den unerlösten Aspekt. Entscheiden Sie auch, ob Sie mit dem Ritual die Beziehung selbst oder nur den unerlösten Aspekt der Verbindung lösen wollen.

Dann setzen Sie sich in einer für Sie geeigneten Haltung vor das Gebilde. Stimmen Sie sich ein, indem Sie in Ihre eigene Mitte gehen. Sagen Sie beispielsweise: „Ich bitte den Heilstrom zu fließen. Ich bitte mein höheres Selbst, mir in der nachfolgenden Sitzung alles zu zeigen, was für mich wichtig ist. Ich bitte mein Unterbewusstsein, diesen Prozess zu unterstützen und alles aufzunehmen und im Dienste des Ganzen zu verändern.“ Dann gehen Sie in die Stille und stellen sich vor, dass zwischen den beiden Stöcken, die Sie selbst und den Aspekt/die andere Person darstellen, die Farbe Rot fließt. Nehmen Sie wahr, was Sie sehen: Vielleicht ist es etwas Verklumptes, so wie geronnenes

Blut. Möglicherweise tauchen auch Bilder oder Empfindungen aus der Vergangenheit auf. Erlauben Sie all diesen Dingen, sich voll zu entfalten, und gehen Sie in ihre Mitte. Wenn es Ihnen möglich ist, sprechen Sie aus, was Sie wahrnehmen, ohne an einzelnen Geschichten hängen zu bleiben. Sagen Sie: „Da ist schwere Energie, eine Erinnerung an einen Fahrradunfall" oder „Da ist eine schöne Erinnerung an gemeinsame Gartenarbeit, die ich nicht loslassen kann." Es können also schöne wie auch unschöne Bilder oder Energien sein, Verletzungen, Enttäuschungen, Schmerzen, aber auch Beglückungen, die sich melden. Vertrauen Sie Ihrem Unterbewusstsein, dass genau die richtigen Bilder, Gefühle, Erinnerungen hochsteigen.

Wichtig ist es, mit Positivem wie mit Negativem in Frieden zu kommen, dass die Ladungen losgelassen, die Konten ausgeglichen werden, sodass diese Frequenz wieder in der Essenz zur Verfügung steht. Nehmen Sie all diese Dinge als reiner Beobachter wahr. Irgendwann werden Sie erleben, dass der Prozess durchlaufen ist und Stille einkehrt. Das Energiefeld verändert sich. Vielleicht öffnet sich ein innerer Raum oder Sie spüren, dass die Farbe Rot wieder in ihrer reinen Form verfügbar wird. Vielleicht spüren Sie auch die Abwesenheit von allem und einfach nur Frieden. Wann immer Sie fühlen, dass Rot erlöst ist, schneiden Sie die unterste Kordel bzw. das unterste Band mit einer Schere durch. Dann denken Sie an die Farbe Orange und spüren, was dabei in Ihnen aufsteigt. Vielleicht erleben Sie das Orange als schmutzig oder es tauchen Bilder aus einer Zeit auf, in der Sie Ihre Vitalität mehr leben konnten. Lassen Sie alles hochkommen, was sich jetzt meldet, und warten Sie, bis sich bezüglich der Farbe Orange Frieden eingestellt hat. Was ist noch spürbar? Vitalität, Lebensfreude, ein Ja zum Leben oder einfach nur ein feines Vibrieren? Registrieren Sie es, bevor Sie sich an die nächste Farbe machen, und durchschneiden Sie die zweitunterste Kordel. Denken Sie nun an Gelb und nehmen Sie wahr, wie die Verbindung bezüglich dieser Farbe fließt. Vielleicht spüren Sie Gelb als eine sehr nervöse Energie, als mentale Konzepte, was auch immer. Lassen Sie alles hochkommen, sich entfalten und gehen Sie wieder in seine Mitte, bis Frieden entsteht. Dann durchtrennen Sie auch die drittunterste Kordel. Verfahren Sie nach derselben Methode von unten nach oben mit den Farben Grün, Blau, Lila und Violett. Letztendlich entfernen Sie die Stricke von den Stöcken, die Sie zur Seite stellen, und gehen in die Stille. Erleben Sie noch einmal in Gedanken, dass alle unguten Bindungen gelöst sind. Die Taue sind gekappt, das eigene Seelenschiff kann jetzt Fahrt aufnehmen.

Serge K. King empfiehlt, für das Entlassen der Energien bei jeder einzelnen Kordel folgende Formel zu verwenden: „Was auch immer war: Ich würdige all dies und alles Weitere, das mir bis jetzt gedient und mich hierhergebracht hat – und ich verabschiede mich davon in Liebe. Ich gehe jetzt in Freiheit meinen eigenen Weg!" Er rät dazu, diese Worte zu fühlen, den Akt der Befreiung zu fühlen, während Sie die jeweilige alte Verstrickung (symbolisiert durch die Schnur) durchschneiden, und zum Abschluss Dank zu sagen für das Licht und die Liebe, die Sie durch diesen Prozess begleitet haben, gegebenenfalls die Kordeln zu vergraben und sich Ihrer neuen Leichtigkeit zu erfreuen. Sie können natürlich auch den Prozess abkürzen, indem Sie sich auf nur die eine Farbe konzentrieren, die Ihnen momentan am wichtigsten erscheint. Mögliche Bearbeitungsthemen der sieben Kordeln wären:

1. rote Kordel: Sicherheit – Unsicherheit, Erdung – Heimatlosigkeit
2. orangene Kordel: Sinnenfreude – Sinnenbelastung, Kreativität – in Normen gefangen sein
3. gelbe Kordel: Wissen – belastende Konzepte, Macht – Ohnmacht
4. grüne Kordel: Weite – Enge, Liebe – Hartherzigkeit
5. blaue Kordel: Kommunikation – Isolation, Offenheit – Blockiertsein
6. lila Kordel: Zielorientierung – Irritation, Erkenntnis – Beschränktsein
7. violette Kordel: Verbundenheit mit Gott/der *Einen* Kraft – Verzweiflung, Bewusstheit – Unbewusstheit

Nachfolgend eine alternative Kurzfassung dieser Methode, speziell für das Loslassen überholter Beziehungen, Eltern- und Lehrerbindungen etc. Sie eignet sich auch für das Loslassen von Situationen, an denen Sie vielleicht noch klammern.

Übung: Stellen Sie sich vor, der Mensch, den Sie loslassen möchten, steht vor Ihnen. Schauen Sie mit weichem, liebevollem und absichtslosem Blick in sein Gesicht und lassen Sie den Blick dann langsam nach unten gleiten bis zum Solarplexus. Imaginieren Sie, dass Sie von dieser Stelle eine Kordel mit diesem

Menschen verbindet. Konzentrieren Sie Ihren Blick auf die Mitte der Kordel, bis sie hier wie unter dem Brennglas einer Lupe zu brennen beginnt. Die Kordel fällt in der Mitte auseinander, die Hälften trennen sich also. Es gibt noch ein wenig Rauch und das Feuer erlischt. Stellen Sie sich nun vor, dass die Kordel aus Ihnen herausfällt als Sinnbild dafür, dass das, was nicht mehr zu Ihnen gehört, nun abgetrennt ist, herausfällt. Dann winken Sie diesem Menschen zu und erleben, dass es ihn dabei immer mehr in den Hintergrund zieht. Er wird kleiner und zugleich heller, bis er als Lichtpunkt irgendwo am Horizont verschwindet. Wenn Sie möchten, können Sie sich statt des Lichtpunkts vorstellen, dass der Betreffende in ein Schiff steigt, und je mehr Sie winken, umso mehr verschwindet dieses Schiff am Horizont.[19]

Eine weitere Alternative für den Fall einer endgültigen Trennung: Verbrennen Sie das Foto des Betreffenden in einer Schale. Sprechen Sie dabei liebevoll und in Dankbarkeit für das, was Sie mit diesem Menschen erlebt haben, in etwa die folgenden Worte: „Lieber Franz, ich verbrenne dein Foto, weil ich hiermit unsere Beziehung loslasse. Ich danke dir für das, was zwischen uns gewesen ist, und wünsche dir für dein weiteres Leben alles Gute. Bitte schau freundlich, wenn ich von nun an meinen eigenen Weg gehe.“ Lassen Sie angesichts der Flammen auch alle Emotionen von Ablehnung oder Anhaftung los. Sorgen Sie dafür, dass die Konten zwischen Ihnen mental und emotional geschlossen werden, wie bei einer Kontoauflösung bei der Bank – und achten Sie darauf, diese Konten geschlossen zu halten.

Eine ähnliche Methode ist die sogenannte Chakra-Energiefluss-Methode. Hier durchtrennen Sie keine Kordeln, sondern nehmen einfach den Energiefluss zu einer Person, einer Belastung oder einem erwünschten Endzustand wahr und begleiten ihn in Gedanken, also rein mental durch alle Ebenen. Allein indem Sie den Ist-Zustand wahrnehmen und liebevoll anschauen, werden Sie erleben, wie er sich positiv verändert. Diese Methode ist nicht nur für Trennungen, sondern besonders auch für Wandlungen geeignet.

Es geht hierbei im Gegensatz zur „Entstrickungsleiter" nicht um das Durchtrennen, sondern um das Harmonisieren und Bereinigen der Energieflüsse. Bei der Chakra-Energiefluss-Methode ist es auch egal, ob es sich um eine „negative" oder eine „positive" Beziehung, die Beziehung zu etwas Erwünschtem oder etwas Unerwünschtem handelt. Sie können diese Methode auf Ihre Beziehung zu Ihren Eltern, Ihrem Expartner, zu Erfolg, innerem Kind etc. anwenden. Dafür wieder ein praktisches Beispiel eines Klienten, hier bezüglich des Themas Geld:

Beispiel: In meine Praxis kam ein Klient, der finanzielle Probleme hatte. Ich bat ihn sich vorzustellen, vor ihm stünde das personifizierte Geld. Zur Unterstützung legte er die Tarotkarte „Fülle" aus dem Voyager-Tarot und einen Geldschein vor sich hin. Nun sollte der Klient sich beides einige Minuten lang anschauen. Dann bat ich ihn, sich sieben Verbindungslinien zu Karte und Geld vorzustellen, eine für jedes Energiezentrum (Chakra). Jetzt sollte er die Augen schließen, sich auf seine Wahrnehmung in Beziehung auf das erste Chakra konzentrieren und sich dabei die

Farbe Rot vorstellen. Der Klient sagte: „Es kommt kein Rot durch, es ist alles so schwarz!“ Ich bat ihn, das Schwarz aufquellen zu lassen und seine Empfindungen zu beschreiben. Er antwortete: „Rauch, es riecht nach Zugsalbe, es ist alles eng und schmeckt nach Teer, Schmerzen, sehr viel Schmerzen, Kraft, aber sehr rohe Kraft!“ Ich bat ihn in die Mitte dieses Empfindens zu gehen und darin zu verharren und immer wieder an die Farbe Rot zu denken. Irgendwann sah der Klient einen Granat und beschrieb eine pulsierende, kraftvolle Energie. Statt eine Kordel zu durchtrennen, sollte er einfach mitteilen, wann das Rot in der Beziehung zwischen ihm und dem Geld frei verfügbar wäre. In dem Klienten stiegen noch Empfindungen von Angeödetsein, Langeweile, Zurückweichen, Schmerz, Versagen, Trauer über die Vergangenheit auf, bis er sich mit einem Danke verbeugte. Bezüglich der Farbe Orange nahm er wahr: verklemmt sein, Dunkelheit, „nicht für mich“, Erinnerungen an Leichtigkeit in früheren Zeiten. Bei Gelb kam: Weite, Enge, „taugt ja doch nichts“, Wertlosigkeit, festhalten müssen, Wohlwollen verweigern, Urlaubserinnerungen, fehlende Wertschätzung, Verzagtheit, Einkapselung, Licht der Sonne. Grün führte zu: Weite, Sicherheit. Blau ergab: Enge, Schmerz, abgewürgt werden, gewürgt werden, Gerichtsverhandlungen, Unreinheit, Härte, Entspannung, Haltlosigkeit, unwürdig sein, Weite. Lila brachte hervor: Stress, Druck, Belastung, Erkenntnis. Violett erinnerte an das Vorhandensein des „Ich bin“, der göttlichen bzw. vollkommenen Gegenwart im Menschen. (Die Ich-bin-Bewegung geht davon aus, dass der Mensch einen Kern mit vollkommener Qualität in sich trägt, vielleicht vergleichbar mit dem, was bei Schillers Ode an die Freude der „Götterfunken“ genannt wird). Er sprach dann die folgenden Worte: „Ich lasse alles los, was an Belastungen zwischen Geld und mir war, sodass der freie Fluss jetzt möglich ist.“ Einige Wochen später rief der Klient mich an und sagte mir, dass sich seine finanzielle Situation deutlich verbessert habe.

Übung: Probieren Sie die Chakra-Energiefluss-Methode bezüglich einer Person oder eines Themas Ihrer Wahl.

Die „magische Acht“

Die nachfolgende Übung stammt von Phyllis Krystal.[20] Mit diesem Werkzeug können Sie

- Ihren eigenen geistigen Raum/Ihr Territorium beschützen
- verhindern, dass jemand anderes gleichsam in Ihr Inneres eindringt, Sie zu manipulieren vermag
- Energien lösen, die aus einer Exbeziehung stammen
- Energien zwischen Ihnen und einer Einzelperson klären (Vater, Mutter, Kinder, Expartner Peter, Anna, oder Ähnliches)
- Energien zwischen Ihnen und einer Gruppe oder Gruppierung klären (ethnische Gruppe, Sippe, die Arier, die Politiker, die Geschäftsleute, die Aussteiger etc.)
- Aspekte oder Qualitäten, die nicht mehr zu Ihnen gehören, zurückgeben

Übung: Stellen Sie zwei Stühle im Abstand von etwa zwei bis drei Metern einander gegenüber. Der eine versinnbildlicht den Menschen oder die Qualität, von dem/der Sie den Schutz/die Rückgabe der Energien wünschen. Wenn Sie möchten, platzieren Sie auf diesem Stuhl ein Foto der betreffenden Person oder ein Symbol. Auf den anderen Stuhl setzen Sie sich selbst, am besten im Pharaonensitz: Sie sitzen auf der Vorderkante des Stuhls, die Beine stehen nebeneinander, Knie im rechten Winkel. Die Wirbelsäule ist gerade. Die Hände liegen nach oben geöffnet wie Schalen auf den Oberschenkeln. Stellen Sie sich vor, die andere Person sitzt auf dem ersten Stuhl. Sollte es sich um eine Gruppe oder eine Eigenschaft handeln, personifizieren Sie sie, das heißt, stellen Sie sie sich als Person vor. Spüren Sie deren Anwesenheit, als wäre sie wirklich im Raum. Sie wollen heute Ihre Energien mit dieser Person klären.

Zeichnen Sie im Sitzen zuerst einmal mit beiden Händen einen Kreis um sich herum. Sagen Sie dabei leise oder in Gedanken: „Das ist mein Territorium!" Sehen Sie, dass die Person auf dem Stuhl gegenüber das gleiche Territorium hat. Der Abstand ist genau so gewählt, dass sich die beiden Territorien berühren, aber nicht überschneiden.

1. Sehen Sie auf Ihrem Boden einen goldenen Lichtkreis. Sie haben ein Recht auf diesen Lichtkreis. Er umgibt Ihre Füße und hat den Durchmesser Ihrer Arme mit ausgestreckten Fingern. Sie selbst befinden sich genau in seiner Mitte. Es ist wichtig, dass dieser Lichtkreis und alle weiteren Symbole auf dem Boden visualisiert werden.

2. Visualisieren Sie nun am Boden einen zweiten goldenen Lichtkreis in gleicher Größe um die imaginierte Person herum, der Ihren Kreis berührt, aber nicht überschneidet.
3. Beginnen Sie an dem Punkt, an dem die beiden Kreise sich berühren, ein neonblaues Licht zu visualisieren, das im Uhrzeigersinn erst vollständig um den gegenüberliegenden Kreis herumfließt.
4. Lassen Sie das blaue Licht weiter um die linke Seite Ihres eigenen Kreises fließen, um Ihren Rücken herum an Ihrer rechten Seite vorbei und wieder zurück zu dem Punkt, an dem beide Kreise sich berühren, um es so eine Acht beschreiben zu lassen.
5. Imaginieren Sie nun, dass alles, was bei Ihnen ist und zur anderen Person gehört, im Strom der neonblauen Acht von Ihnen weg und zu ihr zurückfließt und dass alles, was bei der anderen Person ist und zu Ihnen gehört, von ihr weg und zu Ihnen fließt. Am Anfang kann es sein, dass Sie nichts wahrnehmen, doch bei längerem Üben werden Sie bereits innerhalb weniger Minuten das Fließen der Energien spüren.

Mithilfe der „magischen Acht“ werden Sie sich immer wieder in der Begegnung mit anderen Menschen als losgelöst erleben und Ihre Befreiung von Fremdintervention genießen können.

Die „magische Acht“ können Sie übrigens auch im Alltag einsetzen, wenn Sie mit einer Person zusammen sind und sich unwohl fühlen, beispielsweise in einer Geschäftsverhandlung, wenn Sie spüren, dass der andere seine Vorstellungen auf Sie projiziert oder dass er Sie über den Tisch ziehen will. Sie können sie auch in einer aktuellen Beziehung anwenden, wenn Sie das Gefühl der Unfreiheit haben, oder um eine Exbeziehung zu bearbeiten. Wenn Sie die „magische Acht" für Letzteres verwenden, ist es in der Regel sinnvoll, mit Danksagung und Ehrung zu beginnen.

Beispiel: Ein Klient kam in meine Praxis, um die Beziehung mit seiner Expartnerin Anna zu klären. Erst fiel es ihm schwer, sich ihre Anwesenheit vorzustellen. Ich hieß ihn deshalb sprechen: „Ich rufe die Seele und das höhere Selbst von Anna, hier anwesend zu sein zu unser beider Segen!" Ich bat ihn, sich zu Beginn der Sitzung für die gemeinsame Zeit zu bedanken und seine Exfreundin zu ehren. Er sagte: „Anna, ich danke dir für die wunderbare Zeit, die wir erleben durften. Ich ehre dich für die Liebe, die du mir schenktest. Ich gebe dir einen Ehrenplatz in meinem Herzen. Ich möchte jetzt unsere Beziehung klären, damit jeder von uns beiden in Frieden in eine glückliche Zukunft gehen kann!" Das Erste, was der Klient dann wahrnahm, waren Würmer und Ungeziefer unter seinen Füßen. Er lenkte sie mental in die neonfarbene Acht und ließ sie zu der imaginierten Anna strömen. Je länger er dies tat, umso mehr spürte er Boden unter den Füßen. Gleichzeitig sah er, dass eine Spielzeugeisenbahn mit kleinen Geschenken zu ihm zurückkam, die er über die Acht zu sich fahren ließ. Nicht immer ist es so, dass Negatives von uns wegströmt und Geschenke zu uns hinströmen. Dies ist erst einmal unerheblich. Es geht lediglich darum, das *Eigene* zurückzunehmen und das *Fremde* zurückzugeben, was immer es auch sei. Bei weiterem Nachspüren kamen noch „schwere Energie“ und „schöne Erlebnisse“ hoch, die ich den Klienten zum Gegenüber strömen zu lassen hieß. Später waren die Energien so subtil, dass sie zwar gespürt werden konnten, es aber keinen Namen mehr für sie gab. Am Ende der Sitzung hieß ich den Klienten, sich vor der imaginierten Anna zu verbeugen und ihr zu sagen: „Ich danke dir und wünsche dir alles Gute!“

Die Art und Weise, wie Sie diese Übung in Ihrem persönlichen Loslassprozess einsetzen, bleibt Ihnen überlassen. Es soll an dieser Stelle noch einmal betont werden, dass es durchaus sinnvoll sein kann, die „magische Acht“ auch in einer *bestehenden* Beziehung anzuwenden, damit Projektionen losgelassen und die Beziehung auf einer sauberen Ebene weitergeführt werden kann. In dem Fall können sich natürlich auch beide Partner direkt gegenübersetzen und die Übung gleichzeitig vollziehen. Sind Sie in der Handhabung der „magischen Acht“ geübt, genügt es bereits, sie stillschweigend zu denken und in dieser Konzentration zu verharren, bis Sie spüren, dass der Klärungsprozess durchlaufen ist.

Praktische Hilfen zum Loslassen von A-Z

Assoziieren – dissoziieren

Sie können den Fokus von Assoziation und Dissoziation frei verändern, so wie den Zoom einer Kamera.

Identifizieren Sie sich mit dem, was Ihnen gut tut. Dissoziieren Sie sich von dem, was Ihnen schadet.

Es gibt große Unterschiede darin, in welchem Maße sich Menschen mit etwas identifizieren. Bei starker Identifikation spricht man von Assoziation, bei starker Entkoppelung auch von Dissoziation.

Wer permanent dissoziiert ist, dem ist alles egal. Er identifiziert sich mit nichts und niemandem. Es tangiert ihn nicht, ob er gerade erfolgreich oder erfolglos ist, ob ihm jemand quer kommt oder er gerade sein Geld verliert. Diese Haltung hat seine Vorteile – aber auch Nachteile.

Beispiel – Privatleben: Wenn uns ein Freund eine Geschichte erzählt und wir können sie nicht mitempfinden, weil wir dissoziiert sind, werden wir die Geschichte und die Erlebnisse unseres Freundes nicht verstehen können und er wird sich als von uns unverstanden erleben. Wer sich vollkommen dissoziiert von seinem Körper erlebt, dem wird es an tiefen

Empfindungen mangeln und auch das „tiefere Wissen“ bleibt ihm versagt. Denn Letzteres kommt durch den Körper zu uns.

Viele Einsichten in Lebenszusammenhänge bekommen wir nur, wenn wir uns identifizieren. Man sagt, dass die Engel uns nie ganz verstehen können, weil sie nicht wissen, was es heißt, als Mensch zu fühlen – weil sie eben nur von außen draufschauen und nicht „drinstecken“. Eine Legende erzählt, dass Odin mit seinem Körper sich kopfüber an die Weltenesche hing und diese Identifikation nächtelang ertrug, bis ihm in dieser Position das Geheimnis der Runen offenbart wurde. Nur im Körper sind Sie stets zur rechten Zeit am rechten Ort, nicht in Ihren Fantasiewelten. Emanuelle Arsen vermutet sogar, dass es möglicherweise nur die Körper sind, die lieben (lernen) können, dass der Geist ohne Körper gar nicht lieben (lernen) kann. Wer allerdings vollkommen mit seinem Körper identifiziert ist, leidet unerträglich, sobald seinem Körper nur die kleinste Schramme zugefügt wird.

Dissoziation hat also auch ihren Wert, da der Schmerz des Verlustes nicht in dem Maße spürbar ist wie bei einem Menschen, der sich mit einer Sache identifiziert. Dissoziiert zu sein kann sich vorteilhaft oder nachteilig auswirken, je nach Situation:

Beispiel 1: Sie besitzen eine alte Taschenuhr, die einmal Ihrem Großvater gehörte. Ein Dieb klaut sie Ihnen. Wenn Sie sich mit der Taschenuhr *identifizieren*, empfinden Sie den Diebstahl als schweren Verlust, haben schlaflose Nächte deswegen usw. Wenn Sie jedoch die Taschenuhr innerlich losgelassen haben, erinnern Sie sich daran, dass Sie noch über genug andere Uhren verfügen, und der Diebstahl belastet Sie in keiner Weise.

Beispiel 2: Ihr Arbeitgeber kündigt Ihnen aus ungerechtfertigtem Grund. Wenn Sie *dissoziiert* sind, verlassen Sie Ihren Arbeitsplatz, melden sich arbeitslos und denken: „Das Leben wird es schon richten!" Dies kann fatale Folgen haben, beispielsweise dann, wenn Sie auf einmal nicht mehr in der Lage sind, für Ihre laufenden Kosten wie Miete etc. aufzukommen. In dem Fall kann es für Sie hilfreich sein, für Ihre Anstellung zu kämpfen, vor das Arbeitsgericht zu gehen usw., sich also mehr mit Ihrem Job zu identifizieren.

Assoziation hat ebenso wie Dissoziation ihre Vor- und Nachteile.

Beispiel: Wer dauerhaft mit allem und jedem *assoziiert* ist, regt sich über alles und jedes auf. Er führt ein nervenaufreibendes Leben, mit dem er sich und andere tyrannisiert.

Andererseits: Wenn Sie stark mit der Liebe zu Ihrem Partner *assoziiert* sind, wirkt sich dies positiv auf Ihre Beziehung aus, zum Beispiel durch das Engagement und die Leidenschaft, mit der Sie lieben und sich auch für gemeinsame Themen einsetzen. Dort, wo Sie sich jedoch unterschiedslos mit den Gefühlen und Gedanken Ihres Partners identifizieren und zudem extrem eifersüchtig sind, geht Ihre Assoziation zu weit. Auch kann eine zu starke Identifikation mit den Gedanken des anderen dazu führen, dass Sie sich in Gegenwart eines Menschen, der anderer Meinung ist, wie in einer Zwangsjacke fühlen, weil Sie sich gar nicht mehr trauen, eigenständig zu denken.

Dissoziation und Assoziation sind letztendlich gleichberechtigt. Das eine ist nicht besser als das andere. Es geht darum, den richtigen Grad an Identifikation zu finden. Loszulassen bedeutet, stets den rechten Grad an Assoziation/Dissoziation zu haben und ihn auch im Alltag stets praktisch leben zu können:

- Steigerung der Assoziation: Wenn Sie zu dissoziiert sind, konzentrieren Sie sich bewusst mit all Ihren Sinnen auf die augenblickliche Situation. Nehmen Sie Ihr Umfeld rundum wahr, also auch hinter Ihnen. Schärfen Sie Ihren Hörsinn: Welche Geräusche dringen zu Ihnen? Sehen Sie die unterschiedlichen Farbschattierungen in Ihrer Umgebung. Atmen Sie (unbemerkt) gemeinsam mit Ihrem Gesprächspartner. Fühlen Sie sich ganz in Ihren Körper hinein. Spüren Sie die Füße unter Ihrem Boden.
- Steigerung der Dissoziation: Wenn Sie erleben, dass Sie eine Situation zu stark mitnimmt, stellen Sie sich vor, Sie seien lediglich der wertfreie Beobachter. Um sich noch weiter zu dissoziieren, imaginieren Sie, dass die Situation gar nicht um Sie herum, sondern in einem Film stattfindet, den Sie sehen. Um noch weiter Distanz zu schaffen, stellen Sie sich vor, Sie würden gar nicht den Film sehen, sondern Sie säßen im Kino und beobachteten, wie ein anderer Mensch den Film sieht. Dadurch schaffen Sie sich eine Distanz zum tatsächlichen Geschehen, die Ihnen gestattet, im Alltag wie in der Aufarbeitung der Vergangenheit hinreichend Distanz zum Erleben zu haben.

Indem Sie Identifikation und Dissoziation nach Belieben variieren, finden Sie stets ein angemessenes Maß, das Ihnen erlaubt, frei zu handeln und zu denken. Auch hierfür wieder ein praktisches Beispiel:

Beispiel: In meine Praxis kam ein Mann, der unter Einsamkeit litt. Auf meine Frage hin teilte er mir mit, dass er vor einigen Jahren von seiner damaligen Freundin abwertend behandelt worden sei und sich seitdem nicht mehr traue, eine neue Frau zu gewinnen. Ich führte ihn in die damalige Situation, hieß ihn aber der „Beobachter des Beobachters" zu sein, das heißt zu beobachten, wie seine damalige Freundin mit ihm umgegangen war, ohne sich zu identifizieren. Aus diesem Abstand heraus konnte der Klient sehen, welche bösartige Energie damals auf ihn abgeschossen worden war, wenngleich natürlich sein Anteil daran war, damit in Resonanz zu gehen, also das persönlich zu nehmen. Nachdem er sich das Geschehen mit seinem geistigen Auge einige Zeit angeschaut hatte, fragte ich ihn, ob er sich an eine Situation erinnern könne, in der sein Selbstwert als Partner in voller Blüte gewesen sei. Der Klient bejahte, meinte aber, diese Situation erschiene ihm ziemlich verschwommen und weit entfernt. Ich hieß ihn, sich in die erfolgreiche Situation hineinzuversetzen und in dieser Erinnerung alle Sinne zu aktivieren, sich vorzustellen, wie der Raum hinter ihm aussehen würde, wie wunderbar damals die Farben leuchteten usw. Nach der Sitzung berichtete mir der Klient, dass nunmehr die erfolgreiche Situation eine wesentlich stärkere Anziehungskraft auf ihn ausüben würde als die unangenehme. Einige Monate hörte ich nichts mehr von ihm. Doch ein knappes Jahr später erhielt ich eine

Einladung zur Taufe: Der Klient hatte mittlerweile geheiratet und war gerade Vater geworden.

Bezugsrahmen verändern

Der Trick ist ganz einfach: Es ist nicht die Situation selbst, die uns belastet, sondern die Interpretation, die wir ihr geben.

Auf die gleiche Weise können Sie alles, was Sie erlebt haben, als Geschichte von Erfolg, Heilung, Schönheit oder Liebe erzählen. Da es mittlerweile biologisch nachgewiesen ist, dass es keine objektive Erinnerung gibt, steht es Ihnen frei, wie Sie die Vergangenheit assoziieren möchten. Jede Erfahrung, jede Geschichte, jede Bewertung einer Drittperson, die Sie ausplaudern, sagt mehr über Sie aus als über den anderen bzw. das tatsächliche Erlebnis.

Warum erzählen manche Menschen immer wieder negative Geschichten, in denen sie sich als Opfer und ihre Umwelt als Ausbeuter darstellen? Weil sie Mitleid heischen, recht haben, unbewusst bleiben und sich nicht positiv verändern wollen? Der Nachteil bei negativen Geschichten ist, dass sie eine negative Rückwirkung auf das *eigene* Leben haben. Negative Geschichten, die Sie erzählen, voller Verrat, Lug, Trug und Missbrauch wirken dabei wie negative Autosuggestionen, die Sie wieder und wieder wiederholen.

Jede Geschichte besteht aus drei Teilen: Wahrnehmung – Interpretation – Reaktion. Indem Sie dem Geschehenen eine neue, positive Interpretation geben, erhalten Sie auch von der Welt eine andere Reaktion.

Tipp: Nehmen Sie im Alltag immer wieder wahr, welche Geschichten Sie anderen Menschen über sich und Ihr Leben erzählen. Wann immer Sie sich dabei ertappen, dass Sie eine dunkle Geschichte über Ihre Kindheit, Ihre Eltern, Ihren Arbeitgeber, Ihre Freundin erzählen, überlegen Sie, ob es nicht eine andere Interpretation bzw. Bewertung gäbe, die genauso wahr ist und wesentlich stimmiger klingt. Dies bedeutet nicht, Schönfärberei zu betreiben. Punkte, mit denen Sie Schwierigkeiten haben, müssen angeschaut werden. Wo Misshandlung vermutet wird, ist Verzeihensarbeit zu leisten. Aber bleiben Sie nicht im Negativen hängen. Ein negatives Welt- und Fremdbild dient Ihnen nicht, unabhängig davon, was geschehen ist. Durch Veränderung des Bezugsrahmens können Sie dem abhelfen, sich in negativen Geschichten festzufahren wie ein Auto, das im Schnee stecken geblieben ist, oder eine Schallplatte, deren Rille hängt. Seien Sie sensibel für „stinking thinking" und unterlassen Sie es, wo immer Sie können – Ihr Schicksal wird es Ihnen danken.[21]

Übung: Erinnern Sie sich an ein für Sie unangenehmes Erlebnis. Erzählen Sie diese Geschichte erst einmal als Opfer. Dramatisieren Sie, übertreiben Sie. Dann erzählen Sie dieselbe Geschichte als Seifenoper. Und letztendlich erzählen Sie sie als eine wichtige, positive Erfahrung. Wenn Sie keinen Zuhörer haben, erzählen Sie die Geschichte einfach sich selbst.

Übung – Variante: Erinnern Sie sich an einen Ihrer größten Misserfolge. Erzählen Sie diese Geschichte zuerst als Geschichte von Misserfolg. Dann nehmen Sie dieselbe Geschichte und erzählen Sie sie als Geschichte von Erfolg.

Drei-Schritte-Technik

Die Drei-Schritte-Technik geht von einer wunderbaren Erkenntnis aus, die ich schon vor längerer Zeit gewinnen durfte: Es geht beim Loslassen gar nicht eigentlich ums Loslassen, sondern darum, zu erkennen, weshalb ich festhalte, weshalb ich gar nicht loslassen will.

Stellen Sie sich vor, ich halte einen Kugelschreiber in der Hand und meine Aufgabe wäre es, ihn loszulassen – wie mache ich das? Nun ganz einfach, indem ich es aufgebe, ihn festzuhalten. Den Rest besorgt die Schwerkraft. Nach der Drei-Schritte-Technik gibt es drei Fragen, die ich mir stellen sollte – dann werde ich vieles sehr leicht loslassen können:

1. Definieren Sie zunächst einmal genau, was Sie loslassen möchten. In der exakten Definition liegt oft schon ein erster Lösungshinweis.
2. Prüfen Sie, warum Sie es bisher nicht losgelassen haben. Erkennen Sie das Hindernis, die Überzeugung oder das Verhaltensmuster.
3. Beseitigen Sie das Hindernis, lösen Sie das überholte Muster auf, lassen Sie den falschen Glaubenssatz, die falsche Überzeugung, das Loszulassende selbst los mit einer der Methoden, die wir in diesem Buch beschrieben haben, zum Beispiel mit der Glaubenssatzarbeit nach Simonton (siehe S. 121).

Beispiel: Ein eigentlich begabter, aber finanziell knapper Klient kommt in die Praxis und erklärt, sein Armutsbewusstsein loslassen zu wollen. Auf die Frage, was er denn damit meine, ergibt sich folgender interessanter Dialog: „Ja, dass ich mich so fühle, als hätte ich keine Daseinsberechtigung und als sei ich allen anderen Menschen unterlegen und hätte kein Recht auf Luxus, eigenes Geld usw." – „Möchten Sie denn jetzt mehr Geld haben oder möchten Sie das Unterlegenheitsgefühl gegenüber anderen loslassen?" – „Eigentlich geht es mehr um das Unterlegenheitsgefühl, Geld wäre mir erst an zweiter Stelle wichtig." – „Warum haben Sie das Unterlegenheitsgefühl denn bisher nicht losgelassen?" – „Weil es bequemer ist, sich unterlegen zu fühlen!" – „Was meinen Sie damit?" – „Ja, wenn man ein Niemand ist, wird man in Ruhe gelassen, keiner quält einen, keiner tut einem weh, keiner foltert einen mit Gedanken, man ordnet sich einfach unten ein!" –„Also wollen Sie dem Schmerz ausweichen?" – „Ja, das stimmt, eigentlich will ich im Umgang mit anderen keinen Schmerz mehr erleben, deshalb mache ich den Duckhansel!" – „Also wollen Sie den Schmerz loslassen?" – „Ja!" – „Weshalb haben Sie denn bisher am Schmerz festgehalten?" – „Ich dachte, die anderen bereiten Schmerzen durch die Art, wie sie miteinander umgehen!" – „Jeder erlebt Schmerzen dadurch, wie er von anderen behandelt wird?" – „Ja!" – „Können Sie wirklich wissen, dass das wahr ist?" – „Eigentlich nicht, ich weiß es nicht genau!" – „Könnte es sein, dass Sie eine *Überzeugung* haben, dass der Umgang mit anderen Menschen auf Augenhöhe automatisch Schmerz bedeutet?" – „Ja, das stimmt!" – „Sie können also erkennen, dass Sie in Wahrheit den Schmerz im Umgang mit anderen loslassen möchten und aus diesem Grund bisher den Duckhansel gemacht haben?" – „Ja!" – „Was würde passieren, wenn Sie die Überzeugung loslassen würden, dass mit Menschen auf gleicher Augenhöhe zu sein Schmerz bedeutet?" – „Wahre Begegnung wäre möglich!" – „Gut, jetzt schauen wir uns nochmals Ihr Armutsbewusstsein an – wie sehr besteht jetzt noch das Bedürfnis, daran festzuhalten?" – „Gar nicht mehr!"

In einfachen Fällen kann man eine solche Analyse eventuell allein vornehmen, in schwierigen möglicherweise zusammen mit einem Freund oder man sucht einen Therapeuten auf.

Einfühlsames Zuhören

Wir haben zwei Ohren und nur einen Mund, damit wir doppelt so viel zuhören wie sprechen.

Einfühlsames Zuhören ist eine Methode, die zur Lösung von Konflikten, zur Versöhnung und zur Prävention von Gewalt eingesetzt wird. Der Ausdruck wurde von der Amerikanerin Gene Knudsen Hoffman, einer internationalen Friedensaktivistin, geprägt. Einfühlsames Zuhören geht davon aus, dass alle Parteien in einem Konflikt verwundet sind und gehört werden wollen. Das alles überragende Prinzip ist, dass das gegenseitige tiefe Zuhören die ungeheilten Wunden enthüllt und beiderseitiges Mitgefühl und Verständnis hervorruft. Einfühlsames Zuhören übt sich darin, sich und dem Gegenüber wertfrei, nicht urteilend, sondern einfühlend zuzuhören. Dadurch wird es möglich, das Menschliche im anderen zu erkennen, die Geschichte des anderen zu verstehen. Das bedeutet nicht, die Sichtweise des Gegenübers übernehmen zu müssen. Es geht nicht um richtig oder falsch oder um eine

„objektive" Wahrheit. Durch seine vertrauensbildende Wirkung durchbricht einfühlsames Zuhören die Barrieren von Misstrauen und Verteidigung, schafft neue Einblicke und kann sowohl auf diejenigen, denen zugehört wird, als auch auf den Zuhörer zutiefst heilend wirken. Es geht darum, den Schmerz des anderen zu verinnerlichen, ohne ihn jedoch zum eigenen zu machen. Feindbilder werden dabei in Gefühle und Bedürfnisse übersetzt.

Der erste Schritt beim einfühlsamen Zuhören ist, sich selbst zuzuhören, Frieden in sich selbst zu und mit seinen inneren Kritikern, Anklägern usw. zu finden. Einfühlsames Zuhören ist eine Botschaft des Herzens. Wenn ein körperlich oder seelisch verletzter Mensch wahre Anteilnahme erfährt und das Gefühl bekommt, verstanden zu werden, dann verringert sich die Angst und das Bedürfnis, Rache zu nehmen.

Der Ursprung dieser Kunst des Friedenmachens liegt die gleiche Haltung zugrunde wie bei Thich Nhat Hanh und Marshall Rosenberg. Einfühlsam zuhören setzt die Bereitschaft voraus, sich dem zu öffnen, was der andere erzählt, ohne es in irgendeiner Weise zu bewerten. Je größer die Not ist, desto aggressiver, radikaler oder engstirniger äußern oder verhalten sich die Menschen in der Regel.

Mit dem Herzen hören bedeutet, jede Äußerung oder Haltung, mag sie auch noch so schwer zu nehmen sein, auf einer tiefen Ebene zu verstehen. Dies ist nur möglich, wenn wir uns unserer eigenen eventuellen Widerstände gegen den anderen und das, was er vorbringt, bewusst sind und tiefes Mitgefühl gegenüber unseren eigenen Vorbehalten, Begrenzungen und Verletzlichkeiten hegen.

Einfühlsames Zuhören ist ein Werkzeug, das rund um die Welt in der Versöhnungsarbeit und bei der Paartherapie erfolgreich eingesetzt wird, um Konflikte auf persönlichen, gemeinschaftlichen oder internationalen Ebenen zu lösen. Durch das Überwinden von Abwehrreaktionen und Misstrauen können sowohl der Zuhörer als auch der Mitteilende die verschiedenen Perspektiven und Gefühle klarer verstehen, den unterschiedlichen Meinungen mehr Raum geben, besser fundierte Entscheidungen fällen und leichter ungewöhnliche Lösungen finden.

Das Modell für einfühlsames Zuhören basiert auf der Erkenntnis, dass wir durch wirkliches Zuhören ohne vorschnelle Reaktion und Beurteilung die Masken der Feindseligkeit und der Angst durchschauen können, um dann unsere gemeinsame Menschlichkeit zu entdecken. Ein Grundgedanke des einfühlsamen Zuhörens ist, dass jeder Einzelne das Potenzial besitzt, einen kreativen und wichtigen Beitrag zum Schaffen von Frieden und in der Versöhnungsarbeit auf allen Ebenen zu leisten.

Die Lösung in jedem Konflikt ergibt sich beim einfühlsamen Zuhören nicht durch vorschnelle Meinungsäußerungen oder Lösungsvorschläge, sondern indem jedem Beteiligten der Raum gegeben wird, tief bei sich selbst nachzugraben und seinen eigenen Bedürfnissen auf die Spur zu kommen. Die Lösung taucht auf, unerwartet, plötzlich als Geschenk von einer anderen Ebene.

Sobald Sie einem Menschen das Geschenk des einfühlsamen Zuhörens machen oder es von jemandem erhalten, werden Sie eines erfahren: tiefes Loslassen! Sie fühlen sich in der Tiefe akzeptiert, befreit und in Kontakt mit Wurzeln, von denen Sie gar nicht wussten, dass Sie sie haben.

Einfühlsam zuhören kann in allen Bereichen des Lebens hilfreich sein, besonders auch in persönlichen Beziehungen. Peter Hwosch, Lehrer für einfühlsames Zuhören, sagt: „Es gibt nicht ‚uns und die anderen', es gibt nur ‚uns'." Die nachfolgende Übung kann Ihnen nur einen kleinen Vorgeschmack dessen geben, was einfühlsames Zuhören bedeuten kann. Es ist jedoch weitaus mehr, es ist ein Erwachen in einer neuen Wirklichkeit und kann gelernt werden.[22]

Übung: Setzen Sie sich in einer Dreiergruppe zusammen. Ein Teilnehmer spricht über ein Thema, das ihn derzeit sehr bewegt. Der zweite lauscht mit offenem Herzen und achtet nur auf die Fakten und Gefühle, ohne die Sache zu bewerten. Der dritte Teilnehmer spürt nur nach, welche unterschwelligen Bedürfnisse den ersten Teilnehmer bewegen. Danach teilen Sie dem ersten Teilnehmer mit, was Sie beobachtet haben, und finden gemeinsam heraus, ob die Gefühle und Bedürfnisse „getroffen" wurden. Danach wechseln Sie, bis jeder einmal in die Rolle des Redenden gekommen ist. Wichtig ist es, dass Sie als Zuhörende sich Ihrer eventuellen Widerstände, Meinungsverschiedenheiten, Emotionen und Rückzugsmuster bewusst sind, ohne sie auszuagieren – reine Beobachtung schafft einen Raum tiefen Loslassens für alle.

Ganzheitliches Empfinden – wie Tiere Traumata heilen

Der Traumaexperte Peter Levine hatte jahrelang wilde Tiere beobachtet, wie sie bedrohliche Erlebnisse verarbeiten, ohne traumatisiert zu werden. Er entwickelte aufgrund seiner Beobachtungen die SE-Therapie, auch Somatic Experience genannt. Somatic Experiencing wendet sich ab von den kathartischen Methoden, die die Gefahr einer Neutraumatisierung (Sucht nach Traumawiederholung) in sich bergen, und löst Belastungen mithilfe der Energie der Sanftheit (seitens des Therapeuten/Beraters) und des „ganzheitlichen Empfindens (seitens des Patienten/Klienten). Die Geschichte des Traumas wird so in der somatischen Erfahrung über die Körperreaktionen verfolgt und zu einer Lösung gebracht.

Es handelt sich hierbei um eine Art Slalomlauf zwischen dem Trauma und seiner Sogkraft (Traumastrudel) und der positiven Spirale (Gegenstrudel) mit Hilfe von Ressourcen, die vorher aufgebaut wurden. Statt sich in der Erinnerung nochmals von der Erfahrung überwältigen und die Welle der Emotionen über sich zusammenschlagen zu lassen, wird die Verletzung in der Erinnerung nicht wiederholt.

Gemäß Peter Levine ist ein Trauma keine Krankheit, sondern eine Störung. Es ist das Ergebnis einer unvollständigen Antwort auf eine belastende Situation, in der der Kampf- und Fluchtreflex im Trauma nicht komplett ausgelebt werden konnte – dadurch sind Stressenergien im Organismus stecken geblieben und gespeichert worden. Durch die Intensität und den Druck der Situation strömen dermaßen viele und starke Reize auf das Nervensystem ein, dass es dadurch überwältigt ist und so seine natürlichen Reaktionen nicht mehr umsetzen kann. Sie werden buchstäblich im Körper eingefroren und stehen nicht mehr zur Verfügung.

Im Gefühl „höchster" Erregung bei gleichzeitig völliger Erstarrung, wird die Stressenergie im Organismus eingelagert. Wir kennen dieses „Einfrieren", von Tieren her, die den Totstellreflex als letzte Ressource nutzen, um entweder den Schmerz des Gefressenwerdens nicht zu spüren oder um vom Feindtier für tot gehalten und deshalb in Ruhe gelassen zu werden. Überlebt ein Tier, zittert, schüttelt es sich den Stress aus dem Körper, rennt, erholt sich und lebt weiter, als wäre nichts geschehen. Traumata belasten das Berufs-, Freizeit- und Liebesleben ganz erheblich, da ganze Erlebniskanäle blockiert sind. Beispiele dafür sind: vor Angst erstarren, sich vom Leben abgeschnitten fühlen, keinen Kontakt mehr zu sich und anderen fühlen, fehlende Lebenslust, sich wie gelähmt fühlen bis hin zur Apathie.

Der Organismus hat das natürliche Bestreben, durch Traumawiederholung das Erlebnis abzuschütteln. Doch solange die dafür vorhandenen Ressourcen und die Bewusstheit fehlen, sorgt das beim Menschen lediglich dafür, dass er von einem Trauma in das nächste fällt, das heißt, dass er eine Sucht nach Neutraumatisierung entwickelt – oder ganze Lebensbereiche ausgliedert und zum Phobiker (griech., = *angstbesessener Mensch*) wird, also zu einem Menschen, bei dem sehr viele eigentlich ungefährliche Reize angstauslösend wirken und der daher sehr reduziert leben muss, um Gefahrenherde zu meiden.

Erschwerend kommt hinzu, dass wir in unserem Kulturkreis darin nicht trainiert sind, die Traumareaktion in unserem Körper zu spüren und ihr nachzugeben, im Gegenteil, wir werden dazu erzogen, uns zusammenzureißen – mit absehbaren Folgen. Unabhängig von der im Organismus durch das Trauma gebundenen Energie wird weitere Energie benötigt, um das Trauma zu verdrängen, damit keine unerwünschten Reaktionen hochkommen – deshalb kostet ein durch die Zeit getragenes Trauma sehr viel Energie. Als Sinnbild mag ein sich senkrecht drehendes Karussell fungieren, das in der Mitte stehen geblieben ist. Der Mitfahrer droht herunterzufallen und klammert sich fest und erstarrt darin. Die traumatischen Ereignisse nisten sich tief in unserem Organismus ein, weil sie archaische Strukturen unseres Körpers und unserer Psyche berühren. Bei Menschen mit Posttraumatischem Stresssyndrom ist daher das innere Gleichgewicht auf einer tieferen Ebene belastet. Sie sind immer noch in einer Art Alarmzustand. Das natürliche Einpendeln in einen Gleichgewichtszustand hat nicht stattgefunden.

Somatic Experience unterstützt jetzt den Organismus dabei, den unvollständigen Prozess zu Ende zu führen, das Karussell quasi zu Ende kreisen zu lassen. Die bisher gebundene und eingekapselte Energie wird über das ganzheitliche Empfinden zur Heilung eingesetzt, die zerbrochene Verbindung zwischen Geist und Körperbewusstheit wieder hergestellt. Die Körpersignale, die den höchsten Erregungszustand anzeigen, dienen dabei als „heiße Spur“. Hierbei werden jedoch die gefährlichen Traumawirbel gekonnt umschifft. Die ursprünglich traumatische Erfahrung wird neu strukturiert, der durch das Trauma eingestürzte Damm wieder repariert. Die blockierten Überlebensreflexe (Orientierungs-, Kampf-, Flucht-, Totstellreflex) werden dabei wieder erweckt und einsatzfähig gemacht, der Organismus gewinnt seine natürliche Flexibilität und Erlebnisbandbreite zurück. Nach Peter Levine hat auch das „menschliche Tier" die instinktive Gabe, sich selbst von Traumata zu heilen.

Beispiel: „Die Klientin wirkte wie gelähmt und konnte kaum atmen. Während ich trotzdem präsent zu sein versuchte, kam mir die flüchtige Vision eines Tigers, der auf uns zusprang. Ich ließ mich von dieser inneren Erfahrung mitreißen und rief laut aus: ‚Sie werden von einem großen Tiger angegriffen. Schauen Sie, wie der Tiger auf Sie zukommt! Laufen Sie zu dem Baum dort und klettern Sie hinauf.' Zu meiner Überraschung setzten sich daraufhin ihre Beine in Bewegung und vollführten zittrige Laufbewegungen. Sie stieß einen haarsträubenden Schrei aus. Die Klientin begann sich zu schütteln und zu schluchzen, während ihr ganzer Körper von Zuckungen erfasst wurde. Sie schüttelte sich fast eine Stunde lang. Plötzlich erinnerte sie sich an eine schreckliche Situation aus der Kindheit anlässlich einer Mandeloperation ... Nach dem Durchbruch verließ die Klientin mich mit den Worten: ‚Als wäre ich wieder ich selbst.'"[23]

Die Traumaheilung nach Peter Levine ist ein so komplexer Prozess, dass ich es hier nur bei einem Hinweis belassen kann. Wir lernen daraus, wie wichtig es ist, angesichts von Schocks und Traumata den Verstand mit seinen Geschichten, Interpretationen,

Gedanken ebenso loszulassen wie die Dramatisierung der Gefühle. Stattdessen ist es sinnvoll, sich auf das ganzheitliche innere Empfinden zu konzentrieren und den Körper seine Reaktion zu Ende bringen zu lassen, ohne diesen Prozess voranzutreiben oder zu unterdrücken.[24]

Übung (gegebenenfalls zusammen mit einem Therapeuten): Erinnern Sie sich an eine unerfreuliche Situation der Vergangenheit. Doch statt ins Drama abzurutschen, üben Sie sich im Fühlen, ohne zu denken, im ganzheitlichen Empfinden und erleben Sie, wie die Ladung dieser Situation ihre Bedrohlichkeit verliert und der Körper durch seine natürlichen Reaktionen sich selbst heilt.

Herzensintelligenz nutzen

Bleiben Sie stets in Kontakt
mit Ihrem ganzheitlichen Empfinden.

Der Name Herzensintelligenzmethode stammt von Doc Childre und Deborah Rozman, die sie mit einem Freeze-Frame-Programm verbinden, das sich auch übersetzen ließe mit innehalten, auf die Pausentaste drücken bzw. den Leerlauf einschalten, um ins Herz zu gehen. Die Herzensintelligenzmethode ist eine Methode, unliebsame Emotionen, Stress, Wut etc. zu verwandeln. Sie basiert auf der uralten Weisheit, auf sein Herz zu hören. Hierbei ist in erster Linie das spirituelle Herz gemeint, das Herzensbewusstsein, das jedoch sehr wohl im physischen Herzen seine Entsprechung hat.

Neueste Forschungen haben mittlerweile erwiesen, dass das Herz wie ein Erinnerungsspeicher arbeitet und sich dabei verhält, als hätte es ein eigenes Gehirn. Es agiert mit einem eigenen, intrinsischen Nervensystem unabhängig vom Gehirn und dem vegetativen Nervensystem und fängt dabei Reize und Wahrnehmungen auf und vergleicht sie mit Vertrautem. Über das vegetative Nervensystem leitet es dann seine Signale weiter, kommuniziert auf dieser Basis mit dem Stammhirn und beeinflusst so unter anderem auch die Herzfrequenz. Es wirkt dabei wie der Dirigent eines Orchesters. Fokussieren wir uns auf das Herz, stoppen wir deshalb erst einmal körperliche Stressreaktionen. Das bewusste Erleben, dass Atmung, Puls und Herzschlag im Einklang schwingen, zeigt sich als Bewusstheit und kreiert ein ungeheures Wohlgefühl. Im Gleichklang damit kommt uns geistig die Weisheit des Herzens zugute.[25] Fünf Punkte sind es, auf die es laut Childre/Rozman ankommt:

1. Stopptaste drücken: einen Schritt zurücktreten, das ganze Bild betrachten (das gegebenenfalls mit einem tiefen Atemzug verbinden).
2. Die Aufmerksamkeit auf das Herz richten: Stellen Sie sich vor, Sie atmen mit dem Herzen, als Herz, lassen Energie in das Herz einströmen. Nehmen Sie Ihr Herz, vielleicht sogar Ihren Herzschlag wahr. Der zweite Schritt ist also der Reflex, die Aufmerksamkeit umzulenken: „Denk an dein Herz, spüre dein Herz!“
3. Erinnern Sie sich an eine besonders schöne Zeit, ein besonders gutes Gefühl: Hier ist es hilfreich,

eine Liste „Die schönsten Augenblicke meines Lebens“ parat zu haben, idealerweise mit einem Erlebnis aus jedem Lebensbereich, sodass Sie für jede mögliche Lebenssituation die passende Ressource parat haben.
4. Die Aufmerksamkeit auf das Herz richten: Welche Reaktion (statt der ursprünglichen) empfiehlt das Herz? Das Herz eine souveräne Entscheidung treffen lassen.
5. Die Antwort des Herzens hören und umsetzen.

Alternativ empfehlen ich Ihnen die „Methode der liebenden Hinbewegung“, wie im Kapitel „Überreaktionen“ (siehe S. 104) beschrieben.

Übung 1: Legen Sie eine Liste an mit dem jeweils schönsten Augenblick Ihres Lebens bezüglich Ansehen, Beliebtheit, Beziehung, Erfolg, gegenwärtigem Partner, Geld, Gesundheit, Sexualität, Spiritualität, Vitalität.

Übung 2: Praktizieren Sie im Alltag die oben genannten fünf Punkte unter Zuhilfenahme Ihrer Liste und lassen Sie sich überraschen, welche Antworten und Reaktionen Ihr Herz Ihnen anbietet.

Hören, was der Körper zu sagen hat

Ihr „Körperwesen“ ehren.

So manch einer opfert in der ersten Lebenshälfte seine Gesundheit, um an Geld zu kommen, und in der zweiten sein Geld, um die Gesundheit wiederzuerlangen.

Wenn Ihr Körper leidet, kann dies zwei Ursachen haben: Sie identifizieren sich zu stark mit Ihren Sinnen und körperlichen Bedürfnissen und haben sich dabei innerlich von der Quelle allen Seins abgetrennt. Dies entspricht dem Grundgedanken Samuel Hahnemanns oder auch Bruno Grönings, nach denen Krankheit nichts anderes ist als der Ausdruck der Trennung des Menschen von Gott. Die andere mögliche Ursache für Krankheit könnte darin liegen, dass Sie nur auf den Geist hören und sich von Ihrem Körper völlig abgeschnitten haben. In beiden Fällen finden wir eine Trennung von Geist und Körper vor.

Zu leben bedeutet jedoch nicht, dass man seinen Körper vernachlässigt und sich darauf beschränkt, sich Ziele zu setzen und ihnen auf Kosten seines Körpers und ohne Rücksicht auf Verluste nachzujagen. Dies wäre genauso, als würden Sie Ihr Auto fahren, ohne auf den Ölstand zu achten; dann landet es eines Tages als ausgebranntes Auto an einem Baum. Leben bedeutet, sich in Einklang mit seinem Körper seinen Zielen entgegentragen zu lassen, statt ihn dabei zu verschleißen.

Viele Menschen betrachten Körper und Geist als zwei getrennte Einheiten, die nichts miteinander zu tun haben. Sie geben die Sorge für ihren Körper in die Hände von Ärzten oder Ernährungswissenschaftlern und übergehen geflissentlich die Botschaften, die ihnen ihr Körper immer wieder sendet. Doch wenn Sie einen ausbalancierten Erfolg wünschen, müssen Sie Ihren Körper einbeziehen. Sie können und sollten Ihr Bewusstsein benutzen, um ihn einer Ausbalancierung und Heilung zuzuführen.

In der Tat verfügen wir über ein „Körperwesen“ und ein „Geistwesen“. Und es ist unsere Aufgabe, beide zusammenzubringen, sie in uns in Ausgleich zu bringen, sodass sie beide einander unterstützen. Viele Schmerzen und Spannungen rühren von einer Entfremdung unseres Körpers her, weil wir seine Signale beständig übergehen. In dem Fall genügt es nicht, sich einzureden, der Körper, die Leber, die Niere sei schon gesund. Vielmehr gilt es erst einmal, der Botschaft des Körpers zu lauschen. Natürlich können Sie in Fachbüchern wie „Die Botschaft deines Körpers. Die Sprache der Organe“ und „Was dir deine Krankheit sagen will. Die Sprache der Symptome“ (erschienen im mvgVerlag) nachschlagen, was das eine oder andere Zipperlein psychisch zu bedeuten hat. Doch Ihr Körper wird allein durch dieses Wissen nicht in Ausbalanciertheit kommen. Damit Sie in Einklang mit Ihrem Körper(wesen) leben können, müssen Sie seine Sprache verstehen, sprechen und vor allem fühlen.

Wichtig: Konzentrieren Sie sich dabei nicht auf die Krankheit oder das Symptom. Sie sind nicht Bestandteil des Organismus und gehören nicht zu Ihnen. Konzentrieren Sie sich stattdessen auf den Körperaspekt, das Organ, den Teil, der gerade liebevolle Aufmerksamkeit benötigt.

Übung: Gehen Sie in die Stille. Richten Sie die Aufmerksamkeit auf einen Körperteil oder einen Aspekt des Körpers, der Ihnen Schwierigkeiten bereitet. Sprechen Sie in Gedanken mit ihm. Finden Sie eine schöne Formulierung dafür. Der folgende Satz stammt von Osho: „Lieber Körper(teil), du hast mir ein Leben lang gedient und ich habe dabei ganz vergessen, dir für all die Jahre zu danken. Bitte sage mir, wie geht es dir und was kann ich in Zukunft besser machen, damit es dir mit mir besser geht?[26] Sie können sich aber auch selbst etwas überlegen.

Nachdem Sie diese Frage gestellt haben, gehen Sie wieder in die Stille und hören in sich hinein. Vielleicht sagt Ihr Körper(teil):

- „Du rauchst zu viel, mich macht dieses ganze Nikotin krank, ich würde mir von dir wünschen, dass du statt der Zigarette eine gesündere Ablenkung suchst."
- „Du treibst zu wenig Sport und atmest falsch, kein Wunder, dass du Kreislaufprobleme hast, ich würde mir von dir wünschen, dass du täglich einen Spaziergang an der frischen Luft machst."
- „Du lässt dich zu sehr von den Vorstellungen deiner Partnerin einnehmen und verhältst dich zu symbiotisch, ich würde mir wünschen, dass du wieder mehr zu dir selbst findest, dann werden deine Nierenwerte auch wieder besser."

Mit fortlaufender Übung werden Sie Antworten und Hinweise bekommen, die Sie vielleicht überraschen, aber Ihnen letztendlich helfen, Mentales und Körper noch besser miteinander in Harmonie zu bringen. Die Botschaft Ihres Körpers ist dabei weder moralisch noch unmoralisch, sie sagt Ihnen einfach, was Sie gesund hält. Lauschen Sie ihr deshalb genau!

Hurra-Technik – negative Gedanken loslassen durch Karikatur

Gedanken, die Sie nicht loswerden, werden Ihr Los. Deshalb ist es so wichtig, sich von negativen Gedanken zu lösen. Nun gibt es manche negativen, selbstzerstörerischen Gedanken, die immer wieder kommen. Die nachfolgende Methode, um solche Gedanken aufzulösen, ist leicht und hat sich in der Praxis bewährt. Sie stammt ursprünglich von Dieter Grabbe.[27]

Übung: Spüren Sie in sich hinein und erkennen Sie, welcher negative Gedanke/Satz bei Ihnen momentan die stärkste Ladung hat. So ein Satz könnte lauten

- „Ich bin ein Versager."
- „Reichtum ist nicht für mich bestimmt."
- „Mein Leben ist ruiniert."
- „Ich hab's verpasst im Leben."
- „Ich werde wieder versagen."
- „Ich krieg meine Arbeit nicht geregelt."
- „..."

Wichtig ist, dass sich der Satz auf Sie selbst bezieht.

Dann denken Sie an eine Situation in Ihrem Leben, in der Sie sich gut und kraftgeladen gefühlt haben. Machen Sie sich ein inneres Bild von dieser Situation und stellen Sie sie sich so intensiv wie möglich vor. Wenn Sie die positiven Gefühle dieser Situation spüren, ballen Sie beide Fäuste, strecken sie hoch und rufen „Ja!". Wiederholen Sie das einige Male. Jetzt geht die Übung richtig los: Sie werden das Aussprechen des negativen Satzes verändern:

1. Sprechen Sie den Satz normal laut aus, fünfmal. Direkt danach setzen Sie Ihren vorher geübten Kraftimpuls; Sie ballen die Faust, strecken sie hoch und rufen dabei: „Ja!"
2. Sprechen Sie den Satz jetzt fünfmal etwas schneller, aber mit tieferer Stimme, setzen Sie wieder den Kraftimpuls: „Ja!"
3. Sprechen Sie den Satz fünfmal langsamer als normal, aber mit höherer Stimme, wieder Kraftimpuls setzen: „Ja!"
4. Sprechen Sie den Satz fünfmal so langsam und mit so tiefer Stimme wie möglich, setzen Sie Ihren Kraftimpuls: „Ja!"
5. Sprechen Sie den Satz fünfmal mit Micky-Maus-Stimme so hoch und schnell wie möglich, setzen Sie Ihren Kraftimpuls: Ja!"

Ergebnis: Wenn Sie den negativen Satz dann noch einmal sprechen, werden Sie feststellen, dass Sie ihn nicht mehr richtig ernst nehmen und keine Beziehung zwischen ihm und Ihnen herstellen können – damit hat der negative Gedanke seine Macht verloren.

Eine zweite Methode, die ebenfalls sehr humorvoll ist, wird gern von einem befreundeten Seminarleiter in seinen Seminaren angewandt. Sie benötigen dafür drei weitere Personen. Diese Methode eignet sich besonders bei negativen Suggestionen, Projektionen oder Gedanken über Sie selbst, die man Ihnen eingeredet hat, sei es als Kind oder später, beispielsweise von einem früheren oder gegenwärtigen Partner, und die Sie heute noch belasten. Notieren Sie davon einige auf einem Blatt Papier, zum *Beispiel:*

- „Sei nicht so egoistisch!“
- „Du denkst immer nur an dich selbst!“
- „Lach doch mal, du bist immer so traurig!“
- „Du bist voller negativer Glaubenssätze!“
- „Du bist immer noch so ein blöder Kerl wie damals!“
- „Du bringst es eh nicht!“
- „Dich kann man in der Pfeife rauchen!“

Dann stellt eine der Personen einen scheinheiligen Priester dar, der mit hochtrabender Stimme spricht. Der zweite spielt eine alte, zahnlose Jungfer. Der dritte mimt einen Betrunkenen. Lassen Sie sich dann die von Ihnen angefertigte Liste von diesen drei Personen in ihrer jeweiligen Art vorlesen und genießen Sie die Sätze. Denen wird dadurch die negative Ladung genommen, die Projektionen verlieren an Kraft. Wenn Sie möchten, machen Sie vier Durchgänge, so dass jeder davon profitiert.

Ja-Meditation

Das Wort Ja war ursprünglich eine Bezeichnung für Gott (Jahwe). *Ja* als Medizin zu nutzen bedeutet nun nicht, sich nach den Vorstellungen der anderen zu richten, alles toll zu finden oder ein Ja-Sager zu werden. Es geht vielmehr darum, Ihren Widerstand gegen das, *was ist*, loszulassen.

Beispiel 1: Sie leiden darunter, dass Ihre Kinder die Schule schwänzen. In dem Fall sollten Sie alles Erdenkliche tun, um sie davon abzubringen. Das heißt auch, ganz entschieden Nein zur Schulschwänzerei zu sagen. Ja sagen sollten Sie aber dazu, dass Ihnen das jetzt passiert ist. „Ja ich bin ein Betroffener. Ja, ich nehme die Situation an. Ja, ich akzeptiere, dass mir das passiert ist! Das heißt jedoch nicht, dass die Dinge so bleiben sollen."

Beispiel 2: Ihr Arzt stellt eine Erkrankung fest und ordnet eine Diät an. Sie müssen auf einige lieb gewordene Nahrungsmittel verzichten. Hier bedeutet Ja sagen nicht, dass Sie es toll finden, die Krankheit zu haben, sondern Sie sagen Ja dazu, dass sie diagnostiziert ist, zu der Behandlung und zu dem Verzicht, der möglicherweise damit einhergeht. Ja sagen bedeutet in dem Fall, lediglich dazu Ja zu sagen, dass Ihnen das passiert. Und dies ist der erste Schritt, um sich damit auseinanderzusetzen.

Übung: Wann immer Sie Unannehmlichkeiten haben, Leiden oder Schmerz verspüren, sprechen Sie das Wort Ja laut aus, immer wieder. Mit dem Ja bekunden Sie Ihr Annehmen dessen, *was ist*, öffnen Sie Ihre inneren Kanäle für die Heilung und für das Annehmen. Sie lassen damit den Widerstand, das Dagegensein los. Sie versetzen sich damit in einen Zustand der Ergebenheit, der Heilungsschleusen öffnet. Sprechen Sie das Ja zuerst laut aus und wiederholen Sie es ständig, wie ein Mantra. Senden Sie diese Worte genau in diese Situation oder Körperregion, die wehtut oder gegen die Sie Widerstand haben. Immer wieder. Werden Sie leiser. Sie flüstern nun das Wort Ja. Vielleicht können Sie sich vorstellen, dass alle Ihre Körperzellen Ja flüstern, dass aller Widerstand schmilzt und Sie selbst wie ein plätschernder Bach werden. Werden Sie noch leiser. Sie denken nun das Wort Ja immer wieder, bewegen es mit Ihrer „Zunge" der Gedanken. Senden Sie dieses Ja genau an die Situation oder Stelle, die am meisten schmerzt oder unangenehm ist. Irgendwann spüren Sie in sich den Impuls, innezuhalten. Gehen Sie in die Stille. Lassen Sie sich in die Stille sinken, wie ein Stein in einen tiefen Ozean, tiefer und tiefer, in den inneren Ort hinein, an dem es keinen Schmerz gibt. So wie es in der Tiefe des Ozeans keine stürmischen Wellen gibt, sondern nur Stille, findet sich in Ihrer Tiefe ein Ort, der frei von Schmerz ist. Verharren Sie an diesem Ort. Öffnen Sie dort Ihr Herz, Ihr Bewusstsein ganz weit für eine mögliche Antwort aus der Stelle oder Situation, zu der Sie das Ja geschickt haben. Es ist ein Zuwarten, eine innere Offenheit, ein Erlauben. Die Antwort muss nicht verbal oder in Gedanken kommen, sie kann auch als Ahnung, Bild oder Gewissheit aufsteigen – oder schweigend. Es ist nicht sicher, ob Sie überhaupt eine Antwort bekommen. Aber wenn Ihnen eine Antwort zuteil wird, haben Sie eine Antwort auf Ihr Leiden, Ihren Schmerz, Ihre Unannehmlichkeit gefunden.

Beispiel: Ein Klient litt aufgrund einer schweren Verletzung unter großen Schmerzen. Er machte die „Ja-Übung", ging danach in die Stille und lauschte. Die schmerzende Stelle antwortete ihm, dass sie eine positive Absicht für ihn habe, einen Sinn, weshalb sie da sei. Es sei ihre Aufgabe, den Klienten Mitgefühl zu lehren und den Umgang mit dem Leiden. Der Klient fragte die Stelle, ob es nicht eine andere Möglichkeit gäbe, ihn das zu lehren. Und die Stelle antwortete aus der Tiefe ihrer Weisheit: „Ja, wenn du deine Augen und Ohren für die leidenden Menschen um dich herum öffnest, die dich brauchen, kannst du auch auf diesem

Weg Mitgefühl und Verständnis von Leiden lernen." Bald darauf lernte der Klient eine alte, bettlägerige Frau kennen, die ihn um Pflege und Betreuung bat. Der Klient nahm diese Aufgabe an, und während er sich um die bedürftige Frau kümmerte, begann seine eigene Verletzung zu heilen, sodass er binnen einer Woche gar keine Schmerzen mehr verspürte und von seinem persönlichen Leiden befreit war.

Oft erleben wir das Leiden, den Schmerz, die Unannehmlichkeit als Lehrer, der zu uns spricht, sobald wir bereit sind, ihm zu lauschen.

In dem Zusammenhang denke ich an das Sinnbild von den drei Pferden: Das erste Pferd ahnt bereits, was der Reiter will, und befolgt es. Das ist der achtsame Mensch. Das zweite Pferd folgt, aber nur, wenn der Reiter seinen Willen deutlich durch Schenkeldruck, Sprache usw. kundtut. Das entspricht dem folgsamen Menschen. Und dann gibt es das störrische Pferd: Es hört nur auf Peitsche und Zügel, muss manchmal sogar an die Kandare genommen werden. Das ist der eigenwillige Mensch, der mit seinem Schicksal im Clinch liegt. Wann immer Sie leiden, Unannehmlichkeiten oder Schmerzen verspüren, spüren Sie einmal nach, ob das für Sie eine Botschaft hat.

JA – das gesündeste Wort der Welt

JA! Sie sollten sich das Wort JA! herausnehmen
und auf Ihren Schreibtisch stellen oder in Ihrer Brieftasche
bei sich tragen, damit sich das Wort JA! einprägen kann.
JA! funktioniert so: Denken Sie JA!,
wenn Sie etwas Unangenehmes tun müssen.
Denn mit Nein bleibt es ständig unerledigt.

Denken Sie JA!; wenn Sie Ärger im Büro haben.
Nein macht Sie nur noch ärgerlicher und löst kein Problem.
(Außer Sie wollen sich selbst leid tun.)
Sagen Sie JA!
Zur Fünf Ihres Kindes,
Zur verpassten Eisenbahn,
Zum Beinbruch im Urlaub,
Denn mit „Nein“ und mit „um Himmels willen“ können
Sie nichts, aber auch gar nichts retten oder wieder ganz
machen.
JA! ist und bleibt die beste Medizin.
(Besser als flüssige und gepulverte)
JA! hilft dauerhaft. Denn JA!!
macht den Kreislauf heiter,
das Herz fröhlicher, die Sorgen kleiner
und das Leben länger und wärmer.
JA! sollten Sie sagen und tun,
aber es ist schwer zu erlernen.
Wenn Sie es richtig können,
sagen Sie es bitte weiter: JA!
RICHARD HARBRECHT

Sagen Sie JA zu dem, was Sie persönlich bedrückt, belastet oder Ihnen Schmerzen bereitet, aber auch zum Lebensglück, das Ihnen geschenkt wird.

Übung: Machen Sie sich einmal bewusst, mit welcher Tatsache in Ihrem Leben Sie momentan eventuell Schwierigkeiten haben. Wenn Sie etwas finden, notieren Sie es. Und dann gehen Sie die Liste durch und schreiben hinter jeden Punkt der Liste: „Ich sage JA zu ...“ Dann setzen Sie sich ein drittes Mal an die Liste, lesen jeden einzelnen Satz bewusst und vollziehen ihn, das heißt, Sie fühlen Ihr Ja, fühlen, was Sie sagen. Sie werden erleben, dass sich Ihr ganzes Leben dadurch ins Positive wandelt.

Beispiele: „Ich leide darunter, dass mein Beruf meine Vorstellungen nicht erfüllt“ wird zu „Ich sage aus vollem Herzen Ja dazu, dass mein Beruf meine Vorstellungen nicht erfüllt“. „Ich leide unter meiner Einsamkeit“ wird zu „Ich sage Ja zu meiner Einsamkeit“. „Ich leide darunter, dass ich morgen früh zur Arbeit muss“ wird zu „Ich sage Ja dazu, dass ich morgen früh zur Arbeit gehe“.

Schrumpfen

Manche Menschen nehmen in Ihrem Bewusstsein möglicherweise einen größeren Platz ein, als sie verdienen. In dem Fall haben Sie die Möglichkeit, diese Menschen in Gedanken schrumpfen zu lassen, bis sie so groß sind wie ein Däumling oder sogar noch kleiner – dadurch wird dem Gehirn signalisiert, diesen Menschen nicht mehr Bedeutung zu geben, als ihnen zusteht.

Beispiel: Ein Klient beklagte sich bei mir über seinen tyrannischen Vermieter, mit dem er in einem einsamen Haus am Waldrand wohnte. Immer wenn er morgens sein Auto aus der Garage holte, um zur Arbeit zu fahren, kam der Vermieter heraus und beschimpfte ihn wegen der Abgase, die er verbreiten würde. Und das war nur eine der Schikanen, die der Klient erdulden musste. Seine Angst ging inzwischen so weit, dass er nur noch auf Socken durch das Treppenhaus schlich, damit er nicht vom Vermieter gehört und angegriffen würde. Schon wenn der Klient über seinen Vermieter sprach, bekam er schweißnasse Hände und begann zu zittern. Ich riet ihm, diesen Menschen mit seinen Tobsuchtsanfällen in Gedanken schrumpfen zu lassen und während der Konfrontation sich immer wieder zu denken: „Du hast nicht die Bedeutung, die du dir anmaßt!" Nach einigen Wochen erzählte mir der Klient, dass sein Vermieter zwar weiterhin noch Tobsuchtsanfälle in seiner Nähe bekam, sie ihn aber immer weniger tangierten.

Schrumpfen lassen sich übrigens auch Expartner, Vorgesetzte, Eltern und Probleme, die einen größeren Raum einnehmen, als sie es verdienen, oder wer auch immer Sie davon abhält, das Leben im Hier und Jetzt zu genießen.

Verwerfen

Sie selbst entscheiden,
welche Gedanken Sie annehmen und welche Sie verwerfen,
welche Personen Sie groß und welche Sie klein machen,
welche Erinnerungen Sie farbig ausmalen
und welche Sie verblassen lassen.

Sie können negative Gedanken und unpassende Aussagen, ob Sie von Ihnen oder von jemand anderem kommen, einfach verwerfen und dadurch dem Schneeballeffekt entgehen, den sie möglicherweise haben. Alles, was Sie dafür benötigen, ist die Bewusstheit, ganz im Hier und Jetzt zu sein.

Dabei hilft Ihnen die Technik „Falsche Antwort". Gelegentlich kommt es vor, dass jemand anderes mit uns in einer unstimmigen Weise redet. Vielleicht beginnt er mit negativen oder zerstörerischen Gedanken und Sie wissen, wenn Sie sich jetzt darin verstricken, sind Sie stundenlang beschäftigt und kommen nicht mehr zum Wesentlichen. In dem Fall empfiehlt es sich, in Ihre innere Mitte zu gehen und aus der inneren Mitte heraus mit leichtem Humor und ohne Druck die Antwort des anderen als falsch zu bezeichnen und ihm zu sagen, was die richtige Antwort wäre. Ich nenne diese Technik daher die Falsche-Antwort-Technik.

Beispiel: Die Freundin fragt ihren neuen Liebhaber, wie er sie fände. Er druckst herum: „Na ja, ich weiß nicht, so gut kennen wir uns ja noch nicht ..." Sie weiß, wenn sie jetzt darauf einsteigen würde, gäbe es ein Zeter-und-Mordio-Geschrei. Empfehlenswert: Sie sagt: „*Falsche Antwort*, ich bin die Beste, die du je hattest" und küsst ihn. Damit ist ihm der Wind aus den Segeln genommen und die Situation entschärft.

Die gleiche Technik können Sie im übertragenen Sinne natürlich auch im Berufs- und Lebensalltag einsetzen.

Technik „Gedankenbewusstheit": Wenn es Ihnen gelingt, in der Mitte zu verharren und Beobachter Ihrer eigenen Gedanken zu sein, haben Sie immer wieder die Wahl, eigene Gedanken zu *verwerfen*, indem Sie zu ihnen „falsche Gedanken" sagen und wieder in die eigene Mitte zurückkehren, bevor diese Gedanken größeren Schaden anrichten. Wenn Sie nicht genau wissen, ob ein Gedanke negativ ist oder nicht, nehmen Sie ihn am besten einfach wahr und beobachten Sie, wohin er führt. Dann erkennen Sie schnell, ob er hilfreich ist. Dadurch bleiben Sie stets im Hier und Jetzt.

Vier-Schritte-Technik

*Legen Sie geistig ein Pflaster
auf seelische Wunden und Verletzungen.*

Die Vier-Schritte-Technik wurde von Matt Galan Abend entwickelt[28] und stellt eine brauchbare Alternative zur von mir kreierten Drei-Schritte-Technik dar. Hier die vier Schritte:

1. Spüren, worin Ihr Widerstand liegt, und diesen Widerstand aufgeben: Geben Sie den Widerstand gegen die Veränderung, das Loslassen auf.
2. Dankbar sein dafür, dass es überhaupt etwas zum Loslassen gibt: Seien Sie dankbar für das, was durch das Leben zu Ihnen gekommen ist. Damit lösen Sie Ihre Identifikation mit dem Ego auf, das weder danken noch hergeben möchte.
3. Loslassen, Neutralisierung der Gefühle, glattstellen der Konten, in Frieden kommen: Lassen Sie das Bisherige in innerem Frieden los, wie eine Hand, die sich öffnet, nachdem sie lange Zeit etwas festgehalten hatte. Finden Sie inneren Frieden.
4. Annehmen des Neuen, Dankbarkeit für das Neue entwickeln, das im Jetzt stattfindet.

Beispiel: In die Praxis kommt ein völlig verzweifelter Klient, der einmal viel Geld verdient, einen tollen Job als Vertriebsleiter gehabt und ein großes Vermögen besessen hat und alldem nach dessen Verlust heute noch nachtrauert. Im Laufe der Sitzung erkennt der Klient:

1. Ich spüre meinen Widerstand dagegen, meine damalige Position loszulassen. Ja, das stimmt. Ich spüre diesen Widerstand als Druck in meinem Kopf, als Härte um meine Mundwinkel, als Spannung im ganzen Körper. Ich lasse den Widerstand gegen die neue Situation los, in der ich heute bin.
2. Ich tue mich noch schwer damit, Dankbarkeit für das Damalige zu empfinden, da ich denke, dass dies alles mein Verdienst ist und mir auch weiterhin meine damalige Position zustehen würde. Hätte ich nur damals nicht all diese Fehler gemacht, wäre ich heute Millionär. Ich lasse los, indem ich erkenne, dass meine damalige Position das war, was durch Gott/die *Eine* Kraft zu mir gekommen war.
3. Ich bin nun bereit, mich nicht mehr mit der Position des Vertriebsleiters zu identifizieren, und lasse dahingehend mein Ego los. Endlich kann ich zur *Einen* Kraft sagen: „Danke, dass ich das erleben durfte!“
4. Ich empfinde nun endlich tiefe Dankbarkeit dafür, dass ich sehr viel mehr Zeit habe, um an meinem Bewusstsein zu arbeiten und mich auf meine spätere Arbeit als Lebensberater vorzubereiten, die dann mein Traumberuf wird. Ich danke dafür, dass ich auf diesem Wege geführt werde.

Zerschnipseln

Negative Erinnerungen können Sie zerschnipseln und in positive umformen.

Die nachfolgende Schnelltechnik hilft Ihnen, in Blitzesschnelle negative Emotionen aus der Kindheit, Traumata der Vergangenheit, Demütigungen, Misserfolge, Trennungsschmerzen etc. loszulassen und durch positive zu ersetzen. Sie stammt aus der Kinesiologie, ist tausendfach erprobt und besteht aus drei Schritten:

1. In der **Anti-Stress-Position** sich an das Unangenehme erinnern und es wieder erleben: Halten Sie mit der einen flachen Hand die Stirn, mit der anderen den Hinterkopf. Dadurch entstressen Sie Ihr System. (Wenn Ihnen diese Stellung unangenehm ist, legen Sie ein Kissen auf einen Tisch, setzen Sie sich davor und legen Sie mit der oben angegebenen Handhaltung den Kopf auf den Tisch, Stirn nach unten.) Während Sie diese Handhaltung beibehalten, denken Sie noch einmal an die Situation, die Sie belastet (hat). Stellen Sie sich vor, diese Situation wäre ein Film, der auf einem Projektor abgespielt wird. Lassen Sie gedanklich den ganzen Film noch einmal ablaufen. Erleben Sie in allen Einzelheiten als Farbfilm vor Ihrem inneren Auge alles, was an Emotionen, Bewertungen, Gefühlen, Urteilen usw. hochkommt, ohne die Dinge zu beschönigen oder weise sein zu wollen. Steigen Sie im Geist noch einmal ganz ein. Sehen Sie sich noch einmal in der Situation mit allem, was damit verbunden war (damalige Kleidung, Mimik, Körperausdruck etc.).
2. **Zerschnipseln und Entladen**: Treten Sie geistig aus der Situation hinaus, sodass Sie sie von außen sehen. Nehmen Sie dann eine geistige Schere und schneiden Sie den ganzen Film „ritsch-ratsch" in

kleine Teile, so klein, dass letztendlich nur noch kleinste Schnipsel vor Ihnen liegen. Erlauben Sie sich auch beim Zerschnipseln, dass alle Emotionen in Ihnen hochkommen dürfen, die es auslöst, wie zum Beispiel Wut, Trauer, Schmerz, Verzweiflung oder Ähnliches. Schnipseln Sie so lange, bis keinerlei Emotionen, Bilder usw. mehr vorhanden sind. Lassen Sie den Haufen von Bildfetzen schwarzweiß werden und zu einem grauen Brei zusammenschmelzen. Richten Sie Ihr Bewusstsein so lange auf diesen Brei, bis er keine Ladung mehr hat. Dies kann und darf einige Zeit dauern.

3. **Einen neuen Film schaffen**: Formen Sie aus dieser grauen Masse im Geist einen neuen Farbfilm, der zeigt, wie es optimal gelaufen wäre. Fühlen Sie sich dann in den Film ein, sodass Sie sich wieder im Film selbst agieren sehen. Aktivieren Sie gedanklich alle Sinne: Sehen, Hören, Riechen, Schmecken, Tasten. Das heißt, *assoziieren* Sie sich total. Der Film endet an dem Ort und in der Zeit, wo Sie sich hier und jetzt befinden.

Es kann sein, dass der neue Film Ihnen nicht sofort einfällt. Dann seien Sie geduldig mit sich selbst. Rufen Sie sich dafür Ressourcen ins Bewusstsein. Diese können sein:

a) Das Herz öffnen: Was sagt das weite Herz zu dieser Situation und wie wären Sie mit weitem Herzen mit der Situation umgegangen?
b) Sich mit einer Qualität aufladen und dann erleben: Welche Eigenschaften hätten Sie damals benötigt,

damit der Film/Ablauf für Sie erfüllend gewesen wäre? Wenn Sie damals Urvertrauen gebraucht hätten, Selbstliebe oder Mut, dann erleben Sie sich selbst in der Situation, aber jetzt angefüllt mit ebendiesen Gefühlen.

c) Vorbild: Welches Vorbild hätte an Ihrer Stelle das Problem gelöst?

d) Intuition: Welchen Umgang mit der Situation würde die Intuition empfehlen?

Bei der Neugestaltung des Ablaufs ist darauf zu achten, dass Sie nach Möglichkeit ein realistisches Ergebnis erhalten. Wenn Sie sich beispielsweise von Ihrem Partner auf eine sehr ungute Weise getrennt haben und er bereits wieder verheiratet ist, erscheint es nicht sinnvoll, den Film damit enden zu lassen, dass Sie noch zusammen sind. Vielleicht gestalten Sie den Film dann einfach so, dass Sie sich zwar getrennt, aber eine harmonische und gute Lösung ohne Verletzungen gefunden haben.

Die Technik des „Zerschnipselns“ soll Ihnen den Rücken frei halten, frei von negativen Lasten der Vergangenheit. Sie wirkt wie ein Pflaster, das noch offene Wunden auf der Seele schützt, sodass sie von selbst heilen können.

„Zerschnipseln“ kann Ihnen vor allem auch dort helfen, wo Sie Wut oder gar Hass auf sich selbst haben, weil Ihnen aufgrund eigener Fehler oder eigenen Versagens Chancen durch die Lappen gegangen sind. Auch bei verpassten Möglichkeiten, andere Menschen für sich zu gewinnen oder ihnen zu helfen, oder wo Sie andere verletzt oder falsch behandelt haben, können

Sie mithilfe dieser Technik die negative Ladung, Schuldgefühle, Selbstvorwürfe etc. löschen.

Beispiel: In meine Praxis kam eines Tages ein ehemals bekannter Seminarleiter und erzählte mir von einem Schock, den er erlebt hatte: Vor vielen Jahren wurde er einmal als Vertriebstrainer für eine Vermögensberatungsfirma angeheuert, die mit „Hard-selling"-Methoden arbeitete. Da ihn das hohe Honorar interessierte, das er für dieses Training angeboten bekam, sagte er zu, obwohl er selbst damals ein sehr zwiespältiges Verhältnis zu den Verkaufsmethoden dieses Unternehmens hatte und sich mittlerweile aufgrund seiner spirituellen Entwicklung eher als zu fein und zu sensibel für diesen Job empfand. Es kam, wie es kommen musste: Auf der Veranstaltung wollte er es sowohl den Seminarteilnehmern wie auch seinem Gewissen recht machen und versuchte „Hard-selling"-Verkaufsmethoden mit spirituellen Inhalten zu verbinden, indem er einen fulminanten Vortrag über esoterische Erfolgskonzepte hielt. Doch mitten im Vortrag fühlte er sich überladen. Er spürte, dass er gegen eine Wand redete, und erlitt auf offener Bühne einen Nerven- und Energiezusammenbruch. Nach dieser Erfahrung traute er sich nie mehr öffentlich zu sprechen und zog sich für Jahre in die Einsamkeit zurück. Nun geschah es, dass dieser Mann erneut ein Angebot erhielt, Vertriebsleute zu trainieren. Und da er beinahe mittellos war, wollte er zusagen, erinnerte sich aber seines alten Zusammenbruchs und wollte die Resonanz darauf löschen.

Ich wandte mit ihm die Technik des „Zerschnipselns" an. Der in den Zellen des Klienten gespeicherte

Schock war so groß, dass er unversehens begann zu weinen, zu schreien und das Gesicht zu verziehen. Er blieb aber bei der Übung, bis letztendlich nur eine graue Masse ohne Ladung übrig war. Als er dann aber den neuen Film drehen sollte, fühlte er sich völlig hilflos. Er erkannte, dass die Situation ihn damals total überfordert hatte. Also bat ich ihn, sich positive Qualitäten, die er damals zusätzlich zu seinem Wissen und seiner bisherigen Erfahrung gebraucht hätte, in der Form von Luftballons vorzustellen, und zwar so viele, bis er sich der damaligen Lage gewachsen fühlte. Er wählte folgende Luftballons: Herz, Gelassenheit, Verbundenheit mit der Quelle, Sensitivität, Liebe zu den Seminarteilnehmern, Unabhängigkeit von Lob und Kritik, Transzendenz/Durchlässigkeit, Entschlossenheit, Vorbereitung, innerer Ruf/Berufung. Nachdem er sich mit diesen Qualitäten aufgeladen hatte, erkannte er, dass er zwar ein tolles Konzept ausgearbeitet hatte, aber überhaupt nicht in Tuchfühlung mit den Seminarteilnehmern gewesen war. Er hatte es damals vor allem versäumt, das Seminar mental vorzuerleben. Also stellten wir uns vor, es sei einige Tage vor dem damaligen Seminar und er würde es vor seinem geistigen Auge im Voraus ablaufen lassen. Erst im mentalen Vorerleben wurde dem Klienten die Schwierigkeit der Aufgabe bewusst. Als er sich fragte, welchem Vorbild es an seiner Stelle gelingen würde, das Seminar zu halten, kam ihm sein geistiger Lehrer ins Bewusstsein. Er konnte sich vorstellen, wie er das Seminar souverän führte. Statt der bisherigen Vortragsform wählte er in seiner Vision Übungen, die die Teilnehmer miteinander beschäftigen und sie in Kontakt mit sich selbst bringen. Er erkannte auch, dass er nach dem Seminar noch die Teilnehmer liebevoll verabschieden und noch einige Zeit im Seminarraum bleiben sollte, um das Seminar auf sich nachwirken („ausschwingen") zu lassen. Einige Wochen später rief mich der Klient erfreut an: Er hatte das neue Seminarangebot angenommen und sich entsprechend vorbereitet – letztendlich sei es ein Riesenerfolg für ihn geworden. So konnte es ihm gelingen, mithilfe dieser Technik sein Comeback zu schaffen.

Die Technik des Zerschnipselns lässt sich in jeder Lebenslage für sich und andere anwenden. Wenn Sie einem anderen Menschen mit dieser Technik helfen, fragen Sie ihn einfach, während er seine Geschichte erzählt, ob er jetzt schon bereit ist zu zerschnipseln.

Übung 1: Wann immer eine negativ geladene Erinnerung in Ihr Bewusstsein tritt oder Sie sich dabei ertappen, über Vergangenes in negativer, abwertender Form zu reden, wenden Sie die Technik des Zerschnipselns an. Das können Sie wahlweise entweder in Gegenwart anderer tun oder sich dafür kurzfristig auf ein „stilles Örtchen" zurückziehen.

Übung 2: Suchen Sie sich einen Übungspartner, mit dem Sie gemeinsam negative Ladungen der Vergangenheit aufspüren, zerschnipseln und umformen können, bzw. bieten Sie, sofern der Raum dafür gegeben ist, diese Technik Ihrem Gesprächspartner an, wer immer es ist und worum immer es gehen mag, sobald dieser sich in Negativdarstellungen über Vergangenes ergeht.

Blockaden ausdrücken, in reine Energie verwandeln und loslassen

Alles dient uns!

„Gute“ und „schlechte“ Energien los- und durchlassen

Energien sind weder gut noch böse.
Sie sind einfach da.

Wir können Energien in „gute“ und „böse“ aufteilen, doch bei Licht betrachtet sind Energien einfach nichts anderes als Energie. Solange Sie Energien in gut und schlecht klassifizieren, müssen Sie sich permanent vor „negativen“ Energien schützen. Mit dem Widerstand gegen negative Energien verhält es sich so, als würden Sie eine Mottenkugel essen, um sich vor der Motte, die Sie verschluckt haben, zu schützen. Die Mottenkugel schadet in dem Fall mehr als die Motte.

Solange Sie süchtig nach Lob sind und Angst vor Tadel haben, versessen sind auf das Gute, Schöne, Wahre, aber Angst haben vor dem Schlechten, Hässlichen, Falschen, leben Sie eingleisig. Der eigene Schatten wird Sie irgendwann einmal einholen. Wenn Sie den Wundern der täglichen Begebenheiten mit Vorurteilen oder Bewertungen begegnen, fixieren Sie diese und verkennen dabei völlig, welche lebendigen Möglichkeiten in ihnen verborgen sind. Oft sind in der scheinbar negativen Energie, die Sie möglicherweise wegdrängen wollen, genau die Chancen verborgen, die Sie, wenn Sie richtig damit umgehen, ins Gleichgewicht und auch näher zu Ihren gewünschten Zielen bringen. Was immer das Leben Ihnen präsentiert – alles kann Ihnen dienen!

Negative Energien durchzulassen bedeutet nun nicht, dass Sie von Ihren Zielen und Idealen Abstand nehmen oder sich mit einem ungesunden Lebenswandel anfreunden sollten. Es bedeutet lediglich, dass Sie dem scheinbar Negativen nicht zu viel Macht und Bedeutung über und für sich einräumen sollen. Wenn Sie sich dessen bewusst sind, wer Sie *wirklich* sind, gibt es nichts, das Sie nicht an sich heranlassen, aufnehmen, durch sich hindurchfließen lassen können, nichts, was Sie nicht vollständig durchleben und dann loslassen können. Ob es sich um Handystrahlen oder verrauchte Räume handelt, um Zeitgenossen, die negativ denken oder gar negative Emotionen verbreiten, alles kann eine Herausforderung für Sie darstellen, Widerstände und Störungen im Energiesystem zu erkennen, aufzulösen und mit dem zu verbinden, der Sie *wirklich* sind. Sie sollten das Negative, Ungeeignete nicht suchen, aber wenn es sich Ihnen aufdrängt, beispielsweise weil Sie ein wichtiges Treffen in einem verrauchten Lokal haben, dann hilft Ihnen das Durchlassen, sodass schlechte Luft Sie so wenig wie möglich belastet. Ein wenig Belastung wird möglicherweise bleiben, aber sie wird reduziert sein in dem Maße, wie Sie sie transzendieren können.

Auch an guten Energien sollten Sie nicht kleben. Dies bedeutet nicht, dass Sie sich nicht gesund ernähren sollten. Doch Sie sollten beispielsweise nicht durch Lob und Orden erpressbar sein.

Es ist ein Wunder zu erleben, dass wir in der Lage sind, zu einem großen Teil Energien durch uns hindurchzulassen. Dr. Silvia Hartmann sagt in dem Zusammenhang: „Sobald Sie den Blick auf die ‚energetische Realität' einer Sache richten, können Sie erkennen, dass es nichts gibt, aus dem Sie nicht Nahrung und Nutzen ziehen können, vorausgesetzt Ihr Energiekörper ist voll funktionsfähig." Sie selbst sind etwas Größeres, Umfassenderes als Energie. Sie sind Bewusstsein. Das Ablehnen, der Widerstand gegen das scheinbar Negative würde Ihr Energiesystem mehr beeinträchtigen als die Geschehnisse an sich. Denn aus der Sicht des *einen* Bewusstseins des „*Ich bin*" gibt es nichts, das Sie wirklich verletzen kann. (Mit „Ich bin" ist in diesem Buch die Gegenwart der höchsten/*Einen* Kraft gemeint, der „unsterbliche Gottesfunken" in jedem Menschen.)

Den Aggregatzustand von Energie verändern

Blockaden auflösen bedeutet,
ihren Aggregatzustand zu wechseln.

Sie sind ein wandelndes Energiesystem. Sie nehmen Energien auf und erlauben ihnen, Sie wieder zu verlassen. Bei vielen Menschen ist das emotionale System jedoch aufgrund von Blockaden gestört, so dass Emotionen nicht frei durch sie hindurchfließen können. Oft liegt die Botschaft in einer emotionalen Störung oder einer körperlichen Blockade. Um jene aufzulösen, ist es wichtig zu erkennen, dass diese nicht zu unserer eigentlichen Natur gehört. Energie will fließen. Energie muss fließen, damit wir gesund bleiben.

Eine emotionale Verletzung, die wir im Laufe des Lebens erfahren und nicht aufgelöst haben, zeigt sich als aufgestaute, verstopfende Energie in unserem Körper und in unserem Nervensystem. Nicht immer erkennen wir diese Energiestaus an körperlichen Symptomen wie Herzschmerzen, Gallensteinen usw. Oft fühlen wir einfach nur eine Beeinträchtigung unserer Schaffens- und Tatkraft. Nun gibt es verschiedene Möglichkeiten, diese Energiestaus aufzulösen, von denen einige bereits genannt wurden.

Eine Möglichkeit ist das **Tibetan Pulsing Healing** [29]. Hierbei gehen Therapeut wie Patient ins eigene Herz und verbinden sich mit dem Herzschlag des anderen, um entsprechende Blockaden im Körper- und Nervensystem zu lösen. Doch auch wenn Sie kein Therapeut sind, können Sie sich mit dem Herzen des anderen verbinden. Möglicherweise erzielen Sie dadurch keine so tief greifende Wirkung wie bei einem professionellen Tibetan Pulsing Healing, aber doch einen spürbaren positiven Effekt. Diese Methode ist ergänzend sehr empfehlenswert, um den Weg für Ihren Erfolg freizuschaufeln, muss jedoch, da es sich vor allem um Spürübungen handelt, in Kursen erlernt werden.

Nachfolgend eine weitere Methode, die Sie allein anwenden können: Damit die Blockaden gelöst werden, werden wir erst einmal ihren Aggregatzustand verändern, so wie Eis unter der Sonne sich in Wasser verwandelt und schließlich als Wasserdampf verschwindet. Die erste Stufe, das Eis, ist dabei der Zustand der blockierten Energie. Die zweite Stufe, das

Wasser, versinnbildlicht den lebendigen Ausdruck der Blockade. Doch er wäre sinnlos, würden Sie sie nicht in Stufe drei, beim Wasserdampf, sich auflösen lassen, sodass nichts anderes als reine Energie übrig bleibt. Gehen wir aber zuerst auf die Verwandlung von Eis in Wasser ein.

Sie verändern den Aggregatzustand der blockierten Energie, indem Sie ihr den Raum geben, um sich durch Grimassen, Gestik, Mimik, Worte oder gar Schreien auszudrücken, begleitet von Bewusstheit. Wer sich scheut, Unliebsames, das in ihm schwelt, in Worte zu fassen, kann dies auch in einer Art Pseudosprache tun, indem er vor sich hin brabbelt oder unverständliche Wörter oder Laute von sich gibt. Wichtig ist es dabei, in sich hineinzuspüren und mit dem Bewusstsein beim eigenen Ausdrücken von Worten, Emotionen, Empfindungen zu sein. Doch eigentlich genügt es, das Empfinden, das Sie momentan haben, durch eine Grimasse oder durch wenige Worte zu äußern, und schon wird sich der Aggregatzustand verändern.

Beispiel 1: Nehmen wir einmal an, Sie hätten Bauchschmerzen. Dann sollten Sie natürlich zum Arzt gehen. Ergänzend kann es helfen, einmal mimisch auszudrücken, was Sie gerade spüren, und es in Worte zu kleiden. Vielleicht ziehen Sie den Mund zusammen und sagen Worte wie „Mir tut alles weh, dieser ganze Zwang, ich muss mich dauernd vergewaltigen ...".

Beispiel 2: Ihre Leber tut Ihnen weh und Sie drücken das aus. Hier könnte es helfen, sich im Bewusstsein mit Ihrer Leber zu verbinden, sodass Ihr Gesicht länglich wird, Sie stöhnen und aus Ihnen Worte kommen wie: „Ich fühle mich belastet, so ein starker Druck, nirgendwo ist Raum für meine Wut und meine Ablehnung.

Beispiel 3: Wenn Ihr Hals eng wird, beispielsweise bevor Sie einen wichtigen Vortrag halten müssen, spüren Sie vielleicht, wie Ihr Gesicht sich zu einer Grimasse verzieht und Sie die Zunge heraushängen lassen, möglicherweise kommen aus Ihnen Worte wie „Ich habe keinen Raum, mich auszudrücken, alle erwarten etwas von mir, ich darf überhaupt nicht ich selbst sein".

Worum auch immer es sich bei der gestauten bzw. blockierten Energie handelt, wichtig ist, dass Sie – für einen Augenblick – das, was Sie wahrnehmen, total übertreiben und dadurch ins Fließen bringen, ohne Ihren Ausdruck zu bewerten oder jemand anderen persönlich damit zu beleidigen. Jemand, der mit Ihnen gleichzeitig im Raum ist, darf Zeuge sein, aber ihm muss klar sein, dass er nichts mit dem, was Sie gerade ausdrücken, zu tun hat. Gehen Sie in Gedanken genau an die Stellen Ihres Körpers, wo Sie die stärksten Blockaden spüren, und bringen Sie sie zum Ausdruck. Oft lösen sie sich allein schon dadurch in Wohlgefallen auf.

Hartnäckigere Blockaden lassen sich mit „EmoTrance" behandeln. EmoTrance wurde von Dr. Silvia Hartmann in 15-jähriger Forschungsarbeit entwickelt und ist ein neues System, das direkt mit dem Energiekörper arbeitet, um tief sitzende Behinderungen des mentalen Trainings, wie zum Beispiel psychosomatische Schmerzen und schwere emotionale Probleme, sanft zu reparieren. Die Idee dieser Methode liegt darin, festgefahrene Gefühle oder körperliche Blockaden wieder in Fluss zu bringen, indem sie in ihrer essenziellen Beschaffenheit als „reine Energie" erkannt und angesprochen werden. Hierfür bedient sich EmoTrance folgender Werkzeuge:

Skalierung des Aggregatzustandes: Sie machen sich erst einmal daran, eine eventuell vorhandene Blockade nach einer bestimmten Skala einzuordnen. Hierbei können Sie sich beispielsweise der Skala von Dr. Hartmann bedienen, die Blockaden wie folgt einstuft:

- 10 = ohne Bewegung und Veränderung
- 9 = steinhart wie ein alter Gletscher
- 8 = hart wie Eis
- 7 = erstarrt wie kaltes Wachs
- 6 = zäh und langsam wie Rübensirup
- 5 = langsam wie ein schwerer, breiter Strom
- 4 = munter fließend wie ein quirliger Bergbach
- 3 = leicht wie Nebel
- 2 = sich auflösend wie Wolken in der Sonne
- 1 = unsichtbar, aufgelöst

Schilde lösen: Arbeiten Sie mit Ihrer Konzentration daran, die Widerstände gegen den freien Energiefluss in Gedanken zu verändern. Dabei haben Sie eine Reihe von Möglichkeiten, aus denen Sie bewusst auswählen können. Widerstände können Sie

- aufbohren
- durchlässiger werden lassen, bis sie sich wie ein Nebel auflösen
- poröser machen, bis sie beginnen aufzubrechen

- nach innen gehend umkreisen, bis sie immer kleiner werden
- schrumpfen lassen etc.

Entlassen: Nachdem Sie die Energien ins Fließen gebracht haben, ist es wichtig, nicht an der alten Energieform festzuhängen, sondern sie aus jeder Bewertung oder Erwartung zu entlassen. Sie brauchen die Energien nicht zu drücken oder zu ziehen, sondern wirklich nur diese alten, harten Energien sanft aufzutauen und den natürlichen Fluss zu unterstützen und zu ermutigen. Sagen Sie sich selbst: „Das ist doch nur Energie. Wechseln Sie den Bewusstseinszustand wie die Gänge Ihrer Gangschaltung im Auto, damit die gelösten Blockaden „verdampfen“ können.

Benutzen Sie Ihr Einfühlungsvermögen, um mögliche Blockaden aufzuweichen, poröser werden zu lassen etc. Unterstützen Sie die Energie dabei, flüssiger zu werden und durch die entsprechenden Kanäle zu fließen, ganz bis zum Ende und hinaus. Arbeiten Sie dabei *mit* der Blockade und nicht gegen sie. „Das ist doch nur Energie und auch die Blockade ist ‚nur Energie‘.“

Universelle Lebensenergie fließen lassen: Viele Therapeuten verwenden EmoTrance gern gleichzeitig mit REIKI. Indem sie die universelle Lebensenergie, ob Sie sie nun Reiki, Prana oder anders nennen, mit EmoTrance in Verbindung bringen, erleben Sie das Wunder, dass Sie immer durchlässiger werden. Legen Sie Ihre imaginären oder Ihre wirklichen Hände genau an die Stelle, wo die Blockade sitzt. Ihre imaginären Hände können halten, umarmen, streicheln, sie können größer oder kleiner sein als Ihre tatsächlichen Hände und Ihnen alles geben, was notwendig ist, um mögliche Blockaden aufzulösen.

Übung – Kieferhaltung (I): Zum Entstressen von Blockaden empfiehlt Dr. Hartmann die sogenannte Kieferhaltung. Legen Sie die Hände um den Kiefer. Die Finger liegen nebeneinander, die Mittelfinger zeigen in Richtung Ohren, die Handflächen berühren sich unterhalb des Kinns. Während Sie in dieser Position verharren, konzentrieren Sie sich auf den Gedanken: „Wiederherstellen, aufweichen, fließen ...!“

Übung – Kieferhaltung (II): Wenn Sie besonderen Wert auf Regeneration legen, mag Ihnen die Kieferhaltung II dienlich sein. Sie funktioniert genauso wie die Kieferhaltung I, jedoch zeigen die kleinen Finger in Richtung Augen.

Die Auflösung von Blockaden mittels EmoTrance lässt sich in folgende Punkte zusammenfassen:

1. **Erkennen:** Was ist los? Registrieren Sie, was Sie fühlen und wo Sie es im Körper fühlen, unabhängig davon, ob es sich um eine von außen auftreffende oder aus Ihnen selbst entstehende Empfindung handelt. Erkennen Sie frei fließende Energie und auch die Blockade.
2. **Lokalisieren:** Wo spüren Sie eine Blockade in Ihrem Körper? Notieren Sie den Aggregatzustand der Energie, um während der (Selbst-)Behandlung Fortschritte bewerten zu können. Zeigen Sie mit den Händen dorthin. Legen Sie Ihre geistigen oder tatsächlichen Hände oder die Ihres Partners dorthin. Richten Sie Ihre Aufmerksamkeit auf die Stelle.

3. **Skalieren:** Bewerten Sie die Stärke entsprechend einer Skala von 1-10
4. **Ausdrücken:** Drücken Sie die Blockade durch Grimassen, Übertreiben, Stimme, Seufzen aus. Bitten Sie den Körper, seine Reaktion frei zu zeigen.
5. **Schilde lösen** wie auf Seite 241 erläutert, also beispielsweise indem man Blockaden aufbohrt, sie schrumpfen lässt, sie dünner macht oder Ähnliches.
6. **Heilstrom:** Lassen Sie liebevoll reine Lebensenergie fließen (zum Beispiel Reiki, Prana oder Ähnliches).
7. **„Ent-rüsten“:** „die Rüstung fallen lassen“ – wohin würde diese Energie fließen, wenn sie frei fließen könnte? Gegebenenfalls unterstützen Sie den Fluss durch die Kieferhaltung.

Sie können Blockaden auch gemeinsam auflösen.

Übung: Wenn Sie zu zweit sind, können Sie die Hand auf die Blockade legen (lassen), begleitet von der Frage bzw. der Anweisung: „Spürst du das?“ Und. „Bitte erlaube, dass diese Energie ihre entsprechenden Kanäle und Stromkreise findet, hinein, hindurch, hinaus!“

Nachfolgend einige Beispiele für die Anwendung dieser Methode[30]:

- Ihre Kinder streiten sich und das belastet Ihre Nerven. Statt auszurasten, fragen Sie sich: „Wo fühle ich diese Belastung in meinem Körper?“
- Sie sind in einem Business-Meeting und fühlen sich angespannt. Sie spüren in sich hinein: „Wo spüre ich die Anspannung in meinem Körper?“

- Sie fühlen sich in Ihrer Erotik blockiert. In dem Fall erkennen Sie, dass Sie von Natur aus ein sexuelles Wesen sind. Spüren Sie Ihre sexuelle Energie und fühlen Sie nach, an welcher Stelle sie blockiert ist. Legen Sie mithilfe dieser Methode Ihre sexuelle Energie wieder frei. Sexuelle Energie ist Antriebsenergie. Möglicherweise liegen auch unbewusste Bewertungen über die sexuelle Energie vor. Dann erkennen Sie: Sexuelle Energie ist unschuldige Energie.

Übung – Karte: Ziehen Sie eine Postkarte oder ein Energiebild Ihrer Wahl und nehmen Sie diese Karte als Energie wahr, nicht als Bild. Wenn diese Karte Energie wäre, wo könnten Sie sie im Körper fühlen? Wie fühlt sie sich an? Wo sind in Ihnen Widerstände gegen das freie Durchfließen dieser Energie? Lassen Sie die Widerstände gegen diese Energie los. (Hierbei ist es egal, ob es sich um eine „positive" oder eine „negative" Karte handelt.) Fragen Sie sich dann: Wie fühlt sich die Energie nun für mich an, da ich keinen Widerstand mehr gegen sie habe? Welche Botschaft, welche Erkenntnisse kann ich nun aus dieser Karte/ Energie gewinnen?

So manch ein Mensch ist reich an Gedanken, an Liebe, an Beziehungen und lebt doch im Mangel, weil er in einem ganz bestimmten Lebensbereich Blockaden gegen die universelle Energie der Fülle hat. Sollte dies bei Ihnen der Fall sein, könnten Sie sich wie folgt helfen:

Übung – Finalbild: Nehmen Sie das Bild eines erwünschten Endzustandes, eines Palastes, märchenhaften Reichtums, strahlender Gesundheit, erfüllter Liebe oder was auch immer zur Hand. Betrachten Sie es. Wenn es reine Energie wäre, wie würde es sich anfühlen? Wo spüren Sie es in Ihrem Körper? Wo stößt diese Energie in Ihnen auf Widerstand? Bearbeiten Sie diesen Widerstand mit dem 5-Punkte-Programm und erleben Sie, wie Ihr Widerstand gegen die Erfüllung Ihres Wunsches immer mehr dahinschmilzt, bis Sie sich innerlich und äußerlich reich fühlen.

Übung – Mentaltraining: Wählen Sie ein positives Ziel aus oder einen Wunsch, sei es ein neues Auto, den idealen Partner, Vitalität und Lebensfreude, ein erfülltes Leben, tiefes Lebens- und Liebesglück – was immer Sie begehren. Sprechen Sie diesen Wunsch vor einem guten Freund oder vor einem Partner laut aus. Nehmen Sie wahr, wo in Ihrem Körper Widerstände und Störungen gegen die Wunscherfüllung auftreten, und lassen Sie sie los. Wiederholen Sie Ihre Formulierung und behandeln Sie die Widerstände erneut, bis Sie beim Aussprechen Glaubwürdigkeit und Schöpferkraft spüren. Ihr Partner oder Freund beobachtet Sie, und wenn er spürt, aber erst dann, dass Sie diese Formulierung aus einer inneren Quelle heraus sprechen, bestätigt er Ihnen: „Dein Wunsch hat sich erfüllt!" Sie können diese Übung auch mit sich allein vor dem Spiegel vornehmen.

Übung – das eigene Verhältnis zum Geld klären: Nehmen Sie ein Geldstück oder einen Geldschein in die Hand. Wenn dieses Geld reine Energie wäre, wie würde sich das anfühlen? Wo in Ihrem Körper fühlen Sie es? Wo haben Sie Widerstände gegen das freie Durchfließen des Geldes? Besonders spannend ist es, diese Übung *sowohl* mit einem 1-Cent-Stück als auch mit einem 500-Euro-Schein, also sowohl mit dem kleinsten als auch mit dem größten Repräsentanten von Geld durchzuführen.

Übung – Traumata der Vergangenheit auflösen: Erinnern Sie sich an etwas Schlimmes, das Ihnen widerfahren ist oder das jemand zu Ihnen gesagt hat. Notieren Sie es in einer Aussage oder einer kurzen Beschreibung. Dann drehen Sie das Blatt Papier auf die Rückseite und gehen in sich. Danach drehen Sie das Papier wieder auf die Vorderseite und lesen, was Sie geschrieben haben. Fühlen Sie, *wo* der von Ihnen geschriebene Satz in Ihrem Körper auftrifft, wo die eintretende Energie frei durchfließen kann und wo sie auf Blockaden trifft. Behandeln Sie diese nach dem 5-Punkte-Programm.

Übung – sich Energiegeschenke machen: Sagen Sie Ihrem Partner: „Ich schenke dir ... (Reichtum, Schönheit, Farben, Musik, Landschaft, Symbol)." Ihr Partner spürt, wie es sich anfühlt, diese Energie in sich zu spüren, und wo eventuell Widerstände dagegen im Körper vorhanden sind, und löst sie auf. Gegebenenfalls kann man sich das Energiegeschenk auch selbst geben, zum Beispiel vor dem Spiegel.

Übung – Eigenschaften annehmen: Wählen Sie eine positive Selbstbeschreibung, zum Beispiel „Ich bin reich", „Ich bin wertvoll", „Ich bin liebenswert", „Ich bin richtig". Sprechen Sie die Aussage laut aus und spüren Sie mögliche Widerstände auf. Bearbeiten Sie sie, bis die Energie durchfließt.

Sie wissen, dass eine Blockade wirklich geheilt ist, wenn Sie statt Schmerzen angenehme, aufregende, belebende Gefühle verspüren – das ist der Zustand der reinen Energie, der über das reine Verschwinden des Symptoms weit hinausgeht.[31]

Blockaden durchlichten (Schnellmethode)

Je mehr Sie gelernt haben, zu fühlen, ohne zu denken, umso weniger werden Sie für das Lösen von Blockaden Bilder oder mentale Werkzeuge benötigen. Nachfolgend eine kraftvolle Schnellmethode - **Übung:**

1. Spüren Sie in Ihren Körper hinein, wo sich eine oder die Blockade befindet.
2. Bitten Sie die Blockade, sich auszudrücken, Ihnen ein Gefühl, eine Emotion davon zu geben, welche Energie in ihr eingefroren ist. Es ist möglich, aber nicht unbedingt notwendig, das äußerlich durch Grimassen oder die Stimme auszudrücken. Wichtig ist es, die Energie (Wut, Trauer, Schmerz oder Ähnliches) zu spüren und sie sich voll in Ihrem Körper entfalten zu lassen.
3. Lassen Sie die Energie so stark werden, wie es nur geht. Sie werden erleben, dass sie dadurch, dass Sie sie zulassen, kurz aufkocht und dann in sich zusammenfällt.
4. Lassen Sie dann die reine Energie der universellen Urquellpulsation/Quelle, der *Einen* Kraft zu dieser Stelle fließen und durch sie hindurch. Sie werden erleben, dass die Blockade beginnt zu vibrieren und sich zu befreien.

Wie Sie Belastungen einfach wegklopfen

Das Geheimnis der Klopfakupunktur

Die Klopfakupunktur ist älter als unsere Kultur. In der energetischen Psychologie haben sich mittlerweile zwei moderne Techniken etabliert, die Menschen helfen können, Muster, Ängste und Behinderungen wegzuklopfen. Ergänzend zur Energiefeldtherapie (EFT), die ich in verschiedenen Büchern (unter anderem auch „Von der Angst zur Lebensfreude") beschrieben habe, möchte ich in diesem Buch die Dynamind-Technik[32], auch DMT genannt, vorstellen, wie sie vom Schamanen Serge Kahili King unterrichtet wird. Am besten führen Sie diese im Pharaonensitz aus: Sie sitzen an der Kante eines Stuhls, die Füße stehen nebeneinander, die Knie sind rechtwinklig, die Wirbelsäule ist gerade, das Kinn leicht angezogen. Nachfolgend gebe ich die Technik in Kurzfassung mit meinen eigenen Worten wieder.

1. Exakte Definition der Belastung und ihrer Stärke:

Was fühle oder erlebe ich? Was belastet mich? Wählen Sie das Thema, das Sie momentan am meisten bewegt bzw. belastet. Beschreiben Sie die Belastung so einfach wie möglich. Konzentrieren Sie sich dabei auf das Wichtigste. Finden Sie gegebenenfalls durch Hinterfragen heraus, welcher „Name" die Belastung exakt kennzeichnet, worin die eigentliche Belastung besteht. Hier kann ein Übungspartner, der darin geübt ist, hinter die Worte zu lauschen, enorm hilfreich sein. Schließlich gibt die Aussage etwas über die Belastung des Adressaten an und sie sollte so präzise getroffen werden, wie ein Akupunkteur seine Nadel setzt. Beispiele:

- Ich fühle mich wegen meiner Beziehung zu ... belastet.
- Ich leide unter dem Gefühl tiefer Wertlosigkeit ...
- Ich spüre Angst in meinem Körper ...

Viele Leute wollen einfach weghaben, was sie erleben müssen, seien es ungute Gefühle, Schmerzen, eine unstimmige Beziehung, Armut. Das funktioniert aus vielen Gründen nicht: Erst einmal geht es um die Selbstliebe. Sie können nicht sich selbst lieben und zugleich die Empfindungen und Emotionen verabscheuen, die gerade durch Sie stattfinden. Zweitens ist in dem Fall die Aufmerksamkeit in der Vergangenheit oder einer projizierten Zukunft bei einem Nein gefangen und deshalb nicht positiv wirksam.

Wichtig ist die exakte Bezeichnung des Problems, denn wenn Sie nicht wissen, was *jetzt ist*, weiß Ihr Unterbewusstsein auch nicht, was exakt verändert werden soll. Der Adressat der Veränderung fehlt dann. Es ist so, als erteilten Sie als König einem Kammerdiener einen Befehl, sprechen aber keinen namentlich an, so dass keiner weiß, wer gemeint ist.

Indem Sie exakt beschreiben, was los ist, machen Sie den Weg für eine Änderung frei. Wenn Sie das Problem nicht genau bezeichnen oder es leugnen, sagt Ihr Unterbewusstsein (falls es Sie überhaupt versteht): „Das ist ja alles ganz nett, was du sagst, aber ich weiß, dass es da ein Problem gibt, du verstehst *mich* nicht!

Indem Sie das Problem exakt ansprechen, fühlt Ihr Unterbewusstsein sich gesehen und verstanden.

Weghaben wollen funktioniert also ebenso wenig wie ein vages Benennen des Themas. Der Weg geht immer über das Annehmen und die exakte Bezeichnung des Themas. Nur wenn Sie alle Gefühle und Gedanken annehmen und genau benennen, erhalten Sie den Zugang zum Unterbewusstsein. Es öffnet sein Tor zu Ihnen nur dann, wenn Sie sich zu 100 Prozent auf das Hier und Jetzt einlassen, und nur dann können Sie es für die Kooperation gewinnen.

Das Anerkennen des Ist-Zustandes entspricht auch dem alten Huna-Gesetz: „*Jetzt* ist der Augenblick der Macht!" Indem Sie *anerkennen, was ist*, landen Sie mit Ihrem Bewusstsein im *Jetzt*, öffnen das Tor zum Unterbewusstsein, sprechen mit ihm – statt an dem zu kleben, was sein sollte, aber jetzt *nicht* ist. Es gilt, sich also deshalb immer wieder zu fragen: „Was ist jetzt?" Am Nadelöhr der Gegenwart führt nichts vorbei. Das *Jetzt* ist quasi die Gangschaltung oder der Leerlauf, je nach Betrachtungsweise, die notwendig sind, um von einem ungeeigneten Gang in einen geeigneten zu schalten.

Wann immer Sie etwas Neues wollen, müssen Sie das Alte loslassen. Sie können aber nichts loslassen, was Sie nicht zuvor in Besitz genommen haben. Wann immer Sie etwas wegschieben, berauben Sie sich damit nur der Kraft der Gegenwart. Der erste Schritt bedeutet also, das Kind beim Namen zu nennen. Im Jetzt öffnet sich das Tor zur Veränderung.

Sie können sich Ihr Leben auch als zwei Züge vorstellen, die parallel zueinander fahren. Der eine, das ist Ihr Ego mit all den Schmerzen, die es hat. Da rattern die Räder, die Gleise sind schlecht und es besteht die Gefahr, dass dieser Zug jeden Augenblick entgleist. Der andere Zug, das ist das Leben. Dieser Zug ist vollkommen intakt, modern, auf dem neuesten Stand der Technik und alles, was Sie brauchen, ist vorhanden. Indem Sie *annehmen, was ist,* öffnet sich in Ihnen der Augenblick, in dem Sie von einem Zug auf den anderen springen können. Quasi ein „Gleiswechsel" ist möglich. Sie fahren wieder in die gleiche Richtung und mit dem gleichen Tempo wie das Leben.

Um eine optimale Adressierung zu erreichen, sollten Sie so genau wie möglich beschreiben, wo das Symptom im Körper sitzt, wie es sich anfühlt etc. Bewerten Sie die Stärke des Gefühls bzw. die Höhe der Belastung mit einem Wert zwischen 0 und 10 (0 = klein, 10 = sehr hoch). Alternativ hat sich auch eine Skala von 1–100 (1 = leicht, 100 = unerträglich) bewährt.

Übung: Sprechen Sie Ihre Belastung und den Grad der Belastung aus. Und treffen Sie sie mit Worten so exakt wie möglich.

2. Spitzdreieck und Aussprechen der Satzkombination

Führen Sie die Fingerkuppen gleicher Finger beider Hände aneinander (Daumenkuppe an Daumenkuppe, Zeigefingerkuppe an Zeigefingerkuppe usw.). Die Finger sind gespreizt. Bei Verhaltenstrainern wird diese Handhaltung oft Spitzdreieck genannt. Sie können sich aber auch vorstellen, dass sich in der Mitte der Hände eine unsichtbare Weltkugel befindet. Das Spitzdreieck wird vor und nach der Klopfakupunktur gehalten.

Das Aussprechen der Belastung (Adressat des Problems) wird hierbei als Bestandteil in die sogenannte Satzkombination eingebaut. Diese Satzkombination besteht aus drei Faktoren:

1. einer Zieladresse (Belastung/Problem)
2. dem Offenbaren einer Möglichkeit („und das kann sich ändern“)
3. einer unmissverständlichen Absicht (Befehl).

Beginnen wir mit dem ersten Teil der Satzkombination: Sprechen Sie die Belastung an, indem Sie sie aussprechen: „Ich habe ein Problem mit ...“

Wenn Sie mit dem Aussprechen beginnen, werden Sie möglicherweise wahrnehmen, dass der Satz gar nicht das Problem betrifft. Oft erkennen Sie dies dadurch, dass er Ihnen nicht leicht und kraftvoll über die Lippen geht. Dann halten Sie inne und formulieren den Satz neu. Aus: „Ich verspüre Ablehnung gegenüber Herrn Rose, weil er mir Armutsbewusstsein vorwirft“ wird möglicherweise „Ich fühle Distanz zu Herrn Rose, weil er mich mental umprogrammieren will.“ Es gilt, also immer exakt den Kern des Themas zu treffen. Es kann auch sein, dass Sie während des Aussprechens spüren, dass die Formel eine Ergänzung braucht. Beispielsweise wird so aus „Ich habe Angst vor Herrn Roses Aggressionen“ die Aussage „Ich habe Angst vor Herrn Roses unerwarteten Aggressionen“. Hierbei ist nicht wichtig, ob Ihre Aussage objektiv gesehen „richtig“ ist. Gearbeitet wird immer mit der subjektiven Wahrnehmung. Falls Sie beispielsweise das Gefühl haben, dass Ihr Kollege auf Sie herabsieht, arbeiten Sie damit, auch wenn es nicht der Wahrheit entspricht. Jedes Problem kann sich in etwas Besseres wandeln!

Kommen wir nun zur kompletten Satzkombination: Sie sprechen in der Autorität dessen, wer Sie wirklich sind (Ich-bin-Kraft) die folgende Satzkombination aus:

1. „Ich habe ein Problem mit ...“ bzw.: „Es belastet mich, dass ...“ oder: „Ich fühle ... bezüglich ...“
2. „Und das kann sich ändern!“
3. „Ich will, dass dieses Gefühl/Muster/diese Belastung von ... verschwindet!“ bzw. „Und dieses Gefühl/Muster/diese Belastung von ... kann jetzt verschwinden.“

Zu 1.: Wir sind in einem Paradigma von Perfektionismus und voller Verdrängungsmechanismen aufgewachsen. Indem wir bereit sind, vom arroganten Podest des Perfektionismus herunterzusteigen und anzuerkennen, dass wir ein Problem haben, begeben wir uns in die eigenen Tiefen und ermöglichen, mit dem umzugehen, *was ist*. Allein das *Anerkennen, was ist*, löst bereits eine große Entspannung aus. Allerdings dürfen wir dabei nicht stehen bleiben und sollten auch keine Geschichten darum herum weben. Denn durch Geschichten würden wir das Problem nur rechtfertigen und damit einzementieren. Sie haben vielleicht manchmal ein Problem – aber Sie *sind* kein Problem! Begründungen für die unliebsame Situation (zum Beispiel, „weil man eine so schlimme Kindheit gehabt hat ...“) würden das Problem untermauern, statt es zu lösen. Ein Fall aus der Praxis soll dies verdeutlichen:

Beispiel 1: Zu mir kam eines Tages ein Patient mit einem Impotenzproblem. Er flüsterte dieses Wort nur, so sehr schämte er sich. Ich lud ihn ein, in mein volles Wartezimmer zu gehen und vor allen Wartenden zu sagen: „Ich habe ein Problem mit der Potenz." Als mein Patient den Mut aufbrachte, dies zu tun, verlor er sein Gefühl von Beklemmung. Bereits wenige Tage später erhielt ich seinen Anruf, indem er mir erfreut mitteilte, dass alles wieder gut klappen würde.

Beispiel 2: Ähnlich ging es mir mit einem Patienten, der sich seiner Fernsehsucht schämte. Als er in einem Selbsterfahrungsseminar öffentlich und ohne Scham seine Sucht gestand, konnte der Heilungsweg eingeleitet werden. Der Teufel hatte sein Schreckensgesicht verloren.

Erkennen Sie: Bereits die einfache Anerkennung des Problems, ohne es groß aufzubauschen, setzt einen Erlösungsprozess in Gang. Hier findet sich eine Analogie zur Kunst des Bogenschießens, denn ein therapeutisches Ergebnis, eine Heilung, eine positive Veränderung erreichen zu wollen kommt einem Ziel gleich, das wir uns gesteckt haben. Dieses Ziel muss getroffen werden, damit die Wandlung einsetzt. Und dieses Treffen wiederum ist mit der Kunst des Bogenschießens vergleichbar. So entspricht also Teil 1 der Satzkombination, das Aussprechen des Problems (Adressat), dem Fixieren der Zielscheibe.

Zu 2.: Nun geht es darum, die Möglichkeit einer Alternative zu begreifen. Erst einmal ist es nur wichtig, sich vorstellen zu können, dass es überhaupt eine Alternative geben kann. Es geht nicht darum, das, was ist, schlecht zu machen. Es geht aber sehr wohl darum, zumindest gedanklich einmal das Bisherige loszulassen. Die Möglichkeit der Änderung zu akzeptieren bedeutet, den alten Zug zu verlassen, nicht an ihm festzuhalten. Dies beinhaltet:

- sich nicht weiter zu beklagen
- nicht mehr weiterhin andere verantwortlich zu machen
- die eigene Geschichte, die mit dem Unerwünschten zusammenhing, aufzugeben
- einräumen, dass man möglicherweise mit dem bisherigen Standpunkt unrecht gehabt hat

Es geht darum, von einem Zug in den anderen umzusteigen, also die alten Geschichten loszulassen, die mit dem bisherigen Status verbunden waren. Manchmal müssen Sie sich entscheiden, ob Sie glücklich sein oder recht haben wollen. Nur wenn Sie bereit sind, alles gehen zu lassen, was mit dem „alten Zug" zu tun hatte, werden Sie den Gleiswechsel vollbringen können. Dazu gehören auch falsche Glaubenssätze wie:

- „Mein letzter Liebhaber hat meine Beziehungsfreude belastet!"
- „Ich bin damals auf Misserfolg programmiert worden, deshalb bin ich heute arm."
- „Ich habe damals einen Fehler gemacht, das muss ich auf ewig büßen."

Gleiswechsel bedeutet: „Und das kann sich ändern." Es ist die Entscheidung, den Zug zu wechseln – ohne

Wenn und Aber. Seien Sie sensitiv für destruktive Gedanken und lassen Sie nicht mehr zu, dass sie wie zu schweres Gepäck an Ihnen klammern.

Es ist wie bei einer Zugreise, bei der Sie bei bestimmten Stationen den Zug wechseln können. Wenn Sie beispielsweise im Zug von München nach Köln gesessen sind und Sie müssen in Mannheim umsteigen, werden Sie in dem Zug, in den Sie jetzt einsteigen, völlig andere Passagiere vorfinden. Das Essen wird anders sein, die Bedienung und auch der Schaffner. „Und das kann sich ändern" bedeutet anzuerkennen, dass es nicht nur eine einzige Einbahnstraße, sondern unendlich viele Realitäten gibt. Wenn Schmerz da ist, dann ist auch Freude möglich, wenn Armut da ist, ist auch Reichtum möglich. Auf dieser Stufe sind Sie bereit für die Möglichkeit, offen zu sein, dass sich die Dinge positiv verändern, ja dass sie sogar in eine Transformation gehen können. Das, was Sie bisher erleben mussten, ist nicht die einzige Möglichkeit auf der Welt für Sie, um weiter zu existieren.

Nichts ist von Dauer! Muster, Neigungen, Schwierigkeiten, Krankheiten, was auch immer, haben irgendwann einmal angefangen. Was angefangen hat, ist auch endlich. Mit der Formulierung „und das kann sich ändern" können Sie sich leicht anfreunden, denn immer wieder lesen Sie davon, dass irgendwo auf der Welt ein Mensch Heilung erlangt hat oder jemand, der bisher erfolglos war, auf einmal doch die Erfolgskurve genommen hat. Und was ein Mensch auf der Welt vollbringen kann, kann prinzipiell jeder tun. Dies wird bei den Weltrekorden in der Leichtathletik wie bei der Heilung von Krebs als real erlebt.

Änderung geschieht, indem Sie annehmen, *was ist*, Ihre Aufmerksamkeit dann auf die Möglichkeit einer Änderung legen und dann auf diese Änderung gerichtet halten. Im Grunde genommen ist es eine Trilogie, wie wir sie im sogenannten dialektischen Dreisatz von These, Antithese und Synthese (nach Hegel) finden:

- Ich *akzeptiere* das, was ist (die eine Seite des Dreiecks, entspricht der These)
- Ich halte auch etwas anderes/das Gegenteil für *möglich* (die andere Seite des Dreiecks, entspricht der Antithese)
- Ich halte meine Aufmerksamkeit auf die Änderung gerichtet (die dritte Seite des Dreiecks, entspricht der Synthese)

In der Analogie des Bogenschießens entspricht Teil 2 der Satzkombination, das Aussprechen der Möglichkeit der Veränderung, dem Spannen des Bogens.

Zu 3: „Ich will, dass das Problem verschwindet." In der Analogie des Bogenschießens wirkt das Aussprechen des Befehls wie das Loslassens des Pfeils. Hierbei ist wichtig, dass die Absicht eindeutig und unmissverständlich rüberkommt. Nur wenn Sie klar sagen, was Sie wollen, bekommen Sie auch das gewünschte Ergebnis. Wichtig ist, dass der Befehl nicht aus einem Ego herauskommt, sondern aus dem inneren Raum, einer „Autorität der Stille", die liebevoll und doch klar und eindeutig ist. Die nachfolgende ergänzende Übung ist ziemlich einfach, kann Sie aber darin schulen, Ihre Absicht wirklich eindeutig zu formulieren:

Übung: Bitten Sie Ihren Partner um einen Gefallen, etwa Ihnen einen Kaffee zu bringen oder auf einen Stuhl zu steigen. Ihr Partner hört nur, ob diese Bitte klar und unmissverständlich rüberkommt. Er lässt bei dieser Übung sein eigenes Ego beiseite, also beispielsweise die Frage, ob er jetzt gern auf einen Stuhl steigen oder Kaffee bringen möchte. Er achtet nur darauf, ob er in sich den Impuls fühlt, dem „Befehl" nachzukommen. Wenn ja, tut er es, wenn nicht, unterlässt er es. Es geht bei dieser Übung nicht darum, sich durch Drohung oder Flehen manipulieren zu lassen, sondern dem anderen ein Spiegel zu sein, ob er in der Lage ist, seine Absicht bzw. seinen Befehl eindeutig rüberzubringen.

3. Klopfen

Legen Sie Daumen, Zeigefinger und Mittelfinger aneinander und klopfen Sie damit je siebenmal

a) auf Ihre Brustbeinmitte/den Thymus: Das Klopfen der Thymusdrüse lockert den Brustbereich und die Atemwege, stimuliert das Immunsystem und wirkt als Bekräftigung der Aussage.
b) auf das kleine Dreieck zwischen Daumen und Zeigefinger jeder Hand: Es ist in der Traditionellen Chinesischen Medizin als Hoku-Punkt bekannt.
c) auf den etwas vorstehenden Wirbelknochen am unteren Nacken (Basis des Genicks, siebter Nackenwirbel): Das Klopfen dieses Punktes wirkt auf das gesamte Körper-Energiesystem.

Zusätzlicher Klopfpunkt: In der Praxis hat sich als zusätzlicher Punkt der Scheitelpunkt als hilfreich erwiesen, doch ob er diesen ebenfalls beklopfen möchte, mag jeder für sich selbst herausfinden.

4. Pico-Atem

Legen Sie wieder die Fingerspitzen zusammen (Spitzdreieck). Atmen Sie tief ein und konzentrieren Sie sich dabei auf den Scheitelpunkt an der Schädelspitze. Dann atmen Sie aus und konzentrieren sich dabei auf Ihre Füße und Zehen. Diese Art des Atmens nennt man Pico-Atem[33] (stammt aus dem Hawaiianischen). Pico-Atem bedeutet, dass Sie sich beim Einatmen auf einen bestimmten Punkt am Körper konzentrieren (hier: Scheitelpunkt) und beim Ausatmen auf einen anderen Punkt (hier: Füße/Zehen). Dadurch soll eine Energiewelle zwischen den beiden Punkten aufgebaut werden. Spüren Sie dieser Energiewelle nach und wie mit ihr alle Probleme/das Muster verschwinden (wellenförmig hinausgeatmet werden).

5. Spüren, was jetzt hochkommt – nächster Durchgang:

Verharren Sie im Pharaonensitz mit Spitzdreieck und spüren Sie nach: „Was fühle ich jetzt?" Definieren Sie die Belastung/das Gefühl neu. Es kann sein, dass Sie einige Zeit warten müssen, bis sich das nächste Gefühl meldet. Sollte das Problem noch in der alten Formation bestehen, fragen Sie sich, wie groß es jetzt noch ist (von 1–100 bzw. 1–10). Prüfen Sie auch, ob die Art und der Ort des Themas im Körper sich verändert haben. Gegebenenfalls machen Sie einen zweiten

Durchgang, beispielsweise mit „Ich fühle/erlebe noch einen Rest von …“. Nach spätestens drei Durchgängen sollte das bisherige Thema gelöst sein.

Möglicherweise taucht jedoch eine neue Facette auf. Unter einer Facette von Angst kann beispielsweise eine Facette von Wut oder Selbstzweifel verborgen sein. In dem Fall bearbeiten Sie eine Facette nach der anderen, bis Sie spüren, dass Sie frei sind. Auch wenn Sie innerhalb weniger Minuten vielleicht eine Vielzahl von Zwiebelschalen abschälen, sollten Sie jeden Durchgang so sorgfältig wie möglich vollziehen, stets neu hinspüren (eine Ebene tiefer gehen) und sich immer wieder bewusst machen, wer Sie wirklich sind („Ich bin“). Sie haben vielleicht ein Problem, aber Sie sind kein Problem. Achtung: Erst wenn Sie ein Gefühl von Freude, Erleichterung und Dankbarkeit spüren, sind genug Zwiebelschalen abgeschält und die Sitzung ist beendet. Ihr inneres Juwel ist freigelegt! Beispiele für (präzise) Formeln:

- Meine Bronchien husten (statt: ich bin erkältet).
- Ich habe einen Druck an der rechten vorderen Schläfe.
- Ich fühle Existenzangst in meinem ganzen Körper.
- Ich fühle einen klumpigen Druck in meiner Galle.
- Ich fühle eine zerstörerische Wut in meinem Energiesystem/Bauch aufsteigen (statt: ich bin wütend).
- Ich fühle mich als Opfer von Umständen, die ich nicht steuern kann.
- Ich fühle mich gefangen in der Beziehung mit …
- Ich fühle mich angegriffen/verletzt durch/von …
- Mich schmerzt meine Hinterlist und Falschheit …

- Der Vorwurf meiner Partnerin ... tut mir weh/ erzeugt Aggressionen in mir.
- Ich bin voller Scham wegen meiner subtilen Negativität.

Sonderbeispiele:

- **Verkettungen:** „Wenn ich frustriert bin, dann habe ich Heißhunger auf ungesunde Süßigkeiten und das kann sich ändern ..."
- **Vergangenheitsthemen:** „Zurückblickend auf meine damalige Demütigung seitens der Person X, fühle ich ..." (X könnte sein: Vater, Mutter, Freund/-in, Lehrer etc.)
- **Eventualitäten:** „In meinem Körper oder Geist könnte es Z geben."
- **Vorbereitung/Zukunftsthemen:** „Wenn ich daran denke, dass ich am ... einen Vortrag halten muss, empfinde ich Z ..." (Z könnte sein: Angst, Ablehnung, Beklemmung, Ohnmacht, Schuldgefühle, Selbsthass, Sorgen, Unsicherheit, Wut, Zweifel etc.)
- **Konjunktiv:** Der Konjunktiv hilft Ihnen, wenn Sie vorsorglich ein Problem aus dem Weg räumen wollen oder nicht sicher sind, ob es wirklich besteht, zum Beispiel „Es mag sein, dass in mir Widerstand ist gegen ..." oder „Es mag sein, dass die anstehende Vorsorgeuntersuchung unangenehm ist ...".
- **Generelle Formel:** „Ich fühle mich belastet."

„Wenn es sein darf": Diesen Zusatz sollten Sie immer dann einsetzen, wenn Sie für jemand anderen etwas verursachen, weil Sie nicht das Recht haben, sich in sein Schicksal einzumischen. Alternativ könnten Sie auch sagen: „Wenn es aus Sicht des Höchsten zu seinem Besten ist“ – denn Sie selbst können ja nicht wissen, was das Beste für den anderen ist. Bevor Sie für jemand anderen klopfen, wäre es gut, wenn Sie diese Person fragen, ob das überhaupt gewünscht ist.

Konkrete Fälle – *Beispiele*:

- „Es mag sein, dass in mir ein Widerstand dagegen ist, eine glückliche Beziehung zu führen, und das kann sich ändern, ich will, dass dieses Problem verschwindet.“
- „Meine Großnichte hat gesundheitliche Schwierigkeiten und das kann sich ändern, ich will, wenn es sein darf, dass ihre Schwierigkeiten verschwinden.“
- „Mein Großvater glaubt immer noch nicht an meinen Durchbruch und das kann sich ändern, ich will, wenn es sein darf, dass Opa an meinen Durchbruch glauben kann.“
- „Die Behandlung an meinem Weisheitszahn ist möglicherweise schwierig und unangenehm und das kann sich ändern, ich will, dass diese Schwierigkeit verschwindet.“
- „Es kann sein, dass ich nicht klar erkennen kann, wie mein neues Projekt werden soll, und das kann sich ändern, ich will, dass diese Schwierigkeit verschwindet.“
- „Ich kann möglicherweise nicht einschlafen und das kann sich ändern, ich will, dass dieses Problem verschwindet.“

- „Ich habe ein Problem mit meinem Nachbarn, und das kann sich ändern, ich will, dass dieses Problem verschwindet."
- „Es gibt möglicherweise eine Unstimmigkeit zwischen mir und meinem Freund, der sich nicht mehr gemeldet hat, und das kann sich ändern, ich will, dass diese Unstimmigkeit verschwindet."
- „Wenn ich an Peter denke, habe ich das Gefühl, dass er mich nicht versteht, und das kann sich ändern, ich will, dass dieses Gefühl verschwindet."
- „Es kann sein, dass ich im Widerstand bin ..."

Übung: Bearbeiten Sie ein Thema Ihrer Wahl mit der Klopfmethode!

Gleichnis: Jetzt

„Sage mir, welche Stunde wichtiger ist als alle anderen?" „Die jetzige", entgegnete die Jungfrau. „Und warum?" „Weil der Mensch nur über diese eine, nämlich die jetzige Stunde, wirklich Gewalt hat." „Das ist wahr! Und welcher Mensch ist wichtiger als alle anderen?" „Der, mit dem du es im Augenblick zu tun hast." „Und warum?" „Weil es jetzt von dir abhängt, was du ihm sagst und ob er traurig oder froh wird." „Und welche Tat ist wertvoller als alle anderen?" „Das Gute, das du in dieser Stunde ebendiesem Menschen zu erweisen vermagst." – Wenn ihr nach dieser Weise leben werdet, dann wird alles bei euch gedeihen und euch von der Hand gehen. Wenn ihr aber nichts wollen werdet, wird euch auch nichts von der Hand gehen. (Nicolai Leskow, Die Stunde Gottes)

Das abschließende Dankgebet

Bittet um was ihr wollt,
glaubet, dass ihr empfangen habt,
und es wird euch zuteil werden!
MARKUS 11,24

In der Praxis hat sich ein abschließendes Dankgebet bewährt. Durch das Danken bestätigen wir, dass wir erhalten haben, und schaffen Raum für die positive Veränderung. Was hat es mit der „Bestätigung auf sich? Jesus sagt in Mk 11,24: „Bittet um was ihr wollt, glaubet, dass ihr empfangen habt, und es wird euch zuteil werden!"

Das klingt erst einmal merkwürdig, weil hier Gegenwart, Vergangenheit und Zukunft auf eine besondere Art und Weise gestaltet sind. Wenn wir genauer hinschauen, erkennen wir in dem Jesuszitat aber ein geistiges Gesetz: Dankbar sein können wir nur für etwas, das wir erhalten haben. Wenn wir also, egal wie die Umstände sind, danken, setzen wir dadurch positive Energiefelder in Bewegung. Sobald wir dies tun, haben wir die Heilung bzw. den Erfolg „angenommen" und er wird uns zuteil werden. Im Zusammenhang mit der Klopfakupunktur empfehle ich, das Dankgebet im Pharaonensitz mit gefalteten Händen oder zusammengelegten Handflächen auszuführen, doch auch jede andere Position kann hier angemessen sein. Nachfolgend ein Vorschlag für ein Dankgebet nach einem der beschriebenen Rituale:

„Liebe universelle Kraft, die du immer meine Gebete erhört hast, so auch heute. Bitte nimm dich meiner an und führe mich auf deinem Weg. Mein Herz ist voller Dankbarkeit, dass ich durch deine Gnade in die Lage versetzt wurde, mithilfe dieses Rituals mein Bewusstsein positiv zu verändern und mein Leben positiv zu gestalten. Möge meine eigene Entwicklung allen Menschen zum Segen sein. Ich habe ... empfangen und dafür bin ich dankbar."

Statt der Auslassungspunkte setzen Sie die positive Qualität ein, das positive Gefühl, das Sie am Ende der Sitzung spüren, zum Beispiel:

- Liebe und Stimmigkeit im Umgang mit X
- Frei fließende kraftvolle Energie in meiner Galle
- Wohlstand und Positivität

Wie Sie sich positive Qualitäten einklopfen

Der Unterschied zwischen einem Schamanen und einem Nichtschamanen ist der zwischen sich hinwenden und sich wegwenden.
FRANZ KOCH, ALLES KANN SICH ÄNDERN

Sie können die oben angeführte Methode auch anwenden, um ein positives Gefühl in sich hineinzuklopfen. Dazu arbeiten Sie mit der beschriebenen Technik, aber mit folgender Abweichung bei der Satzkombination:

1. In mir/meinem Körper gibt es irgendwo ... (positive Qualität)
2. Und das ist gut so!
3. Ich will, dass diese Qualität sich in mir/meinem Körper ausbreitet/stärker wird/sich dauerhaft verankert.

Beispiele für positive Qualitäten:

- Friedfertigkeit
- Freude
- Gesundheit
- Harmonie
- Hoffnung
- Lebensmut
- Liebe
- Versöhnung
- Vitalität
- ....

Übung: Finden Sie in Ihrem Körper den Sitz positiver Eigenschaften und lassen Sie sie sich ausbreiten.

Besonders spannend wird es, wenn Sie Ihre Klopfsitzung verwenden, um dabei von einer negativen Qualität in eine positive überzugehen. Dies ist immer dann sinnvoll, wenn am Ende einer Runde eine Leere, aber keine Befreiung eingetreten ist. Dann kann sich allerdings möglicherweise nach dem Hineinklopfen einer positiven Qualität zwischenzeitlich eine bisher verdrängte negative Qualität melden. In dem Fall ist es zu empfehlen, sich durch sämtliche Schichten von negativen und positiven Qualitäten durchzuarbeiten, bis Sie zum positiven Kern gekommen sind und die Befreiung auch wirklich spüren.

Nachfolgend das Beispiel für eine Sitzung mit einer Klientin, die sich nach 25 Jahren Ehekrise endlich in die Behandlung traute:

1. Runde: „Ich baue eine Abwehr auf gegen meinen Ehemann, weil er mir meine Aussagen um die Ohren haut und mich dabei beleidigt. Und das kann sich ändern. Ich will, dass diese Abwehr verschwindet."
2. Runde: „Was fühlen Sie jetzt?" – „Ich spüre Angst vor den unerwarteten Aggressionen meines Ehemannes gegen Freund wie Feind. Und das kann sich ändern. Ich will, dass diese Angst verschwindet!"
3. Runde: „Was fühlen Sie jetzt?" – „Ich fühle mich komplett distanziert und befremdet gegenüber meinem Mann und das kann sich ändern. Ich will, dass diese Distanzierung verschwindet!"
4. Runde: „Was fühlen Sie jetzt?" – „Ich fühle Trauer, Schmerz und das Gefühl meines Mannes, wiederum von mir abgelehnt zu sein. Und das kann sich ändern. Ich will, dass dieses Gefühl in mir verschwindet."
5. Runde: „Was fühlen Sie jetzt?" – „Ich fühle Leere, Aussichtslosigkeit, Hoffnungslosigkeit im Zusammenhang mit meinem Mann. Und das kann sich ändern. Ich will, dass dieses Gefühl verschwindet."
6. Runde: „Was fühlen Sie jetzt?" – „Nichts!" Wechsel zur positiven Qualität: „Welches Gefühl brauchen Sie am dringendsten?" – „Sinn und Hoffnung!" – „In mir ist irgendwo Sinn und Hoffnung für die Beziehung mit meinem Mann. Und das ist gut so. Ich will, dass dieses Gefühl von Sinn und Hoffnung sich ausbreitet!"
7. Runde: „Was fühlen Sie jetzt?" – „Ich fühle Schmerz im Zusammenhang mit Beziehungen. Und das kann

sich ändern. Ich will, dass dieser Schmerz verschwindet!“

8. Runde: „Was fühlen Sie jetzt?“ – „Ich fühle Schuldgefühle im Umgang mit meinem Mann. Und das kann sich ändern. Ich will, dass diese Schuldgefühle verschwinden!“
9. Runde: „Was fühlen Sie jetzt?“ – „Ich fühle Stimmigkeit im Umgang mit meinem Mann. Und das ist gut so. Ich will, dass diese Stimmigkeit sich ausbreitet!“

Mit diesem Gefühl der Stimmigkeit wurde die Klientin entlassen, nicht ohne dass sie ein Dankgebet an die universelle Kraft gesendet hätte, dass sie den Wunsch erfüllt hat. Einige Wochen später meldete sich der Ehemann der Klientin: Seine Frau hätte sich auf eine dermaßen positive Weise verändert, dass er sich jetzt auch eine Sitzung wünscht.

Wichtig ist es in dem Zusammenhang, die Methode behutsam und liebevoll anzuwenden. Sie ist nicht dazu gedacht, die Schöpfung zu vergewaltigen. Sobald die Anwendung Energie kostet oder ermüdet, sind Sie nicht auf dem richtigen Weg. Manche Muster oder Beschwerden verschwinden nicht sofort, trotz Klopfen. Dann ist es wichtig, sie zu umarmen und „mit ihnen zu sein“.

Es ist auch nicht angemessen, einfach alles wegzuklopfen, da hinter unguten Gefühlen oftmals eine wichtige Botschaft verborgen ist. Wenn Sie beispielsweise sich immer wieder durch Ihre Familiensituation belastet fühlen, genügt es nicht, die Belastung einfach wegzuklopfen, sondern Sie müssen sich auch fragen, was Sie ändern und ob Sie eine andere Beziehungsform wählen sollen. Das Gleiche gilt, wenn Sie sich permanent in Ihrem Beruf „fehl am Platz“ fühlen – auch hier wäre, zum Beispiel mithilfe der Intuition, zu hinterfragen, ob Sie Ihre Einstellung zum Beruf ändern oder den Beruf selbst wechseln sollten, und nicht nur die Belastung durch den Beruf wegzuklopfen. Das eine ersetzt nicht das andere.

Die Klopfmethode ist erst einmal lediglich ein Angebot, das Ihr System annehmen kann oder nicht. Je spielerischer Sie damit umgehen, um so mehr Freude werden Sie an ihr haben. Es ist eine Frage der persönlichen Disposition, ob Sie bezüglich der Klopfakupunktur mit der Dynamind-Technik oder EFT vorgehen.[34] Mir liegt es am Herzen, dem Leser ein weites Spektrum an Möglichkeiten anzubieten.

Übung: Klopfen Sie sich eine positive Qualität ein, die Sie gerade benötigen!

Sich ändern in einem Augenblick (Schnellmethode)

Gott gebe mir die Gelassenheit, Dinge hinzunehmen,
die ich nicht ändern kann,
den Mut, Dinge zu ändern, die ich ändern kann,
und die Weisheit,
das eine vom anderen zu unterscheiden.
REINHOLD NIEBUHR

Es gibt Situationen, in denen weder die Zeit noch der Raum gegeben ist, um zu klopfen. In solchen Fällen hat sich die nachfolgende Schnellmethode ohne Klopfen bewährt. Wann immer Sie im Alltag eine Unstimmigkeit wahrnehmen, können Sie sie beseitigen, indem Sie

1. wahrnehmen, dass die Methode eingesetzt werden sollte,
2. die 3-Satz-Kombination aussprechen,
3. geistig klopfen (sich vorstellen, Sie klopfen die Punkte), den Pico-Atem einsetzen und danken.

Beispiel – im Stau: „Ich fühle mich genervt durch den Stau auf der Autobahn, in dem ich stehe. Und das kann sich ändern. Ich will, dass dieses Gefühl von Genervtsein, verschwindet."

Dadurch ist das Gefühl zumindest für den Augenblick aufgehoben. Da diese Methode „in einem Atemzug" durchgeführt werden kann, lässt sie sich im Alltag sehr oft und ohne großen Aufwand anwenden. Der Gründlichkeit halber sollten Sie gegebenenfalls zu Hause das Thema nacharbeiten.

Fragen Sie sich im Alltag immer wieder, womit Ihre Aufmerksamkeit gerade beschäftigt ist! Wann immer Sie sich im Alltag dabei ertappen, dass Ihre Gedanken in eine destruktive Richtung laufen, setzen Sie die Schnellmethode ein. Auch gibt es verschiedene „Auslöser" für die Anwendung der Methode:

Ein deutlicher Auslöser ist natürlich der Schmerz. Schmerz ist ein unangenehmer, aber eindeutiger Lehrer, da er eines der wenigen Dinge ist, die eindeutig sind: Schmerz ist eindeutig unangenehm. Wann immer Sie also den leisesten Schmerz, das leiseste Unwohlsein, sei es im Körper oder im Bewusstsein, spüren, sollten Sie in sich selbst nachspüren, was los ist, die Methode anwenden.

Ein weiteres Indiz für die Anwendung der Methode ist Lieblosigkeit: Die anderen Menschen dienen im Laufe des Tages immer wieder als Spiegel für Ihren Grad an Harmonie und innerer Zentriertheit. Wann immer Sie nicht in sich sind, erkennen Sie dies unter anderem an einem lieblosen Umgang mit den anderen. Eigentlich sind die anderen dabei nur ein Spiegel der Lieblosigkeit, mit der Sie in solchen Augenblicken gegen sich selbst vorgehen. Wann immer Sie also wahrnehmen, dass Sie lieblos mit anderen umgehen oder von anderen dies gespiegelt bekommen, ist es höchste Zeit, bewusst zu werden, gegebenenfalls zu klopfen.

Wann immer Sie das Gefühl haben, sich selbst nicht in Ihrer Welt bzw. Ihren Umständen wiederzufinden, ist es höchste Zeit, entweder die Belastung geistig aufzulösen oder im Außen etwas zu ändern, möglicherweise beides. Manchmal reicht es auch einfach nur, das Wort „ändern" zu denken, und die Dinge werden sofort in die Stimmigkeit gerückt.

Das Gleiche gilt, wenn Sie das Gefühl haben, aus Ihrer „Unschuld herauszufallen", beispielsweise spätestens dann, wenn Sie sich dabei ertappen, dass Sie Schuldprojektionen zuweisen. Der Pico-Atem, der als Welle durch Ihren Körper fließen kann, ist dabei eine wertvolle Hilfe im Loslassen von Altem, das nicht mehr zu Ihnen gehört.

Wie macht man Berlin zur saubersten Stadt der Welt?
Indem jeder vor der eigenen Tür kehrt!

Mit dem Körperunterbewusstsein sprechen

Nach der Lehre des Weisen von Hawaii läuft die Klopfakupunktur wie auch die Kommunikation mit uns selbst wie mit anderen über das Körperunterbewusstsein, das den Kontakt zum Überbewusstsein herstellt. Das Körperunterbewusstsein ist ein reales Wesen, das in uns existiert, keine bloße Fiktion. Mir persönlich gefällt der Begriff Körperunterbewusstsein, doch bitte prüfen Sie selbst, ob Sie es anders nennen möchten. Es ist Ihr Körperunterbewusstsein, mit dem Sie zusammenleben, das gutwillig ist, aber von Ihnen geführt und geleitet werden möchte. Wenn Sie so tun, als sei es nicht da, oder es nicht liebevoll leiten, wird es durch Sie/Ihr autonomes Nervensystem irgendetwas tun und ist nicht immer das, was für Sie optimal wäre.[35] Darum ist für den Erfolg aller hier genannten Methoden die Übereinstimmung zwischen Tagesbewusstsein und Körperunterbewusstsein von entscheidender Bedeutung. Ohne Übereinstimmung ist es so, als wollten Sie einen Hundertmeterlauf gewinnen und rennten los, aber ein unsichtbares Gummiband zieht Sie immer wieder zurück. Von Franz Koch[36] stammen einige wertvolle Hinweise auf den Umgang mit dem Körperunterbewusstsein:

- Wann immer Sie etwas verändern wollen, fassen Sie sich zuerst mit Daumen und Zeigefinger an die Nase oder ziehen Sie an einem Ohr nach oben und signalisieren dadurch dem Unterbewusstsein „Halt, hier läuft etwas schief, ich will etwas ändern“.
- Wenn Sie die Hände zum Spitzdreieck formen, sagen oder denken Sie zum Unterbewusstsein hin:

„Achtung, jetzt kommt eine wichtige Durchsage, die ab sofort gilt, die Anweisung soll befolgt werden."

- Wenn Sie auf das Brustbein klopfen, erinnern Sie sich an Ihr „Ich bin".
- Klopfen Sie ergänzend den Scheitel als Punkt des höchsten Bewusstseins.
- Denken Sie beim Pico-Atem versuchsweise einmal an den Raum über sich, die kausale Ebene, etwas Neues, das Sie vom Himmel herunterbringen, und denken Sie dann beim Ausatmen: Ich bringe es auf die Erde („wie im Himmel, so auf Erden").
- Wenn Ihr Körperunterbewusstsein trotz Klopfen nicht reagiert – eine Reaktion würden Sie an einer deutlichen Verbesserung Ihres Zustandes merken –, ist das ein Zeichen, dass seine Botschaft nicht verstanden wurde. Dann muss geprüft werden, ob noch etwas anderes hinter dem Thema steckt, das bearbeitet werden muss, ob das Problem falsch definiert wurde usw. Mit Fragen wie: „Was ist kürzlich passiert?", „Wofür steht das Symptom?", „Was genau ist gerade los?" kommen Sie dann der Sache näher und können das Problem noch exakter benennen. Aus „Meine Hüfte tut weh" wird dann eventuell „Meine Hüfte ist sexuell frustriert ...", aus Herpes möglicherweise „Es brennt mir etwas auf den Lippen". Sprechen Sie immer wieder mit Ihrem Körperunterbewusstsein wie mit einer Person, die mit Ihnen im selben Raum ist
- Ihr Körperunterbewusstsein braucht klare Anweisungen, was es herbeiführen soll, sonst führt es herbei, was es für richtig hält.

- Fragen Sie das Körperunterbewusstsein gedanklich immer wieder, ob auch alles ok ist.
- Sind Körperunterbewusstsein und Tagesbewusstsein verschiedener Auffassung, blockiert das Körperunterbewusstsein die Umsetzung.

Die Klopfakupunktur hat sich in vielen Fällen als sehr hilfreich erwiesen. Doch sie ist nicht der einzig mögliche Weg. Zwangsbeglücken Sie deshalb keine anderen damit, wenn sie von der Methode nichts wissen wollen. Auch in Ihrem eigenen Leben kann es sein, dass Sie durch Schwierigkeiten hindurchmüssen, ohne dass die Klopfmethode Abhilfe schafft. In dem Fall seien Sie nicht ungeduldig und verwerfen Sie diese Methode auch nicht zur Gänze. Im Laufe der Zeit werden Sie ein immer besseres Gefühl dafür entwickeln, wann die Situation reif und fällig für die Klopfmethode ist und wann nicht.

Loslassen mithilfe des höheren Selbst

Wir müssen mit der Wurzel aus der Seele
ausrotten Furcht und Gram
Vor dem, was aus der Zukunft herandrängt an den Menschen.
Gelassenheit in Bezug auf alle Gefühle und Empfindungen
Gegenüber der Zukunft muss der Mensch sich aneignen
Mit absolutem Gleichmut entgegensehen allem,
was da kommen mag und aus der weisheitsvollen
Weltenführung auf uns zukommt.
Dies ist es, was die Menschen in dieser Zeit lernen müssen;
Aus Vertrauen heraus zu leben ohne jede Daseinssicherung,
Aus dem Vertrauen auf die immerwährende Hilfe
Aus der geistigen Welt.

RUDOLF STEINER

Kontaktaufnahme mit dem höheren Selbst

Im Zuge unseres Menschseins neigen wir zur Enge. Wir begrenzen uns so stark, dass wir vergessen, dass es eine Intelligenz gibt, die größer ist als unsere Begrenzungen. Wir sind Teil einer umfassenderen Intelligenz. Es gibt eine Instanz, die unser dualistisches Denken übersteigt. Und diese Instanz kann uns darüber informieren, was für uns stimmig ist. Sie kann uns individuell führen. Wir können diese umfassendere Intelligenz fragen, was wir in dieser oder jener Lebenslage tun sollen. Sie gehört zu uns und zugleich können wir sie befragen. Wir wollen sie nachfolgend „höheres Selbst" nennen. Das höhere Selbst arbeitet direkt mit dem Körperunterbewusstsein zusammen, erhält von ihm auch Bilder und Gedanken, verfügt aber über eine allumfassende Weisheit. Im Gegensatz zum Körperunterbewusstsein, das ein lieber Freund und Diener ist und durch unsere Weisheit geführt werden möchte, ist das höhere Selbst der höchste Aspekt ebendieser Weisheit.

Der Begriff des höheren Selbst wird von Tradition zu Tradition verschieden gehandhabt. Statt „höheres Selbst“ können Sie auch „allumfassende Intelligenz“, „höchstes Bewusstsein“, „höchste Weisheit“, „umfassendes Selbst“, Jesus, „mein spiritueller Meister/Guru ...“, Mutter Maria, Gott oder wen auch immer einsetzen. Wichtig ist es, dass der Begriff, den Sie verwenden, in Ihren Augen eine Instanz darstellt, die größer ist als das Problem, mit dem Sie sich auseinandersetzen.

Bereits Einstein sagte, dass man ein Problem nicht auf der Ebene lösen könne, auf der es entstanden ist. Der Gedanke des „höheren Selbst“ (oder wie auch immer Sie diese Energie nennen) invoziert die Demut, nicht alles (vom Verstand) her wissen zu können, die Bereitschaft, die Lösung für das Thema in die Hände einer höheren Kraft zu geben, mit der Sie für die Lösung kooperieren. Sie können diese Kraft nennen, wie es Ihnen am sinnvollsten erscheint, wichtig ist nur, dass Sie sich an diese Instanz wenden, die umfassender und weiter in ihrem Bewusstsein ist und vor allem weiser als wir mit unserem normalen Alltagsdenken. Natürlich können Sie mit dem höheren Selbst prinzipiell in jeder Haltung Kontakt aufnehmen – doch die meines Erachtens geeignetste Position dafür ist der im Kapitel über die Klopfakupunktur (siehe S. 249ff.) bereits erwähnte Pharaonensitz.

Übung – Pharaonensitz: Setzen Sie sich im Pharaonensitz hin. Sie sitzen auf der Vorderkante des Stuhls. Die Beine stehen nebeneinander auf dem Boden. Stellen Sie sich vor, dass durch die Wirbelsäule eine Schnur führt. Ziehen Sie gedanklich ein wenig daran und lassen Sie dann diese Schnur los. Nun müsste Ihre Wirbelsäule gerade sein. Das Kinn ist leicht angezogen. Öffnen Sie nun die Hände nach oben wie Schalen und legen Sie sie nebeneinander auf die Knie oder auf einen Tisch vor Ihnen.

Die Art und Weise, wie Sie den Kontakt zu Ihrem höheren Selbst herstellen, bleibt Ihnen überlassen. Ein Schlüssel, um mit dieser umfassenderen Intelligenz in Kontakt zu kommen, ist das Herz, die Liebe, die automatisch die Präsenz des Höheren anzieht. Ob Sie im Weiteren eine besondere Musik auflegen, die Sie als inspirierend empfinden, den Laut Om ertönen lassen, ein Mantra singen, ein Ave Maria beten, in die Stille gehen, Ihr höheres Selbst direkt ansprechen, liegt ganz bei Ihnen.

Empfehlenswert ist es, vor der Anrufung des höheren Selbst in einen Zustand der Entspannung zu gehen. Dann ist der ganze Körper frei für den Durchfluss von Informationen, die Synapsen – die Verbindungen zwischen den Nervenenden – sind entspannt.[37] Letztendlich bleibt es Ihnen überlassen, welche Entspannungsmethode Sie wählen, ob autogenes Training, progressive Muskelentspannung nach Jakobson, ein Mantra Ihrer Wahl. Die vielleicht einfachste und schnellste Möglichkeit der Selbstentspannung ist das Herunterzählen. Dabei zählen Sie, beginnend mit der Zahl 20 rückwärts bis 1 und stellen sich vor, bei jeder Zahl tiefer und tiefer zu sinken, in sich hinein zu entspannen. Auch das Sinnbild einer Rolltreppe oder eines Fahrstuhls, die Sie nach unten bringen, kann unterstützen. Dann können Sie das höhere Selbst/höchste Bewusstsein direkt anrufen.

Entspannung ist Voraussetzung für die Kontaktaufnahme mit dem höheren Selbst.

Nachfolgend drei mögliche Anrufungen Ihres höchsten Bewusstseins. Suchen Sie sich die für Sie geeignetste aus oder finden Sie auch Ihre eigene Formulierung:

- „Ich bin in Verbindung mit dem höchsten Bewusstsein ... Ich stelle mir eine Lichtsäule vor, die durch mich hindurch bis auf den Boden reicht. In der Mitte meiner Brust stelle ich mir eine Blüte vor, die sich jetzt nach oben hin öffnet. Diese Blüte reicht rundum und umfasst meinen Rücken, meine rechte und linke Seite und meine Vorderseite. Von dieser Blüte aus strömt eine wundervolle Energie, ein lieblicher Duft, eine Lichtverbindung nach oben zu einem Punkt über mir, den ich höchstes Bewusstsein nenne. Ich bin in liebevoller Verbindung mit diesem Punkt. Er kann die Form annehmen, die für mich ideal ist, kann eine weißgoldene Sonne, ein Meister, ein Engel oder ein Symbol sein. Ich bin in Verbindung mit dieser Energie. Ich bitte dieses höchste Bewusstsein darum, mich von innen her zu leiten, mir die richtigen Bilder, Gedanken, Impulse, Muster, Erinnerungen zu senden. Ich bitte, dass jetzt all das an die Oberfläche des Bewusstseins kommt, was jetzt wichtig ist, angeschaut zu werden, für mich und für andere."[38]

- „Allerhöchster Geist, ich liebe dich und ich öffne mich, um deine Liebe zu empfangen. Geist-Freunde, ich liebe euch und ich öffne mich, um eure Liebe zu empfangen. Jeder Einzelne von euch: Ich liebe dich und ich öffne mich, um deine Liebe zu empfangen. ... (Ihr eigener Name), ich liebe dich und ich öffne mich, um deine Liebe zu empfangen. Alles Leben, ich liebe dich und ich öffne mich, um deine Liebe zu empfangen. Allerhöchster Geist, wir bitten dich, unsere Liebe zu segnen, sie zu verstärken und auf dich einzustimmen. Wir danken dir für diesen Tag, für jeden Einzelnen hier, für unsere Gemeinschaft, unsere Nation und unsere Welt. Wir strahlen unsere Liebe aus, um alles Leben zu segnen. Und so ist es."[39]
- „Ich bitte den Heilstrom zu fließen. Ich bitte um Heilung an Körper, Seele und Geist. Ich bitte, dass jetzt all das offenbar wird, was jetzt zu meiner Heilung beiträgt. Bei dieser Anrufung empfiehlt es sich, im Pharaonensitz (siehe S. 188) mit nach oben zu Schalen geöffneten Händen zu sitzen.

Natürlich können Sie auch einen ganz bestimmten Meister oder Engel Ihrer Wahl anrufen. Wichtig ist es bei dieser Formel, dass Sie jeden einzelnen Satz geistig vollziehen. Lassen Sie sich nach jedem Satz genügend Zeit, um ihn nachwirken zu lassen. Sie sind nun eingestimmt und offen für Eindrücke aus einer Ebene jenseits des herkömmlichen Denkens.

Erinnerungstechnik: Sollten Sie Schwierigkeiten mit der Kontaktaufnahme haben, dann erinnern Sie sich an einen Augenblick, in dem Sie in tiefem Kontakt mit einer höheren Kraft waren und sich von ihr geführt wussten. Halten Sie den Kontakt zu dieser Erinnerung so lange, bis Sie den Kontakt zum höheren Selbst im *Jetzt* spüren. Falls Sie eine solche Verbindung noch nie erlebt haben, dann sehen Sie sich selbst gedanklich von außen und visualisieren Sie, wie dieser Mensch – Sie selbst – in diesem Kontakt ist. Und dann schlüpfen Sie geistig in diesen Menschen hinein, der Sie selber sind. Sie können sich auch einen anderen Menschen vorstellen, der in Kontakt mit der höheren Kraft ist, etwa Jesus oder Buddha, ein spiritueller Meister Ihrer Wahl oder ein Freund, von dem Sie wissen, dass er in diesem Kontakt lebt. Sehen Sie diesen Menschen gedanklich von außen und schlüpfen Sie dann in ihn hinein. Erleben Sie innerlich, wie bei diesem Menschen diese Verbindung „funktioniert". Merken Sie sich die Empfindungen und Wahrnehmungen, die dabei auftreten. Und dann versuchen Sie sie auf sich selbst zu übertragen. Je öfter Sie üben, umso leichter wird Ihnen das gelingen.

Coaching/Sitzung: Falls Sie jemand anderem bei der Kontaktaufnahme helfen, sollten Sie für beide, den Klienten und sich selbst, diese Lichtsäule visualisieren und darum bitten, dass die Sitzung durch das höchste Bewusstsein von innen her geführt wird und durch Ihr Denken, Reden und Handeln wirkt und Sie die richtigen Bilder, Impulse, Gedanken bekommen, die Ihrem Freund/Klienten helfen.

Sich vom höheren Bewusstsein führen zu lassen ermöglicht ein tieferes Vertrauen. Sie lassen damit die Kontrolle los und begeben sich in die Hände einer Intelligenz, die umfassender ist als das, was Ihrem Verstand zugänglich ist. In dieser Hingabe ist es möglich, dass durch sie tiefere Öffnungen entstehen und Sie leichter mit den Bearbeitungsthemen in Kontakt kommen können. Es offenbart auch, dass eine größere Weisheit in Ihnen ist, der Sie lauschen können. Gerade wo wir uns normalerweise gewollt oder ungewollt mit dem Verstand einmischen, hilft das Bekenntnis „Ich (als Verstand) kann es nicht wissen", „Ich muss es nicht wissen", um das Wunder zu erleben, welche Antworten aus einer tieferen Ebene aufsteigen.

Sich bewusst machen, was wirklich loszulassen ist

Viele Menschen fühlen sich belastet, aber sie wissen überhaupt nicht, was loszulassen ist. Die genaue Erkenntnis dessen, was die eigentliche Belastung darstellt, ist aber unbedingt notwendig, damit die nötige Veränderung eintreten kann. Hierüber bestehen allgemein große Irrtümer:

- Der Selbstmörder meint, er müsse seinen Körper wegwerfen, ohne ihn wären alle Probleme gelöst. Das Gegenteil ist der Fall. Wenn jemand seinen Körper umbringt (sich selbst kann man ja nicht umbringen, da man unsterbliches Bewusstsein ist), ist das genauso, als führe jemand mit seinem Auto gegen einen Baum. Er steht dann neben dem Auto, hat alle Probleme (= problematischen Einstellun-

gen), die er vorher hatte, nur: Er besitzt das Instrument nicht mehr, mit dem er die Probleme beseitigen könnte, und muss warten, bis er einen neuen Körper bekommt (Reinkarnation).
- Wer meint, sein Partner sei das Problem, und ihn deshalb verlässt, wird voraussichtlich erleben, dass die Probleme dadurch nicht gelöst sind. So manch einer fühlt sich allein unglücklicher als zu der Zeit, als er noch in der Beziehung war. Andere bekommen die gleichen Beziehungsprobleme mit einem neuen Gesicht, man nennt dies dann „Partnerwechsel“. Nur in wenigen Fällen ist es tatsächlich die Lösung, aus eigenem Anstoß den Partner zu verlassen.
- Wer meint, die Welt sei das Problem, und sich deshalb auf Weltflucht begibt, wird möglicherweise feststellen, dass die Probleme, die er in der Welt hat, wie zum Beispiel Schulden, Arbeitslosigkeit, Statusverlust etc. ihn einholen, wo immer er sich hinbewegen mag. Doch auch diesen Punkt darf man nicht generalisieren – auch er muss in jedem Einzelfall neu geprüft werden.

Um dem auf die Spur zu kommen, was wirklich loszulassen ist, sollte man sich einige Fragen stellen:

- Was in mir oder in meinem Leben möchte ich heilen, verändern oder lösen?
- Was möchte ich in Zukunft nicht mehr erleben müssen?
- Was würde ich in Zukunft gern erleben wollen?

Übung: Beantworten Sie für sich die genannten Fragen.

Der Zaubersatz „Ich lasse los!“

Sie haben jetzt das Thema, an dem Sie arbeiten möchten, eingekreist. Nun wollen wir uns präziser damit auseinandersetzen. Hierfür werden wir ein Verfahren zu Hilfe nehmen, das unter dem Begriff „releasing“ von Doc und Linda Lindwall kreiert wurde und tausendfach erprobt ist:[40]

Nehmen Sie, wie bereits gelernt, Kontakt mit Ihrem höchsten Bewusstsein auf. Dafür begeben Sie sich in den Pharaonensitz (siehe S. 188). Ihre Hände liegen wie Schalen nach oben offen auf den Oberschenkeln, die Beine stehen nebeneinander. Sie schließen Ihre Augen. Dann füllen Sie Ihren Körper mit Bewusstsein aus. Sie atmen vom Kopf bis zu den Füßen (siehe „Pico-Atem“, S. 260) und verbinden sich mit Ihrem höchsten Bewusstsein, zum Beispiel indem Sie aussprechen: „Ich bitte den Heilstrom zu fließen. Ich bitte das allumfassende höchste Bewusstsein, mir bei der Bearbeitung des Themas zu helfen.“ Spüren Sie, wie Sie dabei in den „inneren Kanal“ gehen.

Aus dieser Verfassung heraus bitten Sie Ihr höchstes Bewusstsein um Bilder, Gedanken, Erinnerungen, die mit dem loszulassenden Thema zu tun haben. Dafür arbeiten Sie mit den unten angeführten Fragen. Nach jeder Frage schließen Sie die Augen und lassen sie auf sich wirken, bis die Antworten in Ihnen aufsteigen. Diese sprechen Sie laut aus, als sprächen Sie mit einer Person. Soweit es um Erinnerungen an frühere Erlebnisse geht, verstärken Sie das Auftauchen der betreffenden Bilder, Gefühle, Gedanken, indem Sie folgenden Satz sagen: „Ich bitte das allumfassende höchste

Bewusstsein, dass es mir diese Zeit, die Bilder und Gefühle offenbart, die jetzt helfen!"

Hilfreich ist es bei Erinnerungen, bewusst in der Zeit zurückzugehen und abzuwarten, was hochkommt. Passiert nichts, hilft eventuell das Rückwärtszählen von 20 bis 1, wobei Sie sich selbst suggerieren, dass Sie sich von Zahl zu Zahl immer mehr für das Auftauchen von Bildern und Erinnerungen öffnen. Unterstützen kann es auch, sich das noch ungelöste Bild als Knoten vorzustellen und mit der Aufmerksamkeit dabei zu bleiben, bis sich dieser Knoten löst. Es geht dabei nicht darum, viele Antworten zu bekommen, sondern darum, präzise wie mit einem Sensor oder einer Akupunkturnadel die Antworten, Bilder, Gefühle aufzuspüren, die zutreffen, die am meisten „Ladung" haben. Seien Sie offen für den Schlüssel-Satz, die Schlüssel-Erinnerung, die Schlüssel-Auflösung, so wie Sie es möglicherweise von der systemischen Aufstellungsarbeit her kennen. Dafür benötigen Sie Geduld, innere Stille. Hören Sie in sich hinein, fühlen Sie in sich hinein.

Nach jeder Antwort lassen Sie los, einfach indem Sie die drei Worte aussprechen: *Ich lasse los* ... und dann anfügen, was loszulassen ist.

Sprechen Sie hierbei jedes Wort im Bewusstsein der *Einen* Kraft, die durch Sie wirkt, also als „Ich bin" aus, langsam und bewusst, und vollziehen Sie das Ausgesprochene geistig, indem Sie nachspüren, wie diese Worte in Ihnen wirken. Geben Sie sich, im inneren Kanal verharrend, genug Zeit, um loszulassen und den Prozess ausklingen zu lassen. Warten Sie, erleben Sie, wie das Loslassen wirkt, spüren Sie, wie das Loslassen in Ihrem Energiesystem vollzogen, aus Ihnen ausgeschwungen wird (das ganze Leben ist ja Schwingung; siehe dazu auch Kurt Tepperwein: „Die geistigen Gesetze“, hier: Das Gesetz der Schwingung).

1. „Welche meiner Glaubenssätze entsprechen dem unerwünschten Zustand?“ – Wer beispielsweise unbewusst glaubt, „Das Leben ist hart“ oder „Nur wer sich plagt, kommt in den Himmel“ wird an den Schönheiten des Lebens vorübergehen, selbst wenn sie ihm auf einem Silbertablett serviert werden. Leider sind uns unsere Überzeugungen oft nicht bewusst. Und häufig vergessen wir auch völlig, dass wir sie loslassen können.
2. „In welcher Situation meines Lebens habe ich diese Überzeugung gewonnen?“ – Hier geht es darum, sich vom höheren Bewusstsein in die Vergangenheit führen zu lassen, in die Schlüsselszene, in der der Keim für die heutige Situation gelegt wurde, und sich von den Auswirkungen von damals frei zu machen. Wir erinnern uns: „Was wiederbelebt wird, verschwindet!“ Indem die Gefühle und Bilder noch einmal aufsteigen dürfen, können wir uns von ihnen lossagen.
3. „Welche negativen Gefühle erlebe ich in Zusammenhang mit diesem Thema?“ – Hier ist es wichtig, das Gefühl, die Empfindung so exakt wie möglich zu beschreiben, ganz dort hineinzugehen und aus diesem Zustand heraus die Loslassformeln zu sprechen.

4. „In welcher Situation habe ich diese Gefühle bereits erlebt? (frühester Zeitpunkt) – „Inwieweit kann ich sie zurückverfolgen?"
5. „Welche Entscheidungen habe ich damals getroffen, die mir heute möglicherweise im Weg stehen?" – Oft werden in ganz bestimmten Schlüsselsituationen des Lebens Weichen gestellt, Entscheidungen getroffen, Skripte geschrieben, die losgelassen werden sollten, um den Weg frei zu machen für ein Erleben, das mehr Freude bereitet.
6. „Durch welche Verhaltensmuster habe ich das Problem bisher aufrechterhalten?" – Indem Sie erkennen, durch welches Verhalten Sie zum Bestehenbleiben des Themas beigetragen haben, können Sie es auch loslassen und sich befreien.
7. „Welche alten Wünsche tragen zum Problemzustand bei?" – Nicht alle Wünsche sind gut für Sie. Manche sind einfach fehlgeleitete und fehlinterpretierte Gedanken, die Sie loslassen können. Ihre „innere Stimme" wird Ihnen die entsprechenden Signale geben. Rein egoistische Wünsche etwa haben einen unguten Beigeschmack, sodass wir immer leichter, Gedanken und damit auch Wünsche, die aus dem Ego kommen, von Wünschen, die aus dem Selbst kommen, zu unterscheiden lernen. Manchmal hilft uns sogar der Verstand, ohne dass wir groß die Intuition bemühen müssen, etwa wenn sich Wünsche schon aus logischen Erwägungen heraus als ungesund oder unvorteilhaft erweisen wie beispielsweise der Wunsch nach Völlerei, der, „der Größte zu sein", usw.

8. „Welche alten Ängste sind an dem Problem beteiligt?“ – Indem Sie alte Ängste loslassen, werden Sie frei für das Neue und gewinnen zugleich in einem gewissen Maße an Furchtlosigkeit. Die Ängste von damals sind heute unbegründet. Durch das Loslassen erkennt das auch Ihr Unterbewusstsein.
9. „Welchen sekundären Gewinn hat der Problemzustand bisher mir gebracht?“ – Manchmal halten wir an einem Mangelzustand fest, weil wir uns davon einen Vorteil erhoffen oder ihn sogar erleben. In der Psychologie nennen wir dies „sekundären Gewinn“. Beispielsweise wird jemand bedauert, wenn es ihm schlecht geht. Die Zuwendung, die der Betreffende erhält, ist der „sekundäre Gewinn“. Dessen ist sich der Betroffene oft nicht bewusst. Im Loslassen dieses Musters kann sich eine andere Möglichkeit offenbaren, den Gewinn zu erhalten, beispielsweise indem man sich, statt zu jammern, für jemand anderen aufrichtig interessiert und so dessen Aufmerksamkeit erhält.
10. „Welche Nachteile befürchte ich in Bezug auf die Lösung?“ – Wer Angst hat, durch das Loslassen einen Nachteil zu erfahren, tut sich schwer loszulassen. Wer beispielsweise krank ist, könnte befürchten, im Augenblick der Genesung sein Krankentagegeld zu verlieren und wieder arbeiten gehen zu müssen. Indem diese Ängste bewusst losgelassen werden, können sich neue Möglichkeiten entfalten, etwa die Erfahrung, dass es Freude machen kann zu arbeiten.
11. „Was will/sollte ich im Zusammenhang mit diesem Thema noch loslassen?“ – Hier gilt es dem höchs-

ten Bewusstsein zu erlauben, das aufsteigen zu lassen, was es für wichtig hält.

12. „Welche neue Entscheidung wollte/sollte ich zu dem Thema treffen?"

Sprechen Sie jede Frage laut aus und ergänzen Sie danach jedes Mal Folgendes: „Ich bitte das höchste Bewusstsein, mir die stimmige(n) Antwort(en) zu geben!" Gehen Sie dann in die Stille und warten Sie, welche Antwort in Ihnen aufsteigt.

Finden Sie zu jeder Frage maximal drei Antworten, mindestens jedoch eine „treffende". Notieren Sie sie auf einem Blatt Papier oder sprechen Sie sie gleich als Loslassformel. Beginnen Sie dafür jedes Mal mit den Worten *Ich lasse los …* und vervollständigen Sie den Satz so, dass er möglichst präzise Ihr Empfinden, Ihre Emotion, Ihren Glaubenssatz trifft.

Tipp: Jedes Mal wenn Sie das Gefühl haben, abzudriften oder nicht in Kontakt zu sein, klopfen Sie sich siebenmal auf den höchsten Punkt des Kopfes (Scheitelpunkt). Dies soll ein Signal für Ihr höchstes Selbst sein, eine Bitte, sich bei Ihnen zu melden.

Wenn Sie keine klaren Gedanken, Bilder, Erinnerungen bekommen, haken Sie noch einmal nach. Hören Sie tief in Ihren Körper hinein. Es ist wichtig, immer wieder nachzufragen, wenn Sie bezüglich eines Bildes oder einer Frage ins Stocken geraten, zum Beispiel:

- „Ich bitte um ein Bild für die Ursache dieses Themas."
- „Ich bitte um die Erkenntnis, was jetzt zu tun ist."

- „Ich bitte, dass sich jetzt das zeigen darf, was loszulassen ist.“
- „Ich bitte darum, dass jetzt die Erinnerungen aktiviert werden, die mit dem Thema zusammenhängen.“

Wenn Ihnen immer noch nichts einfallen sollte, arbeiten Sie mit dem Konjunktiv: „*Wenn* ich wüsste, welcher Gedanke, welches Bild, welche Erinnerungen es wären, dann wäre es ...“ Nach jeder erhaltenen Antwort bedanken Sie sich beim höchsten Bewusstsein.

Abschluss: Nachdem Sie alle loszulassenden Themen auch losgelassen haben, schließen Sie die Augen und schauen, ob Sie eine neue Entscheidung treffen möchten. Wenn ja, sprechen Sie diesen Wunsch laut aus: „Ich bitte das höhere Bewusstsein um Unterstützung dafür, die neue Lösung statt des bisher Erfahrenen in meinem Leben zu manifestieren. Ich danke dem höheren Bewusstsein für die Führung in dem Prozess.“

Beispiel: Ein praktisches Beispiel soll dieses Loslassverfahren verdeutlichen: Ein Mann litt unter einer Knochenhautentzündung, die sehr schmerzhaft war und nicht zu heilen schien. Sein Loslassprozess brachte ihm folgende Problem- und Auflösungssätze:

1. Welche Glaubenssätze entsprechen dem unerwünschten Zustand (Entzündung)?
   - „Leben ist Schmerz.“ – „*Ich lasse los* den Gedanken ‚Leben ist Schmerz‘.“
   - „Vater ist böse.“ (offenbar aus der Kindheit) – „*Ich lasse los* den Gedanken ‚Vater ist böse‘.“

- „Ich muss mir etwas wegkratzen." – „*Ich lasse los* den Gedanken ‚Ich muss mir etwas wegkratzen'."

2. In welcher Situation habe ich diese Überzeugungen gewonnen:
   - „Ich bin sieben Jahr alt und bekomme kein Eis." – „*Ich lasse los* den Schmerz und die Auswirkungen von ‚Ich bin sieben Jahr alt und bekomme kein Eis'."
   - „Ich lebe mit Christine, bekomme von ihr keine Liebe." – „*Ich lasse los* die Auswirkungen und die Irritationen der Situation mit Christine."
   - „Mein Vater verhaut mich." – „*Ich lasse los* die Prägungen, den Schmerz, die Ängste und die Demütigungen von damals, als mich mein Vater verhauen hat."
3. Welche negativen Gefühle erlebe ich in Zusammenhang mit dem Thema?
   - „Verlust." – „*Ich lasse los* das Gefühl von Verlust."
   - „Entbehrung." – „*Ich lasse los* das Gefühl von Entbehrung."
   - „Nicht alles bekommen können." – „*Ich lasse los* das Gefühl von ‚nicht alles bekommen können'."
4. In welcher Situation habe ich diese Gefühle bereits erlebt?
   - Verlust, Entbehrung, nicht alles bekommen können: „Ich bin auf der Heimreise von Ägypten und weiß, dass jetzt die Zeit der Entbehrung beginnt." – „*Ich lasse los* den Schock der Erfahrung von der Heimreise von Ägypten."
   - „Ich bin auf dem Rückflug von Tokio und habe einen Zusammenbruch." – „*Ich lasse los* den

Schock und die Auswirkungen des Zusammenbruchs auf der Rückreise von Tokio.“

- „Ich muss mich gerade von meiner Freundin trennen und habe keine Chance, die Beziehung wieder zu kitten.“ – „*Ich lasse los* die Entscheidungen und Schmerzen der Trennung von damals.“

5. Welche Entscheidungen habe ich damals getroffen, die mir heute noch im Weg stehen?
   - „Ich darf mich nicht leben.“ – „*Ich lasse los*, mich nicht leben zu dürfen.“
   - „Nur weg von hier.“ – „*Ich lasse los* ‚nur weg von hier‘.“
   - „Das Leben schlägt mich.“ – „*Ich lasse los* ‚das Leben schlägt mich‘.“
6. Durch welche Verhaltensmuster habe ich das Problem bisher aufrechterhalten?
   - „Weltflucht.“ – „*Ich lasse los* Weltflucht.“
   - „Selbstzerstörung.“ – „*Ich lasse los* Selbstzerstörung.“
7. Welche alten Wünsche tragen zum Problemzustand bei?
   - „Rückzug von der Teilnahme am Leben.“ – „*Ich lasse los* ‚Rückzug von der Teilnahme am Leben‘.“
8. Welche alten Ängste sind an dem Problem beteiligt?
   - „Die Angst vor Strafe.“ – „*Ich lasse los* die Angst vor Strafe.“
   - „Die Angst, von einem strafenden Gott abgelehnt zu werden.“ – „*Ich lasse los* die Angst, von einem strafenden Gott abgelehnt zu werden.“
   - „Die Angst, im Körper gefangen zu sein.“ – „*Ich lasse los* die Angst, im Körper gefangen zu sein.“

9. Welchen sekundären Gewinn hat der Problemzustand bisher für mich gebracht?
   - „Ich kann andere verantwortlich machen für eigene Miseren." – „*Ich lasse los* ‚andere verantwortlich machen'."
   - „Ich musste mich dem Leben nicht stellen." – „*Ich lasse los* ‚mich dem Leben nicht stellen'."
   - „Fürsorge und Mitleid." – „*Ich lasse los* meine Abhängigkeit von Fürsorge und Mitleid."
10. Welche Nachteile befürchte ich in Bezug auf die Lösung?
    - „Dass ich meine Vitalität nicht kontrolliert bekomme, wenn ich sie auslebe." – „*Ich lasse los* die Angst, meine Vitalität nicht kontrollieren zu können, wenn ich sie lebe."
    - „Dass ich ausbrenne." – „*Ich lasse los* die Angst auszubrennen."
    - „Dass ich meine spirituellen Werte verliere." – „*Ich lasse los* die Angst, meine spirituellen Werte zu verlieren."
    - „Dass ich nicht in den Himmel komme." – „*Ich lasse los* die Angst, nicht in den Himmel zu kommen."
11. Was will ich zu dem Thema noch loslassen?
    - „Die Angst, mich selbst zu leben." – „*Ich lasse los* die Angst, mich selbst zu leben."
12. „Ich entscheide mich, mein Leben komplett anzunehmen und mich dem Leben zu stellen, und bitte mein höchstes Bewusstsein dafür um Hilfe!"

Indem der Betreffende die Lektion annahm und sich wieder dem Leben stellte, ging die Entzündung deutlich zurück und heilte in wenigen Tagen komplett aus. Das vorliegende Beispiel zeigt sehr deutlich, dass die Entzündung bei dem Betreffenden mit dem zu tun hat, was wir gemeinhin Lebensangst nennen.[41]

Den Zaubersatz „Ich lasse los“ können Sie übrigens auch jederzeit im Alltag für *jedes* Thema verwenden. Ich empfehle Ihnen, sich dafür jedes Mal in eine besondere Haltung zu begeben, zum Beispiel in den Pharaonensitz oder in den geraden Stand mit geöffneten Handschalen, und dann einfach auszusprechen, was Sie gerade bedrückt. Hierfür können Sie auch Ihr höchstes Bewusstsein/höheres Selbst bitten, Ihnen die entsprechenden Formeln in den Mund zu legen. Nach jedem Loslass-Satz sollten Sie das Wort „danke“ aussprechen. Durch die Dankbarkeit nehmen auch Sie selbst die positive Veränderung an.

Beispiele für sinnvolle Formulierungen:

- Ich lasse los, die *Auswirkungen von* ... (zum Beispiel angepöbelt zu werden).
- Ich lasse los, die *Entscheidung von* damals ... (zum Beispiel aus der Gesellschaft auszusteigen).
- Ich lasse los den *Glaubenssatz/die Überzeugung* ... (zum Beispiel, dass in der heutigen Zeit kein gut bezahlter Job/keine gut bezahlte Arbeit mehr für mich da ist).
- Ich lasse los die *Erwartung* ... (zum Beispiel, dass in meinem Leben nichts Besonderes mehr kommt).
- Ich lasse los das *Gefühl* von ... (zum Beispiel Wut, Hass, Traurigkeit, Enttäuschung, Versagen).

- Ich lasse los das Gefühl von ... *bezüglich* ... (zum Beispiel Vater, Mutter, Freund, Freundin, Nachbar, Lehrer, Vergangenheit, Zukunft).
- Ich lasse los den *Schmerz über* ... (zum Beispiel mein Gefangensein, mein Alter).
- Ich lasse los meine *Angst vor* ... (zum Beispiel Einsamkeit, Armut, Degeneration).
- Ich lasse los das *Muster* ... (zum Beispiel Selbstwertprobleme zu kreieren).
- Ich lasse los den *Wunsch* ... (zum Beispiel aus der Welt zu fliehen).

Das Loslassen kann auch ganz konkrete Formen annehmen wie zum Beispiel:

- Ich lasse los das Gefühl, den falschen Partner geheiratet zu haben.
- Ich lasse los das Leiden an mangelnder Vitalität.
- Ich lasse los Armutsdenken.
- Ich lasse los Aussichtslosigkeit.
- Ich lasse los den Ärger über den Verkehrsstau.
- Ich lasse los den Frust, dass ich den gewünschten Partner ... (Name) nicht bekommen habe.
- Ich lasse los Depression.
- Ich lasse los Kopfschmerz.
- Ich lasse los Resignation.
- Ich lasse los Verweigerung.
- Ich lasse los Zahnfleischentzündung.

Abendliches Loslassen: Sehr schön ist es auch, jeden Abend vor dem Zubettgehen *gemeinsam* ein Loslassritual zu vollziehen. Wem das Loslassen im Sitzen zu aufwendig ist, der könnte die Übung beispielsweise auch im Bett im Sitzen direkt vor dem Einschlafen machen, allein oder zu zweit „lossagen“.

Spurensuche: Wenn Sie unter einem Mangel oder einem Problem leiden, hat dies seine Ursache oft in einer Entscheidung, die Sie irgendwann einmal getroffen haben. In dem Fall bitten Sie Ihr höheres Selbst, Sie genau zu dem Moment der Entscheidung zu führen.

Beispiel: Ein Klient, Aussteiger, der unter Geldmangel leidet, bittet: „Liebes höchstes Bewusstsein, bitte gib mir den Augenblick, in dem ich die *Entscheidung* getroffen habe, aus der Gesellschaft und dem Geldsystem auszusteigen!“ – Der Klient sieht sich in seiner Wohnung in Schwabing, die gerade zwangsgeräumt wird, und formuliert: „Ich lasse los die Entscheidung, die mit der Wohnung in Schwabing zu tun hat!“ – Der Klient bittet das höchste Selbst um tiefere Hintergründe für den Vorfall und erkennt: „Ich lasse los den Glauben, dass die Finanzgesellschaft etwas Schlechtes sei!“

Loslassen im Coaching-/Therapieprozess: Wenn Sie mit jemand anderem zusammenarbeiten, bitten Sie Ihr höchstes Selbst, *für den anderen* die richtigen Sätze zu formulieren. Wenn ein Loslass-Satz „trifft“, erkennen Sie dies unter anderem daran, dass er von einer seelischen Regung oder einer Gefühlsregung begleitet ist oder im Bewusstsein eine Klärung des Gemütes stattfindet. Formulieren Sie die Sätze, die Ihnen für Ihren Klienten einfallen, bitten Sie aber Ihren Klienten, sie nur nachzusprechen, wenn sie auch für ihn stimmig sind. Lassen Sie also Ihren Klienten die Entscheidung über Annehmen oder Ablehnen des Satzes treffen. Dann wissen Sie auch, dass er voll hinter dem steht, was er sagt. Ansonsten könnte er eigene Vorschläge anbieten, die Sie dann von Ihrer inneren Wahrnehmung her überprüfen können.

Beispiel: Sie bieten Ihrem Klienten an: „Ich lasse los meine Wut auf meinen Vater!“ – Klient: „Nein, da ist keine Wut, das ist eher wie nicht verstanden sein!“ „Gut, wie würden Sie formulieren?“ – „Ich lasse los meine Enttäuschung, von meinem Vater nicht verstanden worden zu sein!“ – „Ist es das ganz genau?“ – „So in etwa, aber da ist noch etwas anderes!“ – „Was?“ – „Ich fühle mich verraten dadurch, dass mein Vater, sobald es bei mir bergab ging, nicht mehr zu meinem Weg gestanden ist. Ich hätte mir gewünscht, dass er auch zu mir hält, wenn ich versage, und mich bewundert für den Mut, meinen eigenen Weg zu gehen.“ – „Wie würden Sie formulieren?“ – „Ich lasse los die Unfähigkeit, meine väterliche Kraft ganz anzunehmen. Ich lasse los, mich von meinem Vater im Stich gelassen zu fühlen. Ich lasse los väterliche Missbilligung. Ich lasse los, ins Unrecht gesetzt zu werden. Ich lasse los die Meinung meines Vaters über mich.“ – Der Klient zeigt sich tief bewegt.

In dem Fall können wir erkennen, wie auch Sätze bzw. Satzvorschläge, die noch nicht genau treffen, helfen, näher an das Thema zu kommen.

Nicht jeder Loslass-Satz trifft gleich stark. Sie spüren das an der inneren Regung. Es ist ähnlich wie beim Topfschlagen. Manchmal muss man das Thema ein wenig umkreisen, bis der Satz „trifft“. Volltreffer erkennen Sie wie gesagt an der seelischen Regung, manchmal sogar Erschütterung, die sie auslösen. Dies kann sich zeigen in Weinen, Schreien, Wut, Kraftzuwachs, Krampflösung, Energiedurchströmung, Wärme, aber auch in befreitem Loslachen/Ablachen und einer nachfolgenden tiefen Erleichterung. Sind diese nicht spürbar, müsste man gegebenenfalls nochmals zielen, um genauer zu treffen.

Loslassen als Paar: Bevor Sie als Paar miteinander ins Bett gehen, prüfen Sie, ob Sie miteinander im Reinen sind. Dem können Alltagsprobleme entgegenstehen oder aber auch Vorbehalte gegen den Partner, etwa gegen bestimmte Eigenschaften. Wenn Sie möchten, setzen Sie sich erst einmal zum Loslassen hin, bevor Sie miteinander kuscheln, Liebe machen oder Ähnliches. Ihre Begegnung gewinnt dadurch an Intimität und Intensität. Hierbei können Sie es so halten, dass immer der spricht, dem etwas ins Bewusstsein kommt, oder Sie gestalten es so, dass zuerst der eine und dann der andere den Raum und die Zeit für sein Lossprechen hat.

Ein praktisches *Beispiel*:

- Ich lasse los meine Vorbehalte gegen dich.
- Ich lasse los meine Unfähigkeit, dir zu genügen.
- Ich lasse los gemeinsame Beschränkungen.
- Ich lasse los Gleichgültigkeit.
- Ich lasse los Resignation.
- Ich lasse los Alltagsstress.
- Ich lasse los meine Angst, sich einzulassen.
- Ich lasse los die Vorstellung, dass Misstrauen die einzige Art ist, mich zu schützen.

- Ich lasse los den Glauben, dass ich versagt habe.
- Ich lasse los alle Entscheidungen, mich selbst bestrafen (zu müssen).
- Ich lasse los die Erfahrung von Zurückweisung.
- Ich lasse los die Erfahrung von Ohnmacht.
- Ich lasse los die Überzeugung, keine Fülle/Harmonie zu verdienen.
- ...

Der Sinn von Loslass-Sätzen

Herr, sprich nur ein Wort,
so wird mein Knecht gesund.
MATTHÄUS 8,8

Loslass-Sätze funktionieren...

- weil sie aus der vollen Authentizität und klaren Absicht stammen.
- weil Sie meinen, was Sie sagen.
- weil sie in innerer Sammlung gesprochen wurden.
- weil sie vom höchsten Bewusstsein „empfangen wurden.
- weil sie aus der Stille/Tiefe des inneren Raumes gesprochen wurden.
- weil sie als Antwort aus intensivem mentalem und emotionalem Bezug zu dem Thema verkündet wurden.
- weil das eigene Unterbewusstsein mithört, wenn Sie einen Satz laut sagen, insbesondere wenn Sie das Wort „ich“ dabei verwenden.

- weil die Worte „Ich lasse los“ bei kontinuierlicher Verwendung zu einer Art Türöffner/Trigger für das Körperunterbewusstsein werden – es spitzt die Ohren und weiß, „aha, jetzt kommt eine wichtige Mitteilung“.

Öffentlich gesprochene Sätze, zum Beispiel zu zweit in einer Sitzung oder einer Gruppe, haben dann noch einmal besondere Wirkung, wenn von der anderen Seite „wohlwollendes Hören“ die Kraft der Sätze verstärkt. Es genügt, das Loslassen auszusprechen. Wenn Wille und Absicht eindeutig sind, der Adressat klar getroffen wird und nicht widerrufen wird durch Gedanken, Gesten, Handlungen etc., erweist sich die Übung als unglaublich kraftvoll. Loslassen ist ein Gefühl wie

- einen zentnerschweren Sack, den Sie auf dem Rücken getragen haben, loszulassen.
- ein Beet von Unkraut gerupft zu haben, sodass jetzt wieder Blumen darauf wachsen können.
- Ihre Wohnung entrümpelt und von Sperrmüll befreit zu haben.
- wieder im Vollbesitz Ihrer Kraft zu sein.
- eine Entprogrammierung/Dehypnotisierung von belastenden Mustern.
- ein wertvolles Seidentuch aus den Dornen bzw. Splitter aus der Haut zu ziehen.
- wenn alte Traumata ihre emotionale Ladung verlieren und keine Macht mehr über Sie haben.
- wenn Bilder und Themen, die bisher wie stark einschränkende Filter gewirkt haben, in die Ferne gerückt sind.

- Sie sich gar nicht mehr vorstellen können, warum Sie mit der Sache einmal ein Problem gehabt haben sollten.

Loslassen bedeutet, alte Geschichten nicht mehr endlos neu aufzuwärmen, sondern für die Gegenwart frei zu werden, das heißt, dass wir an diese Geschichten nicht mehr denken und sie auch nicht mehr im Bewusstsein bewegen müssen, sondern unsere Kreativität frei für Neues ist.

Warum ist Loslassen zu kraftvoll? Wie wir bereits erfahren haben, wirken negative Programme im Unterbewusstsein auf unsere positiven Intentionen kontraproduktiv, das heißt, die Energien blockieren sich gegenseitig. Die unbewussten Programme werden sich in der Regel durchsetzen, sodass die Lebenserfahrungen dann auch weiterhin in Einklang mit den bestehenden Überzeugungen kreiert werden. Bei sogenannten „Positivdenkern", die keine Loslassarbeit machen und auch keinen anderen Weg gefunden haben, mit unbewussten Blockaden umzugehen, kann sogar eine Verschlimmerung des Zustandes vorkommen, da sie sich nunmehr als Versager betrachten. Sie kommen dann in die Praxis und sagen: „Als ich noch nicht positiv gedacht habe, ging es mir noch viel besser!"

Mit „*Ich lasse los*" können Sie Negativprogramme und unbewusste Blockaden aus dem Unterbewusstsein löschen, um den Weg für positive Gedanken frei zu machen. Dadurch haben die guten Gedanken, die vorher von Unkraut überwuchert wurden, jetzt die Möglichkeit, zu blühen, zu wachsen und zu gedeihen. Sie selbst sind derjenige, der die magischen Loslassformeln ausspricht, ohne Fremdsuggestion oder Ausgeliefertsein an eine menschliche Autorität. Die Kraft der Loslass-Sätze und die positive Veränderung in Ihrer Psyche können Sie fühlen.

Übung: Zum Abschluss Ihres Loslassrituals nehmen Sie sich noch einen Augenblick Zeit und spüren Sie noch einmal die Verbindung zu Ihrem höheren Selbst. Verharren Sie in Dankbarkeit dafür, dass Sie diese Verbindung spüren dürfen. Dadurch nehmen Sie die Verbindung an, denn durch das Danken bekunden Sie, dass Sie sie erhalten haben.

Positives annehmen

Durch Ihr Lossprechen ist nun Ihr Bewusstsein frei, Positives, Erwünschtes anzunehmen. Es ist sinnvoll, diesen Raum zu nutzen. Manchmal ist es hilfreich, zusätzlich zum Loslassen bewusst eine neue Entscheidung zu treffen, die psychische Energie in die richtige Richtung zu lenken. Für das Einsprechen positiver Affirmationen gehen Sie bzw. bleiben Sie im Pharaonensitz. Bitten Sie um positive Sätze, die Sie laut aussprechen. Nachfolgend einige Vorschläge für Formulierungen:

- Ich nehme an ... (zum Beispiel mein Leben, meine Vitalität, meine innere Führung).
- Ich entscheide mich dafür, ... (zum Beispiel meine Intuition zu spüren, das Urvertrauen zurückzugewinnen, liebevolle Beziehungen zu führen).
- Ich öffne mich für die Erfahrung, ... (zum Beispiel geliebt zu werden, Harmonie zu erfahren).

Auch die positiven Affirmationen können Sie im Alltag verwenden, wann immer die Situation es erfordert. Wenn es nicht anders möglich ist, genügt es auch, den positiven Satz zu flüstern oder zu denken, zum Beispiel:

- Ich entscheide mich dafür, in dieser Situation in Harmonie zu bleiben.
- Ich entscheide mich dafür, meine Essenz und mich selbst zu spüren.
- Ich entscheide mich dafür, die Führung durch mein höheres Selbst zu erfahren.

Loslassen und die Wurzeln der Vergangenheit

Oft ist es sinnvoll, bewusst zu dem Augenblick zurückzugehen, da ein belastendes Muster, eine belastende Prägung in der Psyche entstanden ist. Damals war die Prägung noch fließend, vielleicht so wie heißes Wachs, das heute erkaltet ist. Indem Sie sich gedanklich in jenen Augenblick zurückversetzen, da das Muster noch lose, nicht angewachsen war, können Sie es von dort ausgehend ablösen und loslassen.

In dem Fall ist es wichtig, sich von den Bildern und Eindrücken führen zu lassen, die Ihr höheres Selbst Ihnen in Zusammenarbeit mit Ihrem Unterbewusstsein gibt. Das können Eindrücke aus der eigenen Kindheit sein, aber auch Bilder und Emotionen aus einem anderen Leben. Dabei spielt es weder eine Rolle, ob es dieses Leben tatsächlich gegeben hat und ob sich die Szenen tatsächlich abgespielt haben. Sie arbeiten einfach mit dem, was Sie bekommen. Die Bilder, die auf Ihrem inneren Bildschirm ablaufen, sind für Sie die bestmöglichen Schlüsselszenen, genau die Analogien, die Ihnen bei der Auflösung helfen. Die Seele bringt die Bilder hervor, die am meisten Ladung haben – und mit denen ist zu arbeiten.

Beispiel – Matriarchat: Nachfolgend die Loslass-Sitzung eines Klienten bezüglich eines Beziehungsproblems. Die Loslass-Sätze und die positiven Affirmationen sind komplett abgedruckt. Dadurch haben Sie als Leser die Möglichkeit zu prüfen, inwieweit diese Sätze in Ihnen widerhallen. Jeder von uns hat möglicherweise in seiner Vergangenheit Belastendes im Zusammenhang mit einer dominanten männlichen oder weiblichen Energie erlebt. Deshalb berührt dieses Thema jeden. Im vorliegenden Fall klagt der Klient über eine sehr emotionsgeladene und irritierende Dreiecksbeziehung. Er hat große Angst, von seiner Freundin dominiert zu werden und ihre Erwartungen nicht erfüllen zu können. Aus seiner Sitzung ergab sich Folgendes:

Therapeut: „Ich bitte Sie nun jeden einzelnen Satz des nachfolgendes Gebetes nachzusprechen: ‚Ich bete zu der *Einen* Kraft, dass in der nachfolgenden Sitzung das Richtige geschehe. Ich bete, dass sich die Tore zum Unterbewusstsein öffnen und die richtigen Informationen und Bilder freigegeben werden.‘ Gut, danke. Ich zähle Sie jetzt runter von 20 auf 1, bei jeder Zahl öffnet sich das Unbewusste mehr und mehr und ich bitte Sie, diese Öffnung gedanklich mit nachzuvollziehen. Wo sind Sie?“

Klient: „Ich bin im alten Ägypten. Das erste Detail, das ich sehe, ist ein Goldschmuck, das Symbol einer goldenen Schlange auf der Stirn einer Frau. Sie trägt eine Kopfbedeckung aus Lapislazuliblau. Ich knie vor ihr, denn ich bin ein einfacher Farmer oder Landarbeiter. Die Frau ist eine Pharaonin und hat mich zu ihrem Lieblingssklaven ausersehen. Doch die anderen Sklaven sind neidisch auf meine Bevorzugung und machen schwarze Magie, damit ich versage. Dadurch kann ich die Leistung, die von mir erwartet wird, nicht erbringen. Die Königin ist zornig. Das Gesetz verlangt, dass sie in solchen Fällen die Todesstrafe verlangt, da ansonsten die Form nicht gewahrt bleibt und der Pharao eine Liaison wittert. Doch die Königin lässt mich aus Liebe nur ins Gefängnis werfen und flieht später mit mir. Wir beginnen eine neue Existenz dort, wo wir glücklich werden."

Therapeut: „Danke, sprechen Sie mir nun die folgenden Loslassformulierungen nach: ‚Ich lasse los …'" (Die Formulierungen sind nachfolgend einzeln aufgeführt, auch in der Variante für das Patriarchat. Die Idee dabei ist folgende: Die Erfahrung zeigt, dass Männern sich in der Regel Bilder in Zusammenhang mit dem Matriarchat zeigen, wie es in der dargestellten Sitzung der Fall war, während bei Frauen normalerweise Bilder aus dem Patriarchat aufsteigen. Damit die Leserinnen auch von dem Beispiel profitieren können, ist nach dem Schrägstrich jeweils die Loslassformel bzw. Bejahung für SIE zusätzlich angegeben.)

Klient: spricht die einzelnen Loslass-Sätze nach.

Therapeut: „Gut, dann sprechen Sie mir noch die nachfolgenden *positiven* Affirmationen nach …" (ebenfalls nachfolgend aufgeführt).

Klient: spricht die positiven Affirmationen nach.

Therapeut: „Gut, nun rufen Sie die Seele Ihrer Freundin. Was möchten Sie ihr über das frühere Leben sagen?"

Klient: „Ich glorifiziere sie nicht mehr und habe auch keine Angst mehr vor ihr, sondern sehe sie erstmalig als Menschen, gleichberechtigt, ebenbürtig, menschlich, als einen normalen Menschen mit Licht- und Schattenseiten, den ich liebe. Ich möchte ihr Folgendes sagen: ‚Ich habe Verständnis für die Situation und liebe dich! Ich verzeihe dir, was du mir in diesem und in anderen Leben angetan hast. Ich bitte dich, mir alles zu vergeben, was ich dir in diesem und in anderen Leben angetan habe. Ich bitte um Vergebung. Vergib auch du dir alles, so wie ich mir vergeben habe. Ich bitte die *Eine* Kraft, dass die Vergebungen wirksam werden'." Seelisches Berührtsein.

Therapeut: Wann immer es schwer zwischen Ihnen ist, rufen Sie die Seele oder das höhere Selbst Ihrer Freundin und sprechen Sie geistig zu ihm. Drücken Sie mit Worten aus, was zu sagen ist. Rufen Sie auch vor wichtigen Zusammenkünften die Seele und machen Sie die Loslassübungen.

Formulierungen Matriarchat/Patriarchat

Ich lasse los …

- alle Opfer- und Sklavenprogrammierungen in mir.
- das Programm, *ihr (ihm)* immer zu Diensten sein zu müssen.
- dass *sie/er* über mich bestimmen darf.
- die Angst vor Versagen, Verachtung, Missbilligung, Zurückweisung.

- alle Gefühle von damals, vor allem Ablehnung, Wut, Zerrissenheit, Verleugnung.
- das Muster, es *ihr (ihm)* immer recht machen zu müssen.
- allen Leistungsdruck aus der/einer früheren Zeit.
- alle Gefühle von Demütigung.
- die Idee, dass Liebesentzug eine Katastrophe bedeutet.
- mich von *ihr (ihm)* abhängig zu machen oder zu fühlen.
- die Programmierung, *ihr (ihm)* gefallen zu müssen.
- meine Schuldgefühle aus der/einer früheren Zeit.
- alle Minderwertigkeitsgefühle aus der/einer früheren Zeit.
- die Angst, nicht gut genug zu sein.
- die Angst, *ihr (ihm)* hilflos ausgeliefert zu sein.
- alle Ohnmachtsgefühle, Hilflosigkeit.
- die Angst, geköpft zu werden, wenn *sie/er* schlechte Laune hat.
- die Angst, ihr die Meinung zu sagen.
- die Angst davor, Nein zu sagen.
- die Angst davor, in Ungnade zu fallen.
- alle Selbstmordprogrammierungen auf allen Ebenen aus der/einer früheren Zeit.
- die Programmierung, in diesem Leben als Mann/Frau nichts wert zu sein.
- die Idee, dass mein Wert von außen bestimmt wird.
- die Angst vor körperlicher, seelischer, geistiger Bestrafung.
- Willkür ausgesetzt zu sein.
- die Angst, wieder dienen zu müssen.
- meine Gefühle zu unterdrücken und zu verstecken.

- alle Schuldgefühle aus der/einer früheren Zeit gegenüber Drittpersonen, die schlechter behandelt wurden als ich.
- alle Schuldgefühle, weil ich in der/einer früheren Zeit verschont geblieben bin.
- alle negativen Gefühle und die Missgunst, die mir andere entgegengebracht haben, und die Auswirkungen auf mich.
- das Muster, keine bessere Behandlung verdient zu haben als Menschen, denen es schlecht geht.
- das Muster, mich selbst zu bestrafen (es zu müssen).
- alle Gefühle der Hoffnungslosigkeit und der Ausweglosigkeit.
- die Programmierung, immer funktionieren zu müssen.
- den Glaubenssatz, keine Liebe verdient zu haben.
- alle Muster der Selbstverleugnung.
- die Angst davor, zu mir zu stehen.
- den Zwang, dienen zu müssen.
- alle Muster der Gängelei.
- das Muster, anderen immer bereitwillig zur Verfügung stehen zu müssen.
- meinen Selbstwert an meiner Leistung festzumachen.
- die Angst, von *ihr (ihm)* abhängig und *ihr (ihm)* ausgeliefert zu sein.
- meine Liebe nur heimlich ausdrücken zu dürfen.
- meine Angst vor Abhängigkeit und Anhänglichkeit.
- die Angst, meine Gefühle zu zeigen.
- alle Verlassenheitsängste.
- alle Schocks und deren Auswirkungen.
- alle Traurigkeit.
- die Angst, nicht gewollt zu sein.

- die Angst, nicht gebraucht zu werden.
- das Gefühl, nutzlos und wertlos zu sein.
- die Angst, nirgendwo gut genug zu sein.
- das Muster/die Angst, nirgendwo dazuzugehören.
- die Angst, dass es schlimmer wird, wenn ich eine glückliche Beziehung habe.
- die Angst, nicht mehr geliebt zu werden, wenn ich ...
- die Angst, nicht geliebt zu werden für das, was ich bin.
- die Angst davor, nicht bedingungslos geliebt zu werden.
- das Muster, mich völlig wertlos zu fühlen.
- die Angst, in ihren Augen nicht ausreichend zu sein.
- die Angst davor, meine Wut zu fühlen und zu zeigen.
- die Angst davor, dass ich durchdrehen könnte, wenn ich meine Energie lebe.
- die Angst davor, unberechenbar zu sein.
- die Angst davor, verstoßen zu werden.
- die Angst davor, Fehler zu machen.
- alle Schuldgefühle *ihr (ihm)* gegenüber.
- die Angst vor weiblicher/männlicher Dominanz und Aggressivität.
- die Angst, *ihr (ihm)* ausgeliefert zu sein, wenn ich liebe und am meisten offen bin.
- die Angst, in meiner Offenheit schutzlos zu sein.
- die Angst, misshandelt zu werden, wenn ich mich gegenüber Frauen/Männern öffne.
- die Angst, heute wieder in meiner Macht und Kraft zu sein.
- alle Muster der Selbstkasteiung, Selbstknechtung, Selbstquälerei, Selbstverdammung, Selbstanklage und Selbstkritik.

- das Muster, ständig an mir selbst zu zweifeln.
- mich zu verstellen, zu verbiegen, damit ich Anerkennung, Gunst, Verständnis finde.
- die Idee, dass mein Überleben besser gesichert ist, wenn ich mich verstelle.
- das Muster, hart arbeiten zu müssen, um eine Überlebensberechtigung zu haben.
- das Programm, meinen Wert über Leistungen, Arbeit bestimmen zu wollen oder zu müssen.
- mich kontrollieren und fremdbestimmen zu lassen.
- die Angst, es nicht zu schaffen.
- das Muster, kurz vor dem Ziel aufzugeben.
- das Muster, zu streng mit mir selbst zu sein.
- die Angst, wieder misshandelt zu werden, wenn ich nicht das tue, was *sie/er* von mir will.
- mich verstecken, fliehen zu müssen.
- den Ansprüchen der anderen nichts (Eigenes) entgegenzusetzen zu haben.
- die Angst vor Unfähigkeit.
- die Angst vor Erniedrigung.
- die Angst, im Leben zu kurz zu kommen.
- die Angst, keine Daseinsberechtigung zu haben.
- die Angst, minderwertiges, nicht lebenswertes Leben zu sein.
- das Muster, dass ich mir mein Dasein hart erarbeiten muss.
- das Muster, mich und andere ständig kontrollieren zu müssen, damit nichts Schlimmes passiert.
- das Muster, mich nicht selbst entfalten und verwirklichen zu dürfen.
- das Muster, Erfolg nicht verdient zu haben.

- alle Armutsprogrammierungen aus diesem und allen anderen Leben.
- Ich vergebe den anderen, was sie mir in diesem und anderen Leben angetan haben.
- Ich bitte die *Eine* Kraft, jetzt alle Auswirkungen von negativer Gedankenprojektion in diesem und allen anderen Leben aufzulösen.
- Ich bitte die *Eine* Kraft, alle Pakte, Verträge, Schwüre, Eide, Vereinbarungen, Abmachungen zwischen mir und der dunklen Seite aufzuheben.
- Ich bitte die *Eine* Kraft, alle Flüche, Verwünschungen aufzulösen.
- Ich entscheide mich neu.
- Ich glaube an mich selbst, an meine Fähigkeit, an meinen Erfolg, an meine Talente.
- Ich bin liebenswert.
- Ich gehe liebevoll mit mir um.
- Ich lasse Leben geschehen.
- Ich anerkenne meine Möglichkeiten.
- Mein Leben ist ein Geschenk.
- Ich darf da sein auf der Erde.
- Ich bin frei.
- Ich bin mein eigener Herr.
- Ich spreche meine Wünsche und Bedürfnisse frei aus.
- Ich setze meine Grenzen.
- Ich sage Nein, wenn ich es möchte.

Ich bin gütig und nachsichtig und liebevoll mit mir und anderen auf allen Ebenen. Ich nehme jetzt alle meine Kraft, alle meine Macht wieder zu mir zurück.

Bei einer Loslass-Sitzung hat sich folgende Reihenfolge bewährt:

1. Anrufen des höheren Selbst/der *Einen* Kraft und Bitte um Führung und Öffnung
2. Entspannungsphase, herunterzählen
3. Bilder aufsteigen lassen, Film erleben
4. Welche Glaubenssätze entstanden damals, welche Schlussfolgerungen wurden damals gezogen? Umformulieren zu Loslass-Sätzen.
5. Welche neuen stimmigen Sätze sollten bejaht werden? Neu ausdrücken.
6. Rufen der Seelen aller Beteiligten, mitteilen, was noch zu sagen ist.
7. Danken und zurückkommen.

Übung: Setzen Sie sich mit einem Menschen Ihres Vertrauens zusammen und führen Sie sich gegenseitig in die Vergangenheit zurück, um die Loslassübung zu praktizieren.

Vielleicht suchen Sie sich für Ihre erste Übung auch einen versierten Therapeuten oder beginnen Sie an dieser Stelle mit der eigenen Kindheit oder der jüngsten Vergangenheit.

Die Welt als Spiegel betrachten – und loslassen

Das Gesetz des Spiegels

Die Welt ist unser Spiegel. Dies ist eine uralte Erkenntnis, wie zum Beispiel das buddhistische Gleichnis vom Tempel der 1.000 Spiegel zeigt, aber es lohnt sich, eine etwas modifizierte Art und Weise des Herangehens auszuprobieren. Um das Spiegelgesetz zu verstehen, müssen wir allerdings erst einmal erkennen, dass die Welt nicht statisch und vorgegeben, sondern zu einem wesentlichen Teil unser eigener Spiegel ist.

Was immer wir in der Welt ablehnen oder bewundern, hat mit uns zu tun, mit ungeliebten Seiten, gegen die wir in uns Widerstand haben, oder mit Talenten oder Idealen, die wir in uns nicht finden können. Viele der in meinen Büchern beschriebenen geistigen Gesetze sind unmittelbarer Ausdruck des Spiegelgesetzprinzips.[42]

Beispiele:

- **Ängste:** Wovor habe ich Angst? – Davor, dass mein PC überlastet ist und abstürzt? Das könnte auf Angst vor dem eigenen Denken hinweisen.
- **Auto:** Wenn der Schalldämpfer abgenutzt ist, könnte es sein, dass ich eine neue Stimme brauche. Wenn mein Auto bei Regen schlecht startet, kann ich mich fragen, ob mein Anspringen (beruflich, privat) von

„Schönwetter" abhängig ist. Wie ist es um meinen inneren Zündfunken bestellt? Manchmal hilft „Kontaktspray, beim Auto, beruflich, privat ...

- **Feiertagsdepression:** Inwieweit gelingt es mir, mich zu feiern?
- **Körper:** Mein physischer, emotionaler, mentaler, spiritueller Körper ist Ausdruck meines Geistes. Meine Gedankenmuster sind in jedem Aspekt verankert. Egal welches körperliche, mentale, emotionale Thema sich zeigt, es ist ein Spiegelbild meiner Glaubenssätze.
- **Menschen:** Was immer mir an anderen nicht gefällt oder mich nervt, ist eine Eigenschaft, auf die ich Resonanz habe und die ich nicht wahrhaben will. Deshalb sollte ich „menschliche Spiegelbilder" nicht verurteilen, sondern sie als Botschafter annehmen und ihre Botschaft (an-)erkennen.
- **Mitbewohner:** Ob Partner, Nachbar, Haustier, Kinder – sie alle nehmen meine Energie auf und spiegeln mich, Tiere ganz besonders.
- **Ramsch:** Ist mein Zimmer übervoll, könnte es sein, dass ich noch Müll in meinem Bewusstsein habe.
- **Schicksal:** Schicksal erschaffe ich oft dort, wo ich vielleicht noch zu wenig Liebe und Selbstannahme empfinde oder verwirkliche.
- **Situationen:** Jede unerwünschte Situation, die in mein Leben tritt, ist ein Spiegel meines (Unter-) Bewusstseins. Ich habe sie magnetisiert, um mir diesen Aspekt bewusst zu machen und gegebenenfalls alte körperliche, seelische, emotionale oder mentale Unstimmigkeiten oder Verletzungen zu heilen.

- **Vitalität:** Belastungen in meiner Vitalität spiegeln mir, wo ich das Leben bzw. meinen physischen Körper zu wenig achte.
- **Zufälle:** Ich selbst habe den Zufall angezogen, um etwas Wichtiges zu erkennen.

These: Was auch immer sich Ihnen im Ihrem Leben zeigt, ist nichts anderes als ein Spiegelbild einer Ihrer vielen Gedanken in sichtbarer, verwirklichter Form.

Übung: Öffnen Sie einmal Ihr Herz ganz weit und bewegen Sie in ihm die folgende Möglichkeit: Wie wäre es, wenn sämtliche Erfahrungen, die Sie machen, von Ihnen selbst erschaffen wären, wenn Sie selbst die Ursache jeder Erfahrung in Ihrer Geisteshaltung finden könnten? Würde Sie dieser Gedanke erschlagen, hilflos machen oder unglücklich? Das wäre verständlich. Bedenken Sie dabei jedoch auch, dass alles Schöne in Ihrem Leben ein Spiegel des Schönen in Ihnen ist.

Es geht hier überhaupt nicht darum, dass Sie jetzt alles ändern müssten. Es geht auch nicht um Schuld. Es geht einfach nur um das Hereinnehmen der Idee: Alles, was Sie erleben, sind Sie selbst! Dia würde bedeuten, dass es Ihre Gedankensätze, Überzeugungen, emotionalen Neigungen sind, die Ihre Umwelt gestalten. Hierbei existiert für jeden Ihrer Gedanken ein idealer Zeitpunkt, sich Ihnen in konkreter Gestalt durch eine Person oder Erfahrung zu zeigen: „Was du siehst, ist, was du glaubst!“ Viele Menschen denken: „Wenn ich es sehe, kann ich es glauben!“ Das Gesetz des Spiegels geht vom Gegenteil aus: „Wenn du es glaubst, wirst du es sehen!“ Das bedeutet: Jede Situation in Ihrem Leben spiegelt einen ganz bestimmten Glaubenssatz, eine Überzeugung, eine ganz bestimmte Denkkonstruktion von Ihnen. Nicht die Umstände machen Ihnen Probleme, sondern weil Sie an diese Umstände glauben, sind sie da.

Vielleicht fragen Sie sich, warum möglicherweise ausgerechnet Sie Probleme mit dem Geld, eine einengende Beziehung, einen proletenhaften Nachbarn haben, in Situationen gestellt werden, in denen Sie das Gefühl haben, sich aufopfern zu müssen, usw. Das würde beispielsweise bedeuten:

- Eine schwierige Beziehung spiegelt Ihnen, dass *Sie selbst* lieblos oder voller Beschränkungen über Beziehungen denken.
- Geldmangel spiegelt Ihnen, dass *Sie selbst* lieblos oder begrenzend über Geld denken.
- Arbeitslosigkeit spiegelt Ihnen, dass *Sie selbst* lieblos oder begrenzend über Ihren Nutzen in der Gesellschaft denken.
- Ein schwieriger Beruf spiegelt den Glaubenssatz, dass Geldverdienen hart ist.

Nun existiert in unserem Bewusstsein ein natürlicher Reflex, die eigene Identität zu schützen, und dies besonders, wenn einem von einem anderen Ich so ein Spiegel vorgehalten oder einem gar vorgeworfen wird, man sei lieblos; so ein Vorwurf tut einfach weh und hilft niemandem. Denn der Betreffende steht ja erst einmal dort, wo er steht, und hat, identifiziert mit seiner Lage, keine Möglichkeit, sich außerhalb seiner selbst und mit Leichtigkeit zu sehen.

Es ist nur allzu natürlich, menschlich und verständlich, dass die meisten Menschen ihren Spiegel, der ihnen in der Außenwelt begegnet, nicht annehmen können und wollen, da er für sie etwas Negatives darstellt, und wer will schon als das „göttliche Wesen“, das er ist, sich Negatives ans Bein heften. Doch damit bleiben einem auch die „Goodies“ vorenthalten, die guten Qualitäten, die in dem Spiegel inbegriffen sind. Sobald Sie erkennen: „Ich selbst bin es, der diese Eltern/Kinder/Nachbarn/Freunde/Feinde/Partner/Situation ... in mein Leben geholt hat“, haben Sie einen Schritt in die eigene Freiheit getan.

Wir brauchen hier einen Kniff, eine Hilfe zur Selbstannahme. Denn wir haben Makel damit gleichgesetzt, dass wir bestraft werden, weniger liebenswert sind, uns einer Autorität unterwerfen müssen usw. Und jeder will vom Leben belohnt werden, geliebt werden und unabhängig von einer anderen Person sein.

Gerade hier liegt die Gefahr im therapeutischen bzw. Coachingprozess: Der Therapeut (bzw. Coach) weiß mehr, hat die besseren Argumente und Vorschläge. Hier bildet sich sehr schnell, ohne dass es den Beteiligten bewusst ist, ein „Unterwerfungsprozess“ heraus. Die Verantwortung wird an den Therapeuten bzw. den Coach abgegeben, dafür darf er dominieren und behält recht. Nun nützt es den Beteiligten wenig, wenn der Therapeut recht behält, dass der Klient nicht heilbar ist, „weil er die einfachsten Lebensregeln nicht befolgt“.

In diesem Fall ist recht bekommen der Trostpreis für beide. Wenn also der Therapeut genau weiß, warum der Patient keinen Erfolg hat, kann er sich damit zwar als besserwisserisch und belehrend darstellen, aber wenn er genau hinspürt, wird er wahrnehmen, dass er eine Mauer bildet, einen Widerstand gegen den Klienten entwickelt hat, den er hinter seiner Bewertung versteckt.

Das Kunststück liegt darin, den Keim für intrinsische (innere) Motivation zu setzen, das heißt dafür, dass der Klient sich aus sich selbst heraus entwickelt. Es geht nicht nur um die Individuation, sondern auch um die spirituelle Emanzipation, in der der Klient Fortschritte macht, weil in ihm etwas stimuliert wird, das seinen Gesundungsprozess in Gang setzt, nicht weil der Therapeut, Coach, Guru oder gar seine Religion dies sagt. Das war bisher das Missverständnis, das Herrschaftsverhältnisse etabliert, aber das Mitgefühl, das Gefühl der Einheit mit der „Bruderschaft der Menschheit", also mit *jedem*, unmöglich gemacht hat.

Wir können nicht jemandem helfen, wenn wir nicht bereit sind, ihm die Füße zu waschen, uns herabzubeugen. Das bedeutet nicht, sich neben den Gefallenen zu legen, sondern den Widerstand gegen das scheinbar Negative, das der Klient verkörpert, loszulassen. Tun wir das nicht, erzeugen wir Untertanen, Nachfolger, Nachahmer, aber tragen nicht zur Gesundung dieses Menschen bei. Und auch der Weg vom Misserfolg zum Erfolg ist Ausdruck eines Gesundungsprozesses. Wie also machen wir das Wunder der Wandlung verfügbar – für uns oder einen anderen Menschen? Wie befähigen wir andere bzw. geben den Rahmen, in dem der andere sich selbst befähigen kann? Soweit es um den Umgang mit anderen geht, müssen wir es aufgeben, den anderen in einem „negativen Selbstbild“ bzw. „negativen Fremdbild“ festzuhalten. Das heißt nicht, anzunehmen, dass der andere jetzt alles in dem Sinne richtig macht, wie wir das verstehen, sondern im anderen das zu sehen, was er ist, und frei von Bewertung zu bewundern, wie er ist. Und das Gleiche gilt natürlich auch für den Umgang mit uns selbst.

Wenn wir sagen: „Ich hasse Geld, Beziehungen, Arbeit, ist ja auch klar, was mir alles passiert ist, ich hatte so schlimme Erlebnisse, die mich geprägt haben …“ – dann haben Sie ein Argument, eine Rechtfertigung, warum Ihre Welt so ist, wie sie ist, Sie zementieren damit das Unerwünschte noch mehr – und es wird sich dadurch nicht ändern.

Das Geheimnis ist Folgendes: *Weil* Sie das, was Sie als störend wahrnehmen, negativ bewerten, gliedert Ihr Bewusstsein, ob Sie sich dessen gewahr sind oder nicht, diese Dinge aus Ihrem Verfügungsbereich aus. Sie drängen sich Ihnen dann unangenehm entgegen. Es ist das Festhalten an der Negativität, das Negativ-darüber-Denken, was das Annehmen, das „Heimholen des Spiegels“, verhindert. Weil Sie das, was Ihnen Finanzen, Beruf, Partner etc. spiegeln, nicht mögen, weisen Sie es von sich. Dadurch erzwingen Sie, dass sich das Verdrängte als „negativer Spiegel“ Ihnen aufdrängt.

Beispiel 1: Weil Sie Einengung als etwas Negatives bewerten, erschaffen Sie sich einen einengenden Partner, der Sie, wenn Sie mal allein ausgehen wollen, fragt, wo Sie hingehen, Ihnen nachschnüffelt usw.

Beispiel 2: Weil Sie Arbeitslosigkeit als etwas Negatives bewerten, erschaffen Sie sich die Situation, dass Sie Ihren Traumberuf nicht finden.

Beispiel 3: Weil Sie es als negativ bewerten, Ihre Schulden nicht bezahlen zu können oder zu wollen, erschaffen Sie sich Gläubiger, die Ihnen einheizen.

Es geht nicht darum, sich wegen seiner Glaubenssätze, Gedanken, Muster fertigzumachen oder in irgendeiner Weise zu bewerten, sondern dass Sie sich dafür für zuständig erklären, dass Sie da gerade etwas unangenehm berührt: „Ja, offenbar ist da eine emotionale oder mentale Bewertung, sonst würde mir dies nicht so unangenehm wehtun."

Sie sind nicht die Glaubenssätze, die Sie haben, Sie sind Bewusstsein, wertfrei, grenzenloser Raum. In dieser Bewusstheit dessen, wer Sie sind, entscheiden Sie, wie Sie denken, und tragen die Konsequenzen Ihres Denkens.

Wenn Sie jetzt die eine oder andere Situation als unangenehm erleben, dann gehen Sie doch einfach davon aus, dass Sie selbst sie magnetisiert und in Erscheinung haben treten lassen, um sich genau in diesem Punkt in der Meisterschaft zu üben: „Aha, da taucht offenbar etwas auf, das sich wandeln möchte." Es ist dabei unerheblich und auch keine Frage der Schuld, woher das Problem kommen mag. Vielleicht existiert es unbewusst schon seit Anbeginn der Zeit und ist zu Ihnen gekommen, um durch Sie erlöst zu werden, jetzt.

Die menschliche Psyche ist ein sich natürlicherweise selbst heilender Mechanismus, solange er eins mit sich selbst ist. In dem Moment, in dem Sie eine Situation, ein Symptom, einen Lebensumstand als Ihre eigene Schöpfung bejahen, können Sie es ändern. Es ist unmöglich, negative Gefühle zu haben, wenn Sie sich als deren Schöpfer (an-)erkennen. Durch diese Lebensannahme erhalten Sie Zugang zu einschränkenden Blockaden, von denen Sie oft gar nicht ahnten, dass sie existieren. Ihnen offenbaren sich sämtliche Ursachen, die Einflüsse auf Ihr Wohlbefinden und Ihre Handlungen haben und denen Sie meist unbewusst ausgesetzt waren. Unabdingbare Voraussetzung – und das ist das ganze Geheimnis – liegt in dem Einnehmen einer bewertungsfreien, neutralen inneren Haltung. Aus ihr heraus können die Dinge aufsteigen und Sie können sie mühelos umbewerten, was zur Wandlung führt. Hierfür notieren Sie, wie es Ihnen geht, was Ihnen gerade geschieht, auch Bewertungen dürfen hierbei vorkommen.

Irgendwie sind wir dazu gekommen, über uns selbst, die Welt, Beziehungen, die Gesellschaft, Erfolg, Glück oder Gesundheit lieblos zu denken. Und genau diese Einstellung sehen wir nun im Spiegel unseres Lebens. Solange wir unsere negativen Bewertungen aufrechterhalten, bleibt uns das Geschenk verborgen. Ein Spiegel ist aber nur einer unserer Gedanken, der sichtbar geworden ist. Ist er unangenehm, sollten wir uns fragen, ob er wirklich noch zu uns gehört oder ob wir ab jetzt bereit sind, die Kraft unserer Neubewertung für ein beglückendes Leben zu nutzen. Nehmen Sie dieses Positive für sich selbst an.

Immer wieder geht es darum, sich zu erinnern, wer Sie sind. Sie sind nicht der Mensch, der tausend Probleme hat, Sie sind Bewusstsein. Sobald Sie in tiefer Verbindung mit Ihrem Herzen beginnen, die Regie über Ihre Gedanken und Gedankenmuster zu übernehmen, unterliegen Sie nicht mehr der Notwendigkeit, einprogrammierte Erfahrungen endlos fortzusetzen und zu wiederholen. Sie werden nicht mehr am Nasenring durch den Kakao gezogen, sondern nehmen den Nasenring ab und sind frei – auf einmal ist da eine Wahl!

Der Gedankenbazillus, das dahinsiechende Glaubensmuster ist durch die eigene Immunpolizei aufgelöst worden. Nicht durch ein eingespritztes Antibiotikum, sondern durch die erwachenden Selbstheilungskräfte der Psyche im Inneren, die als Einzige wissen, wie man die Sache angeht.

In der Annahme dessen, was ist, des anderen, wie er ist, der Umstände, wie sie sind, lösen sich die negativen Bewertungen, sie zeigen sich isoliert von Ihnen, sodass sie überhaupt erst einmal gesehen werden können. Belastende Gedankenmuster, Glaubenssätze können erst dadurch erkannt und ausgetauscht werden, dass ihnen mit Liebe begegnet wird. Denn sie sind sehr scheu und fürchten Bewertung.

Wie aber nun gelangen Sie in die segensreiche Verfassung, den Spiegel, der Ihnen doch so negativ erscheint, anzunehmen. Christa Koessner, hat einen genialen Kniff entdeckt, der es jedem möglich macht, in seinen Spiegel zu schauen, und dieser Teil macht den eigentlichen Wert der Spiegelgesetzmethode aus. Das Prinzip vom Spiegelgesetz bedient sich dafür der Objektivierung:

Öffnen Sie bitte einmal Ihr Herz ganz weit und bewegen Sie darin die folgenden Worte: „Was immer der andere negativ verkleidet mir spiegelt, ist das, was mir *in der positiven Form* zu meiner Ganzheit fehlt. Jedes Mal, wenn ich mich von jemand anderem abwende, verweigere ich einem Aspekt meiner Selbst die Annahme."

Ein wichtiger Schritt zur Erlösung des Spiegels liegt darin, zu erkennen, dass die Dinge *nur in Ihren Augen* so negativ, unerträglich, ... sind.

- Menschen, die sich durchsetzen, sind *nur in meinen Augen* kalt, hartherzig, lieblos, grausam.
- Menschen die eigen sind, sind *nur in meinen Augen* eine Belastung für die Schöpfung.

Sobald Sie die gleichen Umstände wertfrei, vielleicht sogar mit Liebe ansehen, können Sie die Spiegel als zu sich gehörig akzeptieren.

Empfehlung: Betrachten Sie auch den Jammer, das Elend, den Misserfolg mit den gleichen Augen, mit denen Sie ein Wunder oder ein Naturschauspiel betrachten: „Aha, das habe ich offenbar geschaffen, sonst wäre es ja nicht da – wunderbarer Spiegel – Wow!"

Dies bedeutet, das, was Sie als negativ betrachten, positiv umzudeuten und für sich selbst anzunehmen. Das Unangenehme an Ihren Umständen bietet Ihnen nämlich deshalb die Chance, eine verborgene Stärke von sich zu erkennen und zugleich ein Urteil dagegen (ein Verbot, genau das zu leben) aufzuheben.

Ob Sie es glauben oder nicht, in jedem Augenblick wirken Sie schöpferisch. Der andere spiegelt Ihnen eine Stärke und zugleich ein Urteil dagegen. Nur weil Sie diese Stärke an sich selbst ablehnen, wird sie Ihnen als Schwäche gespiegelt. Es ist immer mein Nein zu mir selbst, das auf eine unangenehme Weise gespiegelt wird. Da es in Wahrheit nur das Selbst gibt, spiegelt der andere einem die Selbstablehnung, die bei einem selbst eine Änderung sucht, damit man die dahinter verborgene Stärke heimholen kann.

Beispiel 1: Sie empfinden Ihren Partner als dominant und lehnen ihn deshalb ab. Was wäre jetzt die positive Seite von Dominanz? Durchsetzungsvermögen vielleicht! Ok, dann schauen wir bei uns selbst. Wie bewerten wir Durchsetzungsvermögen? Solange wir glauben, ein schlechter Mensch zu sein, wenn wir uns durchsetzen, erschaffen wir, dass Dominanz auf uns ausgeübt wird. Wenn wir aber stattdessen sagen: „Wow, dieser Mensch spiegelt mir mein eigenes verdrängtes Durchsetzungsvermögen, wunderbar!“, dann fahren die Züge nicht mehr in die entgegengesetzte, sondern in die gleiche Richtung, Sie können quasi auf den Zug aufspringen. Dann können Sie sagen: „Endlich mal ein durchsetzungsstarker Mensch, bewundernswert, er spiegelt mir genau diese Gabe, die auch in mir verborgen ist!“

Beispiel 2: Sie empfinden einen Menschen als tyrannisch. Dann können Sie sagen: „Wow, dieser Mensch hat den Mut, sich selbst zu leben, wunderbarer Spiegel!“ Es ist eigentlich das Einfachste auf der Welt, den Spiegel zu erkennen, sobald Sie die Sache wertfrei betrachten und weder sich noch den anderen niedermachen für das, was gerade gespiegelt wird. Fragen Sie sich deshalb immer wieder, wenn Ihnen ein unangenehmer Spiegel begegnet:

- Was ist denn positiv daran?
- Welche wertfreie Formulierung gibt es für das Verhalten bzw. die Umstände?

Beispiel – Sitzung: Klient: „Ich fühle mich wie ein …!“, Therapeut: „Verstehe ich Sie richtig, dass Sie in Ihrem Leben in Ruhe gelassen und nicht von den Leistungsanforderungen anderer bedrängt werden, sondern eigenen Raum haben wollen?“ Klient horcht auf.

Mit jeder neuen beglückenden Erfahrung wächst die Eigenliebe. Lebensglück bedeutet, Verantwortung für die eigenen Gedanken, Glaubenssätze und Lebenskonstrukte zu übernehmen und gleichzeitig liebevoll mit dem umzugehen, wo Sie gerade stehen. Sich Stress zu machen bietet keinen Vorteil, da es um die „innere Bewegung“, die „innere Ausrichtung“ geht, nicht um das Ziel eines unsinnigen Perfektionismus.

Jeder möchte gern in einer Welt leben, von der er sagen kann: „Ach wie ist das alles wunderbar, ich lebe in der besten Beziehung aller Zeiten, das Geld fließt super rein und die Arbeit erfüllt mich!“ Es wäre schön, diese Wahl treffen zu können – aber müssen sich dafür nicht die Umstände ändern? Eigentlich nicht. Es ist möglich – unabhängig von den Umständen –, die Art und Weise, wie Sie über sich und Ihre Umstände denken, neu zu gestalten und dabei überholte Gedanken, Glaubenssysteme, Muster loszulassen, also im Bewusstsein der Ich-bin-Gegenwart unabhängig von den Umständen einfach zu sagen: „Ich wähle jetzt neu!“ Besonders spannend sind hierbei die Weichenstellungen des Lebens, hinter denen sich dann Ihre Schlüsselerfahrungen verbergen. Die neuen positiven Eigenschaften können Sie sich dann auch noch mittels Klopfakupunktur einklopfen. Wie es geht – nun hier die Methode im durch Praxiserfahrungen erweiterten, modifizierten und neu strukturierten Schnellverfahren.[43]

Das 10-Schritte-Programm zu Glück und Lebensfreude

1. Status: „Was ist los? Was nervt mich wirklich? Welches Gefühl löst das Ganze in mir aus?" Schreiben Sie auf, was genau in Ihnen unangenehme Gefühle oder Gedanken hervorruft, und formulieren Sie dabei auch Ihre Empfindungen so exakt wie möglich. Kommen Sie dem wirklichen Kern auf die Spur.
2. Akzeptieren: „Ich selbst habe ... geschaffen/angezogen, weil ich ... negativ bewerte bzw. an einem negativen Glaubenssatz über ... festhalte und um wichtige Bereiche/Aspekte in mir zu heilen." An diesem Punkt ist es wichtig, ins Herz zu gehen, diesen Satz in der Stille zu bewegen, ihn sinken zu lassen und zu warten, bis ein tiefes Ja von innen kommt und dem inneren Empfinden entspricht. Es reicht nicht aus, diesen Satz einfach nur auszusprechen oder zu denken.
3. Den Glaubenssatz entlarven, der in der Situation enthalten ist, und objektivieren:
   d) „... ist nur in meinen Augen etwas Schlechtes!"
   e) „Menschen, die ... tun, sind nur in meinen Augen ..."
4. Das Bewertete positiv beschreiben und es entlarven: Auf welche positive, verdrängte Qualität will mich der andere günstigstenfalls hinweisen? Gegebenenfalls brauchen Sie hier eine Analogie von

negativer und positiver Bewertung, Sie müssen „übersetzen". So wird „dominant" zu „durchsetzungsfähig", „lasch" zu „gelassen" usw. „In mir ist offenbar ein Glaubenssatz, der ... negativ bewertet. Ich dachte immer, ... ist unerträglich. ... ist offenbar in meinen Augen etwas Negatives!"

5. Eigenverantwortung: „Ich selbst bin es, der in Bezug auf ... noch negative Gefühle/Gedanken erzeugt (nicht der andere), und das kann sich ändern. Ich will, dass diese negativen Gefühle verschwinden." Gegebenenfalls durch die Dynamind-Technik die Bewertung freiklopfen. Sie werden bei dem Versuch, den Schlüsselsatz auszusprechen, gegebenenfalls spüren, dass er noch nicht ganz passt. Dann verändern Sie ihn, während Sie sprechen, so, dass er passt.
6. Erkennen Sie: „Ich muss in mir ein Urteil hegen, das einen Wesenszug ins Negative verkehrt, sodass er sich mir draußen als negativer Spiegel zeigt. Was könnte das sein?" Negatives Selbsturteil aufdecken: „Ich selbst verbiete mir, ...!" Gegebenenfalls schreiben Sie das negative Selbsturteil auf eine Karte! Erkennen Sie, welche Belastungen und welchen Schmerz Sie durch diese Lieblosigkeit sich selbst gegenüber geschaffen haben, wie unglücklich Sie Ihr Selbsturteil gemacht hat.
7. Falschen Glaubenssatz erkennen und loslassen: „Ich lasse los den falschen Glaubenssatz ..." Umwandeln und neubewerten, aufgeben der negativen Gefühle und Gedanken und sie in positive verwandeln: „Ich befreie mich jetzt bewusst von dem

Fehlurteil ... Es ist in Ordnung ... Ich nehme mich selbst bewusst an."

8. Die *Eine* Kraft um Unterstützung bitten, dass man das neue Glaubensmuster leben kann. Sich selbst lieben, das Positive bejahen, eine liebevolle Entscheidung treffen: Hier ist gegebenenfalls noch einmal eine Übersetzungsarbeit erforderlich, damit Sie den positiven Begriff noch einmal untersuchen und genau die Formulierung finden, die in Ihnen anklingt. Hier gilt es gegebenenfalls ein wenig Detektiv zu spielen und das eigene Seelenland abzusuchen, um den positiven Aspekt, die innere Schatzkammer, das Brachland in sich selbst aufzuspüren. „Aha, das ist es, was ich offenbar leben soll! Ich verändere meine Einstellung mir selbst gegenüber im Sinne der Selbstachtung. Ich achte mich als ..." Gegebenenfalls positiv einklopfen: „In mir/meinem Körper gibt es irgendwo ... (= positive Qualität). Und das ist gut so! Ich will, dass diese Qualität sich in mir/meinem Körper ausbreitet/stärker wird/sich dauerhaft verankert."
9. Verzeihen und segnen: „Ich verzeihe mir selbst meine bisherige Einstellung gegenüber ... Ich verzeihe mir selbst, dass ich genau an diesem Punkt mir selbst gegenüber lieblos war. Ich bitte um göttlichen Segen/den Segen der Einen Kraft bezüglich ... Ich segne ..." Segnen bedeutet hierbei lediglich, das, was in Erscheinung getreten ist, die Situation und alle Beteiligten der Einen Kraft zu übergeben. Hierbei warten und nachspüren, bis der Segen vollzogen ist.

10. Danken, dass Sie eine neue Einstellung gewinnen durften: „Ich fühle Dankbarkeit, dass ich ..."

Beispiel: Zu einem Klienten kam eines Tages unerwartet der Gerichtsvollzieher und forderte ihn zum Offenbarungseid auf, da er eine Altschuld nicht begleichen konnte. Er arbeitete mit der Spiegelgesetzmethode und schrieb dabei Folgendes auf:

1. Mich nervt, dass ich immer noch wegen meiner alten Schulden behelligt werde. Ich fühle mich als Versager, da ich die Schulden nicht bezahlen kann. Ich empfinde unser Rechtssystem und die Schuldzinsen als unzumutbare Belastung, da steige ich lieber aus.
2. Offenbar habe ich selbst/hat mein Selbst es erschaffen, dass der Gerichtsvollzieher zu mir kommt, da ich Gläubiger negativ bewerte und einen wichtigen Bereich meines Lebens klären möchte.
3. Forderungen einzutreiben ist nur in meinen Augen etwas Schlechtes. Menschen, die auf ihr Recht pochen, ihre Forderungen eintreiben, Zinsen berechnen, sind nur in meinen Augen etwas Schlechtes.
4. In mir ist offenbar ein Glaubenssatz, der Menschen, die für ihre Rechte kämpfen, als negativ bewertet. Ich dachte immer, Menschen, die für ihr Recht kämpfen, sind unerträglich. Für seine Rechte einzustehen ist offenbar in meinen Augen etwas Schlechtes.

5. Ich selbst bin es, der angesichts der Durchsetzung von Rechten negative Gefühle und Gedanken erzeugt.
6. Ich selbst verbiete mir, mich durchzusetzen!
7. Der Glaubenssatz ist: Wer sich selbst durchsetzt, legt sich dadurch mit der universellen Kraft und der ganzen Welt an. „Ich lasse los den Glaubenssatz, Selbstdurchsetzung führt zur Isolation!" Umdrehen: „Ich nehme mich selbst als einen Menschen an, der Rechte durchsetzen und Dinge einfordern darf. Es ist in Ordnung für mich, meine Rechte durchzusetzen und Ansprüche zu haben."
8. Ich bitte die *Eine* Kraft, mir zu helfen, dass ich einen Weg finde, die positive Qualität, Rechte durchzusetzen, Ansprüche zu haben und Dinge einzufordern, zu leben. „In mir ist irgendwo das Recht, mein Leben durchzusetzen, und das ist gut so. Ich will, dass diese Qualität sich durch meinen Körper dauerhaft ausdrückt." Danach Gebet: „Höchste Kraft des Universums: Ich bitte die *Eine* Kraft, durch mich die richtige/stimmige/Glück bringende Antwort auf den Gerichtsvollzieher zu finden. Ich achte mich als einen Mann, der für sein Leben einsteht." Seelische Berührung des Klienten.
9. Ich verzeihe dem Gerichtsvollzieher, den Gläubigern, der Situation und mir selbst und bitte um Segen für die Situation und alle Beteiligten. Ich befreie mich jetzt bewusst von diesem Fehlurteil, es sei böse, sein Leben durchzusetzen, und verändere meine Einstellung im Sinne der Liebe zu mir selbst.
10. Ich fühle Dankbarkeit dafür, dass ich zu der Situation eine neue Einstellung gewinnen darf.

Beispiel: Klientin mit Beziehungsproblem

1. „Ich fühle mich belastet durch die Beziehung mit meinem Mann, da ich mich an seiner Seite nicht leben kann. Er erdrückt mich. Er entspricht auch nicht meinen Vorstellungen. Ich empfinde Ablehnung und Falsch-geführt-Sein vom Leben."
2. „Ich selbst habe die Beziehung mit meinem Mann geschaffen, weil ich das Nichterfüllen von Vorstellungen negativ bewerte und um wichtige Aspekte in mir zu heilen."
3. „Mit einem Partner zu sein, der nicht meinen Vorstellungen entspricht, ist *nur in meinen Augen* etwas Schlechtes."
4. Der positive Aspekt von „entspricht nicht den Vorstellungen" ist „Es kommt aufs Wesentliche an". „In mir ist offenbar ein Glaubenssatz, der Beziehungen, in denen es um das Wesentliche geht, negativ bewertet (ich dachte immer, Beziehungen, die nicht meinen Vorstellungen entsprechen, sind unerträglich), sich in einer Beziehung auf das Wesentliche zu konzentrieren ist offenbar in meinen Augen etwas Schlechtes."
5. „Ich selbst bin es, der *vorstellungsbesessen ist*, nicht der andere, und das kann sich ändern, ich will, dass diese Vorstellungsbesessenheit verschwindet. Ich selbst bin es, die die Ehe zu einer Belastung macht."
6. *„Ich selbst* verbiete mir, die Vorstellungen des anderen zu enttäuschen und zu mir selbst zu stehen!", *„Ich selbst* verbiete mir, die Belastung in dieser Ehe loszulassen!"

7. Der Glaubenssatz ist:
   a) Wenn ich den Vorstellungen des anderen nicht entspreche, werde ich misshandelt oder erfahre Liebesentzug. „Ich lasse los den falschen Glaubenssatz ‚Sich selbst leben bedeutet von der Liebe getrennt zu sein'!" „Ich befreie mich jetzt von dem Fehlurteil, ein Partner, der nicht meinen Vorstellungen entspricht, sei ungeeignet für mich. Es ist in Ordnung, sich nicht nach den Vorstellungen anderer zu richten." „Ich nehme mich selbst bewusst als Menschen an, der unbelastet durch die Vorstellungen anderer ist."
   b) Wenn ich die Belastung dieser Ehe loslasse, glaube ich nicht mehr in der Liebe und im göttlichen Plan zu sein. „Ich lasse den falschen Glaubenssatz los, ‚Sich entlastet zu fühlen gefährdet meine Beziehung zur universellen Kraft und zur Liebe'."
8. Der positive Aspekt, der in beiden Aspekten mit mir in Resonanz geht ist Autonomie, sich selbst verwirklichen, das heißt, sein Selbst wirken lassen, unabhängig von den Vorstellungen anderer, ist Souveränität und Freiheit! „In meinem Körper gibt es irgendwo Souveränität und Freiheit und das ist gut so. Ich will, dass beide sich in jeden psychischen Bereich ausbreiten! Ich achte mich selbst als einen souveränen und freien Menschen."
9. Ich verzeihe mir selbst meine bisherige Einstellung gegenüber meiner Beziehung. „Ich bitte um göttlichen Segen bezüglich der Beziehung."
10. Ich empfinde Dankbarkeit für die wundervolle Möglichkeit dieser Beziehung.

Beispiel: Klientin mit dominantem Chef (Kurzfassung)

1. Der Chef ist dominant und rechthaberisch.
2. Ich selbst habe diesen Chef angezogen, weil ich Dominanz und Rechthaberei negativ bewerte und weil ich einen wesentlichen Aspekt meines Lebens heilen möchte.
3. Rechthaberisch und dominant zu sein ist *nur in meinen Augen* etwas Schlechtes.
4. Der positive Aspekt von „rechthaberisch" und „dominant ist, „weiß, was er will, hat eine klare Meinung". In mir ist offenbar ein Glaubenssatz, der Menschen, die wissen, was sie wollen, und eine klare Meinung haben, negativ bewertet (ich dachte immer, Menschen die rechthaberisch sind, sind unerträglich); Menschen, die wissen, was sie wollen, und eine klare Meinung vertreten, sind *offenbar* in meinen Augen etwas Schlechtes.
5. Ich selbst bin es, der in Bezug auf *freien Ausdruck* negative Gefühle und Emotionen erzeugt, und das kann sich ändern. Ich will, dass diese negative Einstellung verschwindet.
6. Erkenntnis: Ich selbst verbiete mir, mich frei auszudrücken!
7. Glaubenssatz: „Freier Ausdruck ist gefährlich!" Ich lasse den Glaubenssatz los. „Freier Selbst-Ausdruck wird bedroht!" Ich nehme mich bewusst als Menschen an, der sich frei ausdrücken darf, ohne dafür bedroht oder bestraft zu werden.
8. Ich bitte die *Eine* Kraft um Unterstützung und darum, mir einen Weg zu zeigen, wie ich mich frei ausdrücken soll. Die zutreffende positive Qualität

ist „meine Stimme ins Leben einbringen". „In mir ist irgendwo das Potenzial, meine Stimme ins Leben einzubringen, und das ist gut so. Ich will, dass dieses Potenzial sich durch mich verwirklicht."

9. Ich verzeihe all den Menschen, die ihre Meinung ausgedrückt haben. Ich bitte um göttlichen Segen für alle, die sich ausdrücken, wie immer es ihnen entspricht. Ich verzeihe mir selbst meine bisherige Einstellung gegenüber Menschen, die ihre Meinung gesagt haben. Ich bitte um göttlichen Segen bezüglich aller Menschen, die ihre Stimme ins Leben einbringen, auch gegenüber mir selbst.
10. Ich fühle Dankbarkeit, dass ich eine neue Einstellung zum Selbstausdruck gewinnen durfte.

Beispiele für Umformulierungen:

- abhängig – verbunden
- aggressiv – kraftvoll
- anderer Meinung – sie weiß, was sie will
- andersartig – lebt sein Leben
- aufbrausend, wenn man anderer Meinung ist, konfliktunfähig – herzzentriert
- eigensinnig – selbstbewusst, weiß, was ihm gut tut
- frech – eigenständig
- jähzorniger Despot – energiegeladene Persönlichkeit
- klammernd – bereit, Nähe zu erleben
- labert einen voll – ist beziehungsorientiert
- maßregelnd – auf Stimmigkeit bedacht
- ruft immer zum falschen Zeitpunkt an – kontaktfreudig
- stur – beharrlich, hat Durchhaltevermögen

Urvertrauen und Unschuld

Das Geheimnis des Urvertrauens

Das instinktive Urvertrauen bildet sich gemäß Sigmund Freud während der Embryonalzeit und in den ersten zwei Monaten nach der Geburt. Sollte dieses Urvertrauen gestört sein, zum Beispiel weil Sie abgetrieben werden sollten oder weil es in Ihrer Babyzeit Geldsorgen gab, haben Sie vom Leben die Aufgabe bekommen, *bewusstes* Urvertrauen zu entwickeln und damit einen Weg der Bewusstwerdung zu beschreiten, den andere, die nie Zweifel bezüglich ihres Urvertrauens hatten, nicht gehen, den Weg einer bewussten Suche nach dem Sinn der Existenz. So wie nach dem Gesetz der Überkompensation jeder Mangel zur Stärke werden möchte, sind Sie in dem Fall ausersehen, Spezialist im Urvertrauen und in der Suche nach und dem Finden der „Quelle" zu werden.

Im Urvertrauen zu leben bedeutet, in dem Bewusstsein zu leben, dass Sie von der versorgenden Kraft, die alles durchdringt, nicht getrennt sind. Es bedeutet anzuerkennen, dass es in Wahrheit keine Feinde gibt. Das sogenannte Böse ist nur das verkleidete höhere Gute, das Ihnen helfen will, das Gute in Ihnen zu erkennen, das Sie herausfordert, einer Tugend Raum zu geben, und damit zu Ihrem Wachstum beiträgt.

Wenn Sie erfahren, dass Sie von einer universellen Kraft geführt werden, müssen Sie nicht alles festhalten und kontrollieren. Und so wird die Frage des Loslassens auch zu einer Frage Ihrer Beziehung zur Existenz/zur *Einen* Kraft. Nur wenn Sie glauben, alle wollen Ihnen etwas Negatives, unterliegen Sie der Illusion des Getrenntseins, die wir auch das Spiel des Ego nennen.

Sobald Sie sich aufmachen zu erkennen, statt zu jammern, zu wehklagen, andere ins Unrecht zu setzen oder sich selbst zu verletzen, öffnen sich völlig neue Türen und Sie sind mit dem Weltall in Fühlung. Alles beginnt zu Ihnen zu sprechen. Sie leben dann, um es mit den Worten Einsteins zu sagen, in einem freundlichen Universum.

Sie erkennen dann, dass immer genau das da sein wird, was Sie zu Ihrer Entwicklung brauchen. Und indem Sie das annehmen, können Sie zugleich Ihren Widerstand loslassen – das Wunder fortwährender Wandlung geschieht. Indem Sie den Platz, an den Sie vom Leben gestellt wurden, annehmen, erkennen Sie, dass Sie stets zur rechten Zeit am rechten Ort sind, und zwar mit genau dem/den richtigen Menschen. Sie erkennen, dass es gar keine falschen Partner/Menschen/Orte um Sie herum gibt, sondern nur ein falsches Bewusstsein. So wie es auch kein falsches Wetter gibt, sondern nur ungeeignete Kleidung. Sie erleben sich eingebunden, statt zu glauben, alles wäre gegen Sie gestellt.

Sollten Sie aber bereits mit einem angeborenen Urvertrauen zur Welt gekommen sein, dann sind Sie gesegnet, weil Sie daraus die Sicherheit erhalten, losgelöst zu leben, ohne sich allzu viel mit den Hintergründen auseinandersetzen zu müssen. Beide Wege sind gut.

Die Transformationskraft der Unschuld

Die Energie der Unschuld ist absichtslos,
aber sehr wirksam.

Die Energie der Unschuld kann heilen und Berge versetzen, weil diese Energie direkt aus der Tiefe unserer Quelle kommt.

In jedem Menschen gibt es einen Bewusstseinszustand, den wir als „Energie der Unschuld" klassifizieren können. Wir erkennen diesen Zustand an der Abwesenheit des berechnenden Denkens, an der Weite des Herzens und an der Offenheit für das, *was ist*. Häufig kommen wir mit diesem Bewusstseinszustand in Verbindung, wenn wir einem Menschen oder Wesen in großer Liebe zugetan sind und uns von dieser Liebe berühren lassen. Die Energie der Unschuld fliegt uns auch oft an, wenn wir einem Menschen oder einem liebenswerten Tier, beispielsweise einer Kuh oder einem Reh, lange Zeit liebevoll in die Augen schauen – oder wenn wir am Strand die untergehende Sonne auf uns wirken lassen. Sie berührt uns in tiefer Verschmelzung mit der Natur, in der tantrischen oder auch der platonischen Liebe und natürlich auch in Gegenwart eines Erwachten. Einer meiner Klienten spürte die Energie der Unschuld bei einem Besuch bei Mutter Meera[44] in der Nähe von Limburg, ein anderer unter nächtlichem Sternenhimmel. Wir können sie jedoch auch als einen innerseelischen Ort erfahren, indem wir unser Bewusstsein darauf richten. Es ist ein Zustand tiefer Losgelöstheit!

Die Energie der Unschuld finden Sie, wenn Sie sich tief mit Ihrem Herzen verbinden. Sie ist eine innere

Haltung, die Sie einnehmen können. Sobald Sie in der Energie der Unschuld sind, werden Sie erleben, dass negative, zerstörerische Gedanken wie von selbst wegfallen. Das bezieht sich nicht nur auf zerstörerische Gedanken, die andere betreffen, sondern auch auf selbstzerstörerische, auf Minderwertigkeitskomplexe und vor allem Schuldgefühle.

Die Energie der Unschuld ist dabei absichts- und unterschiedslos, bringt jedoch alles, was sie berührt, automatisch in die Stimmigkeit. Es handelt sich um eine Energie, die weder Liebe noch Zuspruch oder Reaktion benötigt, sie *ist* einfach in uns und wird allein dadurch erweckt, dass wir sie bemerken und die Aufmerksamkeit auf sie richten. Überall dort, wo die Absicht nicht in der Lage ist, Energien zu bewegen, vermag die Energie der Unschuld Störungen zu beseitigen, Blockaden zu lösen, Hindernisse zu beseitigen. Dies tut sie nicht aus einer Intention heraus, sondern weil es ihre Natur ist, die Dinge von selbst wieder in Ordnung zu bringen. Da sie völlig frei von Ego ist, wirkt sie auf einer feineren Ebene als absichtsvolle Energie und kann deshalb beispielsweise auch hartnäckige Schwierigkeiten durchdringen. Auch dort, wo wir bisher keinen Erfolg hatten, etwa weil negative Glaubenssätze, Bewertungen oder Umkehrungen vorliegen, erweist sich die Energie der Unschuld als heilend. Alles, was es hierfür braucht, ist, reinen Herzens, also in der Unschuld zu sein und die Aufmerksamkeit auf den Bereich zu lenken, zu dem die Energie fließen soll. Vielleicht war die Energie der Unschuld genau die Energie, mit der Buddha die Welt verwandelt hat?

„In der Existenz gibt es keinen, der überlegen ist, und keinen, der unterlegen ist. Der Grashalm und der größte Stern sind vollkommen gleich ... Aber der Mensch will anderen überlegen sein, er will die Natur erobern, und deshalb muss er ständig kämpfen. Alle Komplikationen entstehen aus diesem Kampf. Ein unschuldiger Mensch ist einer, der sich weigert zu kämpfen, der sich nicht mehr dafür interessiert, überlegen zu sein, der sich nicht mehr dafür interessiert, eine Leistung zu erbringen, zu beweisen, dass er jemand Besonderes ist; der wie eine Rose oder wie ein Tautropfen auf dem Lotusblatt geworden ist; der ein Teil dieser Unendlichkeit geworden ist; der verschmolzen ist, vereint, eins geworden ist mit dem Ozean und nur noch eine Welle darin ist; der keine Ahnung mehr vom ‚Ich' hat. Wenn das ‚Ich' verschwindet, ist Unschuld da."[45]

Übung: Gehen Sie in die Stille. Spüren Sie die Energie der Unschuld (es kann und darf ruhig einige Minuten dauern, bis Sie sie spüren). Richten Sie sie auf den Lebensbereich, in dem bisher eine Blockade die Erfüllung verhindert hat. Bleiben Sie während des ganzen Vorgangs reiner Beobachter und nehmen Sie wertfrei und ohne Vorstellungen wahr, was sich verändert, indem die Energie der Unschuld in diesen Bereich fließt. Je weniger Sie in diesen Prozess eingreifen, umso stärker die Wirkung.

Losgelöst leben mithilfe der Energie der Unschuld

Die Energie der Unschuld lässt sich in allen Lebenssituationen einsetzen, auch dann, wenn man weder sein Ziel noch die Lösung für ein Lebensproblem kennt. Hierfür wieder ein praktisches Beispiel:

Beispiel: In meine Praxis kamen Frau Beckem und ihr Ehemann. Frau Beckem ist von Beruf freischaffende Künstlerin und Mutter, ihr Partner ein Geschäftsmann, der gerade seinen Job verloren hatte. Inspiriert durch das romantische Jugendstilhaus in der Nähe von München, in dem die beiden wohnten, entstanden durch Frau Beckem kunstvolle Bilder und Gewänder, die in verschiedenen Kunstausstellungen Beachtung fanden, aber bisher kein großes Geld einbrachten. Frau Beckem beklagte, sie sei mit den Nerven völlig fertig, weil ihr Mann ihr gestern gesagt habe, er wolle sofort mit ihr und den Kindern in eine Billigwohnung in den Bayerischen Wald ziehen, da er ab dem nächsten Monat vom Arbeitsamt zu einem 1-Euro-Job verdonnert worden sei, der ihm unterm Strich nicht mehr als 900 € monatlich einbringen würde. Er sei nicht bereit, sein ganzes Erspartes für die nächsten Mieten auszugeben. Sie empfand diesen plötzlichen Vorschlag wie einen Schlag ins Gesicht und sah in ihm auch eine unzumutbare Belastung für die beiden Kinder, speziell für die ältere Tochter, die kurz vor dem qualifizierten Hauptschulabschluss stand. In der vorangegangenen Nacht hatten sich die beiden so sehr zerstritten, dass mittlerweile sogar die Ehe in Gefahr war. Sie wollte in dem Jugendstilhaus bleiben, da sie glaubte, dass sie kurz vor ihrem Durchbruch als Künstlerin stehe, ihr Mann wollte seinen Sparkurs mit Gewalt durchsetzen.

Es war ersichtlich, dass sich keine sofortige Lösung abzeichnen würde. Dafür waren zu viele Unwägbarkeiten im Spiel. Deshalb lautete die erste Empfehlung an die beiden, die gegenseitigen Beschuldigungen und Vorwürfe aufzugeben, da sie sie nur gegenseitig zermürben würden. Gerade in einer so schwierigen Situation ist es nämlich wichtig, einander die Stange zu halten, was auch bedeutet, die unterschiedlichen Standpunkte zu respektieren und, soweit es geht, zu verstehen. Dies bedeutet, niemandem Schuld an der Situation zu geben, wie sie eingetreten ist. In der Energie der Unschuld angekommen erfuhren beide Partner eine große Betroffenheit über ihre eigenen Reaktionen. Sie erkannten, dass sie nicht einer Meinung waren und es auch momentan noch keine Lösung gab. Doch sie blieben von da an in der Energie der Unschuld, wann immer es ihnen möglich war, und ertrugen den Zustand des Nichtwissens.

Sie waren sich der Schwierigkeiten bewusst und öffneten ihre Sensoren für eine mögliche Lösung, ohne im Voraus festzulegen, wie sie denn aussehen solle. Sie baten stattdessen das Leben, ihnen zu zeigen, wie sie mit der Unsicherheit der Situation umgehen sollten, und verharrten in der Unschuld des eigenen Herzens, offen und empfänglich für die Wunder, die da kommen mögen. Immer wieder richteten sie die Energie der Unschuld auf ihre finanzielle und berufliche Situation. Einige Tage lang geschah nichts. Doch nach 14 Tagen erhielt Frau Beckem eine Einladung zu einer Vernissage in einer Galerie und ihr Mann begleitete sie dorthin. Wie sich im Laufe der Veranstaltung ergab, suchte die Inhaberin der Galerie dringend eine neue Verkäuferin und benötigte zusätzlich einen Manager, da sie mehrere Galerien gleichzeitig betrieb. Herr und Frau Beckem übernahmen diese beiden Stellen und konnten von dem daraus erzielten Einkommen ihr Jugendstilhaus erhalten – und nicht nur das, Frau Beckem erhielt auch die Möglichkeit, immer wieder mal ein Bild in der Galerie auszustellen und zu verkaufen.

Ein Beispiel aus der Bibel ist der weise König Hiob, dem vom Leben erst einmal alles genommen wurde, der aber letztendlich, weil er in der Energie der Unschuld geblieben ist, ein Vielfaches des Verlorenen wiederbekommen hatte.

Des Königs Herz ist in der Hand des Herrn.
Er leitet es, wohin er nur will.
SPRÜCHE 21.1

Die Energie der Unschuld in Beziehungen

Die Energie der Unschuld fließen zu lassen bedeutet insbesondere auch, den eigenen Partner in seiner Größe zu halten, auch dort, wo er aus Ihrer Sicht einen Fehler macht, unvollkommen ist, etwas Falsches sagt oder sich (wieder) einmal danebenbenimmt. Sie können nicht Ihren Partner demütigen und als Schlampe oder als Hanswurst beschimpfen und dann erwarten, dass abends die großen Zärtlichkeiten stattfinden.

Die Energie der Unschuld ermöglicht es Ihrem Partner, das Gesicht zu wahren, auch dort, wo er im Unrecht ist, und seine Erkenntnis dann zu gewinnen, wann es *ihm* entspricht. Gerade in Beziehungen stellt sich immer wieder die Frage: Wollen Sie recht haben oder gewinnen? Wollen Sie recht damit haben, was für ein Idiot der andere ist, oder wollen Sie an Liebe, Vertrautheit, seelischem Wachstum gewinnen. Gerade wenn Sie sich provoziert fühlen, dem anderen etwas an den Kopf zu werfen, halten Sie kurz inne. Gehen Sie in die Energie der Unschuld und antworten Sie aus dieser inneren Haltung heraus. Sie werden erleben, dass sehr viel (Klein-)Krieg dadurch entfällt. Zu einer optimalen Beziehung gehört nur *ein* idealer Partner – der andere kann sein, wie er will! Hierfür ein Beispiel aus meiner Praxis:

Beispiel: Herr Rudolf ist Vermögensberater und muss auf eine Fortbildungsveranstaltung. Seine Partnerin verlangt wütend von ihm, zu Hause zu bleiben und sich um sie zu kümmern, da sie sich ohne ihn immer so allein fühlt. Statt wie bisher stundenlang mit ihr zu streiten und dann entweder nachzugeben oder im Streit zu fahren, atmet Herr Rudolf tief durch, geht in seine Unschuld und antwortet liebevoll, aber klar: „Sorry, das, was du verlangst, kann ich dir nicht geben!" Und aus der gleichen Herzensweite und Unschuld heraus, frei von jedem Vorwurf und von jeder Lobhudelei: „Ich liebe dich trotzdem!" Und dann fährt Herr Rudolf zu seiner Tagung!

In die Energie der Unschuld gehen zu lernen ist wie das Erlernen einer neuen Sportart: Anfangs weiß man gar nicht, was gemeint ist, und auf einmal steigt eine Ahnung, später dann eine Gewissheit auf, die sich mit fortwährendem Üben zu einer Reaktion entwickelt, die Sie souverän in jeder Lebenslage anwenden können.

Übung – In die Unschuld gehen: Stellen Sie Ihren Minutenwecker auf 15 Minuten und gehen Sie in die Energie der Unschuld. Wenn Sie nicht wissen, wie Sie das tun sollen, stellen Sie sich vor, Sie wüssten, wie Sie in die Energie der Unschuld gehen, oder bedienen Sie sich der Hilfen aus den vorangegangenen Kapiteln.

Feindseligkeiten und Schuldgefühlen begegnen durch die Energie der Unschuld

Die Energie der Unschuld beseitigt Schuldgefühle und Feindseligkeiten.

Viele Menschen neigen dazu, andere zu beschuldigen, also „Schuld abzuwälzen“. Gerade in solchen Fällen bietet die Energie der Unschuld eine wunderbare Möglichkeit, das eigene Bewusstsein wieder auszurichten.

Andere haben sich angewöhnt, Feindseligkeiten und Schuldgefühle gegen sich selbst zu richten, weil sie dadurch von der Umwelt mehr Sympathie bekommen, als wenn sie sie gegen andere richten. Doch ein feindseliger Mensch bleibt ein feindseliger Mensch, unabhängig davon, ob er gegen sich oder gegen andere feindselig ist. Der Autoaggressive ist charakterlich um keinen Deut besser als der Schläger an der Ecke. Dies gilt auch für Schuldgefühle. Schuldgefühle sind und bleiben ein Übel, egal ob Sie sie anderen machen oder sich selbst. Sie tun keinem gut, weder Ihnen noch anderen.

Leider sind wir sowohl von unserer kirchlich-dogmatischen Vergangenheit wie auch von unserer westlichen Kultur dazu erzogen, permanent mit dem Begriff der Schuld zu agieren, und müssen deshalb dringend lernen, uns und andere aus der moralischen Schuld zu entlassen. Etwas anderes gilt natürlich für tatsächliche Schulden – hier greift unser Bürgerliches Gesetzbuch. Doch was die moralische Schuldzuweisung betrifft, müssen wir dem Übel der endlosen Schuldgefühle ein Ende setzen, denn solange wir Schuldgefühle haben oder anderen machen, boykottieren wir jeden Erfolg jeden positiven Wirkens.

Wir können nicht behaupten, unsere Ehe sei so schlecht, weil der eigene Partner so ein Idiot sei, und zugleich eine ideale Partnerschaft führen wollen. Dies sind Widersprüche, die sich gegenseitig blockieren. Genauso sinnlos ist es, Schuldgefühle wegen eines ehemaligen Konkurses zu züchten und zugleich manifestieren zu wollen, dass wir in Kürze Millionär werden. Die Lösung liegt darin, (Auto-)Aggressionen, Schuldprojektionen und Feindseligkeiten gegen sich und andere zu erkennen, aufzulösen und in die Energie der Unschuld zu gehen.

Wenn Sie sich immer wieder darin üben, in den natürlichen Zustand, die Energie der Unschuld, zu gehen, werden Sie immer mehr erkennen, dass schuld- oder aggressionsbehaftete Gedankenabläufe und Reaktionen, wiederkehrende Handlungsabläufe und Gedankenketten nicht zu Ihrem eigentlichen Bewusstseinszustand passen.

Übung: Wann immer Sie Schuldgefühle oder feindseliges Verhalten spüren, atmen Sie in Ihr Herz und spüren Sie die „Energie der Unschuld. Identifizieren Sie sich mit ihr. Was sagt sie zu eventuellen feindseligen oder

Schuld machenden Gedanken? Erlauben Sie, dass die Energie der Unschuld die Negativität dahinschmelzen lässt.

Besser, als die Dinge zu erzwingen, ist es, angesichts von Ungewissheiten in der Unschuld zu verharren und sich behutsam vorwärtszutasten.

Angekommen leben

Leben geschieht ständig und es verändert sich täglich. Altes stirbt, Neues wird geboren. Wir sehen es an den Jahreszeiten: Es wird Herbst, die Blätter fallen von den Bäumen, der Winter kommt in seiner Kargheit, um einem neuen Frühling Platz zu schaffen. Und so wie der Baum im Herbst seine Blätter fallen lässt, im Winter seine Kräfte sammelt und im Frühling neu austreibt, so müssen auch wir ständig loslassen, um neu geboren zu werden. Goethe schreibt in seinem „West-östlichen Diwan“: „Und solang du das nicht hast,/Dieses: Stirb und werde!/Bist du nur ein trüber Gast/Auf der dunklen Erde.“ Meister Eckhart hat es mit folgenden Worten ausgedrückt: „Wer nicht stirbt, bevor er stirbt, der verdirbt, wenn er stirbt!“

Eine Geschichte aus China erzählt von einem Bauern, der drei Söhne hatte. Jedem gab er einen Sack voll Korn, bevor er für ein Jahr auf Wanderschaft ging, wie es ihm die Tradition gebot. Der Sohn, der am weisesten mit dem Samen umgegangen sein würde, sollte nach der Rückkehr des Vaters sein Erbe bekommen.

Nach einem Jahr kam der Vater zurück, besuchte den ersten Sohn und fragte ihn, was er mit dem Samen angestellt hätte. Der erste Sohn führte ihn in den

Keller, wo er den Sack gelagert hatte, doch der Samen war aufgrund der Feuchtigkeit im Keller verschimmelt und unbrauchbar geworden. Dann besuchte der Vater den zweiten Sohn. Dieser ging mit ihm zur Sparkasse. Er hatte den Samen verkauft und 100 Euro dafür bekommen, die er dort aufbewahrt hatte. Zuletzt ging der Vater zum dritten Sohn und dieser führte ihn auf ein blühendes Kornfeld. Der dritte Sohn sagte: „Ich habe den Samen ausgesät und alles, was auf diesem Feld wächst, gehört dir, denn es ist aus deinem Samen entstanden." Der Vater hielt inne und sagte: „Du bist mein Erbe, denn dir kann ich meine Habe anvertrauen. Du bringst das, was ich dir gegeben habe, hundertfach zu mir zurück!" (In ähnlicher Form kennen wir diese Geschichte als das Gleichnis von den Talenten auch aus der Bibel.)

Was wir loslassen, kehrt hundertfach zu uns zurück. Wir dürfen den Samen von gestern nicht in unseren Keller stellen, sondern müssen in Dankbarkeit das, was wir erhalten haben, aussäen – damit Neues wachsen kann. Die Aufforderung liegt ganz klar darin, uns ständig mit unserer Quelle zu verbinden und stets aus unserer Fülle zu schöpfen, statt uns an das Geschaffene zu binden.

Loslassen soll dem Erkennen und Erleben der Wirklichkeit hinter dem Schein dienen. Ein altes Gebet lautet: „Führe mich vom Unwirklichen zum Wirklichen, vom Dunklen führe mich zum Licht, vom Tod führe mich zur Unsterblichkeit."[46] Doch was ist Wirklichkeit?

Viele Menschen haben ein völlig falsches Verständnis von Wirklichkeit. Wenn wir auf einen Stein klopfen, dann behaupten wir: „Der Stein ist wirklich!“ Aber wenn wir der Sprache nachgehen, kommen wir auf eine ganz andere Bedeutung. Wirklichkeit ist das, was wirkt! Das, was wirkt, ist die schöpferische Kraft, die wir auch „Gott in Tätigkeit“ nennen können.

Loslassen soll dem Lichtvollen in uns dienen, doch: Was ist Dunkelheit, was ist Licht? Dunkelheit ist die Abwesenheit von Licht. Dunkelheit, das ist das, was kein Leben mehr in sich trägt. Das sind die Tatsachen, die Dinge, das Geschaffene. Wenn wir an der Vergangenheit festhalten, dann tappen wir im Dunklen.

Platon erzählt in seinem Höhlengleichnis von Menschen, die in einer dunklen Höhle gefangen sind. Nur durch einen schmalen Spalt fällt Licht hinein. Ab und zu bewegt sich etwas da draußen vor dem Spalt, vielleicht ein Tier, das vorbeikrabbelt. Die Menschen in ihrer Verblendung halten die Schatten, die das Licht aufgrund der Bewegungen vor dem Spalt wirft, für real. Einmal gelang es einem Menschen, durch den Spalt hindurchzuklettern, und er sah, dass die Welt farbig ist und nicht schwarz-weiß wie die Schattenwelt und dass die Schatten an der Wand nicht real waren. Und er kam zurück zu den anderen und erzählte ihnen davon, doch sie wollten ihm nicht glauben. Sie hielten weiter an ihrer Schattenwelt fest und wollten gar nicht versuchen, durch diesen Spalt zu klettern. Der Spalt, der uns im Dunklen vom Licht trennt, ist das „Nadelöhr“, doch solange wir an unseren „Schattenspielen“ festhalten, können wir nicht durch das Nadelöhr gelangen.

Es gibt einen Autor namens Dr. Raymond Moody. Er hat über Jahrzehnte Berichte von Menschen mit

Nahtoderfahrungen gesammelt.[47] Diese Menschen berichten davon, dass ihnen nach Verlassen (also „Loslassen“) ihres Körpers ein überwältigend schönes Licht entgegengekommen sei. Licht ist das, was wir erleben, wenn wir loslassen. Dieses Licht begegnet uns aber nicht nur beim Tod, sondern vor allem auch im Leben, ob es die kleinen oder großen Erleuchtungen des Lebens sind oder auch nur der Geistesblitz, der wie ein Lichtstrahl unser Denken erhellt. Auch die Geistesblitze erreichen übrigens nur den, der in seinem Denken von alten Vorstellungen loslassen kann. Es ist ein Schicksal unserer Kultur, dass wir den Tod verdrängen, obwohl er doch täglich vor unseren Augen liegt. Bei den Tibetern gehört bei den Heranwachsenden die Auseinandersetzung mit dem Tod zur Vorbereitung auf das Leben. Wer sich mit dem Tod auseinandersetzt, wird dadurch aber nicht lebensmüde, im Gegenteil: Er wird lebensfreudiger, weil er loslassen gelernt hat, weil er weiß, was wesentlich ist.

Unsere Welt mit ihrem Festhaltewahn steht auf dem Kopf. Niemand sagt uns, dass wir umkehren, das heißt, vom Unwesentlichen zum Wesentlichen kommen müssen. Niemand sagt uns, was wesentlich ist, das heißt unser wahres Wesen betrifft. Eine kleine Geschichte soll dies verdeutlichen:

In einem fernen Land lebte einmal ein Weiser in einem Dorf. Er sagte voraus, dass ein mächtiger Wind kommen würde und dass jeder, der dann im Freien sei, verrückt würde. Doch die Leute hörten nicht auf ihn, nur zwanzig gingen ins Haus, als der Wind kam. Als alles vorbei war, waren all die Leute, die draußen geblieben waren, verrückt geworden. Doch da die

Verrückten in der Überzahl waren, glaubten sie, die zwanzig, die im Haus geblieben waren, seien die Verrückten. Doch verrückt ist nicht der, der sich dem Leben im Jetzt öffnet, sondern der, der glaubt, mit einem Verstand von gestern die Probleme von morgen lösen zu können.

Loslassen soll der Unsterblichkeit dienen: Wer loslassen gelernt hat, kann jeden Tag als Geschenk der *Einen* Kraft genießen. Er versucht gar nicht erst, dem Heute die Vorstellungen von gestern aufzuprägen. Er haftet nicht dem Alten an. Das Bibelwort „Ich sterbe täglich!" bedeutet nicht, es sich schlecht gehen zu lassen, im Gegenteil: Es fordert nur zum Loslassen auf und meint damit: „Ich bin bereit, jeden Tag aufs Neue meine alten Vorstellungen, Emotionen, Glaubenssätze, Prägungen loszulassen, damit ich jeden Tag als neu und spannend erleben kann!"

Auf jeder Ebene fordert uns das Leben auf loszulassen, damit wir das Leben gewinnen. Wir müssen umkehren, das heißt loslassen, damit unser Leben seinen Sinn erfüllen kann. Vom Fußball her wissen wir, dass wir umkehren müssen. Kein Stürmer würde auf die Idee kommen, nach der Halbzeit noch auf das gleiche Tor hinzuspielen wie in der ersten Halbzeit. Auch wir müssen umkehren – wir müssen loslassen, damit wir innerlich reich werden.

Loslassen soll der Fülle dienen: Ein Gleichnis aus dem ZEN beschreibt es sehr schön: In eine volle Tasse können wir nichts hineingießen. Unsere Tassen sind übervoll. Wenn wir beispielsweise an einer Exbeziehung festhalten, haben wir keine Chance, mit einem neuen Partner glücklich zu werden. Um einer neuen

Beziehung eine Chance zu geben, müssen wir die Tasse mit dem kalt gewordenen Tee ausgießen und uns neu öffnen, um zu empfangen. Wenn wir an einem alten Arbeitsplatz festhalten, den wir nicht mehr haben, haben wir keine Chance, eine neue Arbeit zu finden. Wir müssen loslassen und uns dem Leben anvertrauen, das nichts anderes ist, als „Gott in Tätigkeit". Sobald Sie losgelassen haben, werden Sie erkennen, dass das Leben ständig zu Ihnen spricht, dass Sie im Leben geborgen sind und es Ihnen mit jeder Situation genau das sagt, was es jetzt von Ihnen verlangt.

Loslassen sollten Sie auch die Fixierung auf ein fernes Ziel. Der Weg ist das Ziel, es ist das Ziel, auf dem Weg zu sein, und letztendlich sind das Ziel Sie selbst und es liegt Ihnen damit näher als Ihre Halsschlagader. Das erkennen Sie, wenn Sie alles losgelassen haben, was nicht zu Ihnen gehört:

Sie sind bereits am Ziel! Leben Sie angekommen und immer neue Türen werden sich für Sie öffnen. Dies wünsche ich Ihnen!

Ihr

Kurt Tepperwein

Ihr Leben ist die Antwort

Man muss den Dingen
die eigene ungestörte Entwicklung lassen,
die tief von innen kommt
und durch nichts gedrängt
oder beschleunigt werden kann;
alles ist austragen – und
dann gebären.

Reifen wie der Baum,
der seine Säfte nicht drängt
und getrost in den Stürmen
des Frühlings steht,
ohne Angst, dass kein Sommer kommen könnte.
Er kommt doch!

Aber er kommt nur zu den Geduldigen,
die das sind, als ob die Ewigkeit vor ihnen läge,
so sorglos still und weit …

Man muss Geduld haben gegen das Ungelöste im Herzen
Und versuchen, die Fragen selbst lieb zu haben,
wie verschlossene Stuben
und wie Bücher, die in einer sehr fremden Sprache
geschrieben sind.

Es handelt sich darum, alles zu leben.
Wenn man die Fragen lebt,
lebt man allmählich,
ohne es zu merken,
eines fremden Tages
in die Antwort hinein.

Rainer Maria Rilke, Briefe an einen jungen Dichter, An Franz Xaver Kappus, Viareggio bei Pisa, Italien, am 23. April 1903.

Anmerkungen und Literaturverzeichnis

1 www.compassionatelistening.org

2 Abend, Matt Galan: Leben Sie, statt zu funktionieren, Frankfurt am Main 2002

3 Hatzelmann/Becker: Fabelhafter Lebenserfolg, noch nicht erschienen

4 Hanh, Thich Nhat: Mit dem Herzen verstehen, Stuttgart 2003

5 Peseschkian, Nossrat: Psychosomatik und positive Psychotherapie, Frankfurt am Main 1993

6 Bach, Richard: Die Möwe Jonathan, Berlin 1998

7 www.HyperVoyager.com

8 Hanh, Thich Nhat: Das Herz von Buddhas Lehre – Leiden verwandeln, die Praxis des glücklichen Lebens, Freiburg 2004

9 z.B. Musik von der Gruppe Ahura, „Shadi", erhältlich über Meistersinger Musikverlag, Forchheim

10 Fischer, Gottfried: Neue Wege aus dem Trauma. Erste Hilfe bei schweren seelischen Belastungen (Buch und CD), Düsseldorf 2003;
Reddemann, Luise: Dem inneren Kind begegnen. Hör-CD mit ressourcenorientierten Übungen, Stuttgart 2004;
Maurer, Katja/ Seibert, Thomas: Die Gewalt überleben, CD-ROM, Frankfurt am Main 2001

11 Wilson Schaef, Anne: Die Flucht vor der Nähe, München 2003

12 Kössner, Johann: Vortrag, Augsburg 2006

13 Tepperwein, Kurt: Von der Sprachlosigkeit in Beziehungen, Peiting 2004
14 Simonton, O. C.: Wieder gesund werden, Hamburg 2001
15 Bezüglich weiterer Themen, die Sie loslassen sollten, siehe mein Buch Tepperwein, Kurt: Loslassen, was nicht glücklich macht, Frankfurt am Main 2000
16 Fromm, Erich: Die Kunst des Liebens, Berlin 1980
17 King, Serge K.: Kahuna Healing, die Heilkunst der Hawaiianer, Stuttgart 2003
18 Empfehlung in dem Zusammenhang: Turiya von Hannover, Mir und anderen verzeihen, geführte Meditation, Meditation & More GmbH Köln
19 Eine geführte Meditation dazu finden Sie als CD von Dr. Günter Bayer unter dem Titel „Abschiede"
20 Buchempfehlung: Krystal, Phyllis: Die inneren Fesseln sprengen, Berlin 2004
21 Buchempfehlung: Reddemann, Luise: Imagination als heilsame Kraft, Stuttgart 2003
22 www.versoehnungsbund.de, www.compassionate-listening.org;
Buchempfehlung: Hwoschinsky, Carol: Zuhören mit dem Herzen, Paderborn 2006;
wer einfühlsames Zuhören einmal im Workshop erfahren möchte, dem sei ein Seminar bei Peter Hwosch, Lehrer für einfühlsames Zuhören, empfohlen, Info: www.hwosch.com.
23 Levine, Peter A.: Trauma-Heilung. Das Erwachen des Tigers, Essen 1998
24 Buchempfehlung: Rothschild, Babette: Der Körper erinnert sich. Die Psychophysiologie des Traumas und der Traumabehandlung, Essen 2002;

CD-Empfehlung Hintergrundmusik für Somatic Experience von Tom Kenyon, Soma, bei Koha

25 Childre, Doc/ Rozman, Deborah: Verwandle deine Wut. Innere Ausgeglichenheit durch Herzintelligenz, Freiburg 2006

26 Empfehlung: Geführte Meditation, um mit dem Körper zu reden: Buch und CD von Osho, „Body-Mind-Balancing", erschienen bei Goldmann, November 2003

27 Quelle und Buchempfehlung: Dieter Grabbe, Move and Relay, München 2002

28 Buchempfehlung: Abend, Matt Galan: Leben heißt loslassen, Petersberg 2005

29 Infos unter www.layena-bassols.de

30 Quelle: www.emotrance.com

31 Meditations-CD, die die „Entrüstung" von Blockaden invoziert: Dr. Günter Bayer, „Die Krieger"

32 Die Begriffe „Dynamind", „Dynamind-Satzkombination" etc. stammen von S. K. King. Wer sich für eine ausführliche und originalgetreue Darstellung interessiert, dem sei folgendes Buch empfohlen: King, Serge K.: Die Dynamind-Technik, Vier einfache Schritte zur Heilung, Stuttgart 2004
Internetseite www.hunaseite.info/huna/dynamind.

33 Der Begriff „Pico Atem" wurde von Serge K. King geprägt.

34 Ein gutes, leicht verständliches Buch über EFT ist: Eberhard, Elisabeth: Stressfrei in Minuten, Eichendorf 2005

35 dazu auch Tepperwein, Kurt: Das Huna Geheimnis. Die Hawaiianische Heilmagie, Koblenz 1998

36 Buchempfehlung: Koch, Franz: Alles kann sich ändern, Aachen 2005

37 Entsprechende Entspannungsübungen finden Sie u.a. in meinen Büchern „Geistheilung durch sich selbst. Psychokybernetik“, München 1999 und „Öffne deine Schatzkammer!“, Steyr 2004

38 Inspiriert durch Christoph Langholf, Buchempfehlung: Langholf, Christoph: Ich lasse los, München 2004

39 Quelle: Doc Lindwall: www. releasing.de

40 Langholf Markus: Releasing – Frei sein durch Loslassen. Ein Workshop mit Isa und Yolanda, Wasserburg/Inn 2002

41 Wer sich für den Zusammenhang zwischen Losslassthemen und Organen interessiert, dem sei an dieser Stelle das Buch von Markus Langholf „Releasing – Frei sein durch loslassen. Ein Workshop mit Isa und Yolanda“ (Sheema Medien 2003) empfohlen. Weitere Informationen auch unter www.releasing.de.

42 Eine ausführliche Darstellung des Spiegelgesetzprinzips finden Sie in dem Buch von Christa Koessner „Die Spiegelgesetz-Methode“, Steyr 2001; durch ihre Werke gab die Autorin die Inspiration, das Thema in der vorliegenden Form vorzustellen.

43 siehe Ch. Kössner

44 Mutter Meera ist eine indische Heilige, die in der Nähe von Limburg spirituelle Sucher jeder Religionsrichtung in meditativer Stille kostenlos empfängt und ihre Präsenz durch Augenkontakt weitergibt, Infos unter home.arcor.de/maatrix/dir/**Mutter-Meera**Dir.html oder home.tiscali.de/maatrix/**mutter-meera**-weg.html.

[45] Osho, The White Lotus, Osho International 1981, Kapitel 6 (derzeit erhältlich über www.amazon.com).
[46] Sanskrit-Originaltext: „Asato Ma Sat Gamaya-Tamaso Ma Jyotir Gamaya-Mrithyor Ma Amritam Gamaya!“
[47] Moody, Raymond, Leben nach dem Tod. Die Erforschung einer unerklärlichen Erfahrung, Hamburg 2001

Stichwortverzeichnis

Über den Autor

Kurt Tepperwein ist Heilpraktiker und Therapeut. Seit 1997 ist er Dozent an der Internationalen Akademie der Wissenschaften und leitet den Arbeitskreis Mental-Training. Seine Trainingsmethoden verhalfen u.a. Spitzensportlern und Top-Managern zu Erfolg und stabilen Leistungen. Im mvgVerlag hat er bereits zahlreiche Bestseller veröffentlicht.